四川省哲学社会科学研究"十二五"规划项目

四川农民工家庭城市融入促进机制研究

Sichuan Nongmingong Jiating Chengshi Rongru Cujin Jizhi Yanjiu

张 华 但红燕 姚寿福 著

西南财经大学出版社
Southwestern University of Finance & Economics Press
中国·成都

图书在版编目(CIP)数据

四川农民工家庭城市融入促进机制研究/张华,但红燕,姚寿福
著.—成都:西南财经大学出版社,2017.10
ISBN 978 - 7 - 5504 - 3203 - 1

Ⅰ.①四… Ⅱ.①张…②但…③姚… Ⅲ.①民工—城市化—
研究—四川 Ⅳ.①D422.64

中国版本图书馆 CIP 数据核字(2017)第 217995 号

四川农民工家庭城市融入促进机制研究

张华 但红燕 姚寿福 著

责任编辑:李晓嵩
助理编辑:王 琳 金欣蕾
责任校对:唐一丹
封面设计:张姗姗
责任印制:封俊川

出版发行	西南财经大学出版社(四川省成都市光华村街55号)
网 址	http://www.bookcj.com
电子邮件	bookcj@ foxmail.com
邮政编码	610074
电 话	028 - 87353785 87352368
照 排	四川胜翔数码印务设计有限公司
印 刷	四川五洲彩印有限责任公司
成品尺寸	148mm × 210mm
印 张	9.5
字 数	235 千字
版 次	2017 年 12 月第 1 版
印 次	2017 年 12 月第 1 次印刷
书 号	ISBN 978 - 7 - 5504 - 3203 - 1
定 价	58.00 元

序

　　人多地少是我国的一个基本国情。改革开放以来，虽然我国的城镇化水平一直在不断提高，但到2016年仍然有5.9亿农村人口，因此农村中存在大量剩余劳动力需要向城镇非农产业转移。20世纪90年代以来，农村剩余劳动力开始大量进入城镇寻找就业机会，以期获得更高的劳动收入，从而更好地改善生活条件。这些长期或季节性外出务工的农民工规模庞大，在2016年达到2.8亿人，占总人口的20.4%，占农村人口的47.8%。农民工为城市建设、产业繁荣、农村进步和经济社会发展做出了巨大贡献，但受各种因素的制约，他们一直处于社会边缘的弱势地位，始终游离在城乡之间，难以真正融入城市，转化为市民。大量进城务工农民工不能平等分享城市发展的果实，会加剧城乡差距，加大社会矛盾，增加城市承载压力，增大社会治理难度，既不利于刺激消费、扩大内需、促使经济发展方式转型升级，也不利于加快新型城镇化建设的步伐，更不利于和谐社会的构建。近年来，农民工市民化问题引起了党和政府的高度重视，成为社会关注的焦点和学界研究的热点问题。

　　2014年发布的《国家新型城镇化规划（2014—2020年）》提出，到2020年实现常住人口城镇化率60%、户籍人口城镇化率45%的目标，这意味着未来每年需要面对平均提高一个百分点左右的任务；四川省也提出了到 2020 年达到常住人口城镇化率 54%、户籍人口城镇化率 38%、城镇化质量和水平明显提升的目标，其每年面临的任务更加艰巨和紧迫。因此，研究构建农民工家庭城市融入促进机制，不仅对提升我国城镇化质量和水平具有重要的理论意义，而且对提高全国及四川省常住人口和户籍人口的城镇化水平具有十分重要的现实意义。

本书作者通过进行详细资料收集和数据调查，在系统阐述人口迁移和社会融合相关理论的基础上，明确概括了四川农民工的基本特征，全面总结了四川农民工家庭城市融入的现状，实证分析了四川农民工家庭城市融入的制约因素，并深入探讨了建立健全四川农民工家庭城市融入促进机制的推进方略和实施路径。

本书在大量数据和定性分析的基础上，概况了四川农民工的六大特征，认为家庭式外出务工是四川农民工的新动向和新趋势，并且家庭式外出务工农民工与单独外出务工农民工有所不同。家庭式外出务工农民工特别注重追求正常的家庭情感生活，他们以家庭为单位，长时间在城市居住生活，受城市社会感染更多，市民素质培养更广，城市定居愿望更强，更加容易转化为城市市民。这一结论对于四川提高城镇常住人口率与户籍人口率、提升新型城镇化质量与水平具有指导意义和参考价值。

本书应用统计与计量经济学方法对四川农民工家庭城市融入的影响因素进行了定量分析，得到了很多有益的结论，这些结论可以概括为以下三大方面：一是人力资本、社会资本、心理资本和个人特征等因素都在不同程度上显著影响和制约农民工家庭的城市融入程度；二是经济、社会、身份、文化和心理等维度的融入存在一定的递进关系，农民工家庭只有充分实现经济、社会、身份、文化和心理等维度的城市适应，才能真正完全融入于城市社会；三是从业技能、工作稳定性、城市生活成本、家庭住房条件、社会交往圈子等是制约农民工家庭经济收入稳定与城市融入程度的重要因素，而现行户籍、就业、教育、社保等政策和高房价因素阻碍农民工家庭城市融入进程。这些结论对于有效化解农民工问题，全面加速地方经济社会发展具有积极意义，也是对新劳动力迁移经济理论的有益扩展与完善。

本书在实证研究的基础上，提出了旨在推动四川农民工市民化的九大政策建议。四川各级政府及有关部门需要进一步转变管理理念，采取积极的政策和有效的措施，高度重视农民工职业技能培训和农民工子女教育，积极改善农民工家庭的城市居住条件，让他们在城市中能找到合适的工作岗位，得到有较稳定的经济收入和良好的社会保障，尽快全面融入城市社会。作者认为，为了加快农民工市民化进程，四川应在发展好大中城市的基础上，注意小城市、小城镇与大中城市发展的功能定位的差异，把小城市、小城镇的发展重心放在居住、生活、养老、休闲等方面，以便能吸引更多的农村人口转移居住；并且不应单一追求城镇户口所占的比重，应重点推进基本公共服务均等化，增强农民工家庭城市居住的意愿，既增加城镇常住人口数量，又提高城镇户籍人口比例，从而为农业转移人口市民化和新型城镇化奠定良好基础。在推进新型城镇化的过程中，不应单一追求城镇户籍人口所占的比重，重点应该放在提高城镇化质量上，特别应注意提高农民工及其家庭的市民素质，增强其对城镇的归属感，促进农民工及其家庭市民化的进程。这些具有针对性和可操作性的对策建议可为四川政府部门进一步做好农民工权益保障和服务工作提供决策参考，为有序推进农业转移人口市民化、新型城镇化建设和城乡统筹发展提供科学依据，也对我国政府推进农民工市民化的进程具有启示作用。

希望作者在本书的基础上继续探索，为有效解决农民工问题和加快新型城镇化建设步伐做出更多努力。也希望本书的出版能够引起政府管理部门更多的关注，引起"三农"问题研究同行更多的关注，引发出更多更好的农民工市民化政策和研究成果，从而更好地驱动社会经济的创新发展、持续发展、健康发展。

西南财经大学教授
"四川同心·专家服务团"专家
成都市政协委员
张迎春
2017 年 7 月于成都

前言

　　20世纪90年代改革开放以来，随着我国工业化、城镇化进程的稳步推进和城镇经济的高速增长，乡镇企业吸纳农村劳动力就地转移能力的持续下降以及限制农村劳动力流动政策的逐步松动，农村劳动力开始大规模进入城镇寻找就业机会，以获得较高的务工收入。这些在各级城镇各种行业就业的农村劳动力的称呼也由"盲流"变成了"农民工"。根据农民工问题研究的一般分类，按照出生年代大致可将农民工分为两代：第一代农民工①所受教育程度较低，在农村的时间相对较长，务农经历较多，土地眷恋度较高，对务工工种几乎不挑剔，只要求务工收入高于务农收入，主要为第二产业提供体力劳动，因而大多是男性劳动力单人外出务工。他们中部分发展较好的农民工目前已经定居在各级城镇之中，或者携带家人在城市中一起务工和生活。第二代农民工②所受教育程度虽然得到了比较显著的改善，大多数有初中或者高中学历，但是他们在农村居住的时

---

　　① 第一代农民工一般是指1980年前出生的农村劳动力人群，也称老一代农民工。

　　② 第二代农民工一般是指1980年及以后出生的农村劳动力人群，也称新生代农民工。据国家统计局发布的《2011年我国农民工调查监测报告》显示，新生代农民工是农民工的主体，占61.7%。

间相对较短，务农经历较少，乡土留恋情结较弱，城市生活认同度较高，外出务工动机开始由改善生活向寻找发展机会转变。务工工种随着第三产业的快速发展明显拓宽，因而女性农民工显著增多，夫妻同行和携子女同行外出务工和生活的比重较大。从转移数量看，目前全国有近4 000万农民工举家外出，占农民工总量的13.1%，并呈逐年增长态势。从转移方式看，夫妻携子女进城务工的情形日益增多，以家庭为单元、较长时期在城镇务工和生活的趋势明显。可见，农民工家庭式外出务工特别是举家外出务工是我国人口流动的新动向和新趋势。农民工与家人一起在城市中工作和生活，涉及经济、社会、身份、文化、心理等问题，直接影响经济发展、产业结构优化升级、城镇化水平、社会稳定和国家的长治久安。农民工市民化是新型城镇化战略的一个重要目标，其中的重点工作是提高农民工及其家庭在务工城镇的融入度，增强他们对城镇生活和文化的认同感，并顺利地转化为新市民。因此，怎样创造条件让农民工及其家属愿意居住在城镇之中并能够转化为市民，这是新型城镇化的核心任务。

在四川，虽然农民工群体的基本特征与全国农民工一样，总体的社会弱势地位没有得到明显转变和改善，但是有近五成的农民工与配偶、子女在同一城市之中一起工作和生活。他们同其他单独外出务工的农民工有所不同，除看重经济收入的增加外，还特别注重追求正常的家庭情感生活，在享受天伦之乐的同时，与家人一起与城市中其他人频繁接触交流，共同适应城市生活。他们以家庭为单位集体获取多元劳动创收，积累创业资本，锻炼就业技能，见习城市生活，接受社会文化心理素养熏陶。他们长时间在城市居住与生活，熟悉城市生活方式，受城市社会感染更多，接受市民素质培养更多，城市归属情感更深，城市定居愿望更强，更加容易转化为城市市民。因此，农民工家庭的城市融入是新型城镇化的关键。在推进城镇化进程中，不应单一追求城镇户籍人口所占的比重，而应充分发挥城镇政府和社区的作用，重点推进基本公共服务均等化，通过技能培训、就业帮扶、公民教育和法制普及等，提升农民工及其家庭的市民素质，提高农民工家庭的城市融入程度，增强农民工家庭对城镇的归属感，从而为人口市民化和新型城镇化奠定良好的基础。四川省要在 2020 年达到《四川省新型城镇化规划（2014—2020 年）》提出的明显提升城镇化质量和水平、常住人口城镇化率达到 54% 左右、户籍人口城镇化率达到 38% 左右的目标，应特别注意和重视农民工家庭城市融入机制的建立与完善，这样才能更好地促进农民工家庭融入城市、定居城市，从而更加有效地促进农业转移人口落户城镇。

为详细地了解四川农民工的从业行业、工资收入、技能培训、城市生活和社会保障等基本情况，全面地掌握四川农民工家庭城市融入的诉求和意愿等状况，课题组于 2015 年 7 月至 2016 年 2 月期间，利用大学生假期的社会实践活动，对四川省部分地区的本地和外出返乡过年的农民工进行了农民工家庭城市融入现状的专项调查。调查采用问卷面访和问题面访相结合的方式，对文化程度较高的被调查群体一般采用自填式方法，其他被调查群体采用问答式方法，选取了成都、德阳、绵阳、达州等 16 个市州①的本地农民工②和外出农民工③（本地农民工约占 60%，外出农民工约占 40%）进行问卷填写和访谈。调查对象为年龄满 16 周岁以上的农民工（在城市或农村从事非农产

---

① 四川省现辖 21 个市（州），本调查涉及成都、自贡、泸州、德阳、绵阳、广元、遂宁、乐山、雅安、南充、广安、达州、巴中、资阳、凉山、攀枝花 16 个市（州）。
② 本地农民工指在户籍所在乡镇地域以内从业的农民工。
③ 外出农民工指在户籍所在乡镇地域外从业的农民工。

业工作或在异地农村从事农业代耕6个月及以上）。调查地点主要在农村（农民工输出集中地）和城市（含工厂、建筑工地、农贸市场、批发市场、住宿餐饮零售点和居民住宅小区等农民工输入集中地）。本研究共发出调查问卷4 000份，收回有效问卷3 744份，有效回收率为93.6%。其中成都的有效样本为861个，其余各地区的有效样本均为200个左右。本次调查的地域较广、时间较长、内容较多、信息较真，调查结果能够客观反映四川农民工的基本特征。

中国农民工数量庞大，是产业工人的重要组成部分，为中国制造提供了丰富的劳动力资源，壮大了产业工人队伍的规模，承担了城市中最苦、最脏、最累、最危险的工作，加快了城市建设的步伐，扩展了城市消费的结构，为城市经济发展做出了巨大贡献。同时，农民工进城务工，解决了农村剩余劳动力难题，推进了劳动市场化的进程，农民工也见习了城市生活，接受了社会文化心理素养熏陶，开阔了视野，培养了技能，学习了本领，增加了经验，提高了素质，带回了资金、技术、信息、观念和管理方法等，有力地促进了农村社会经济的发展。

调查数据显示，四川农民工具有6个基本特征：一是数量规模巨大，约占全国农民工总量的9%，家庭外出趋势明显，有近五成农民工与配偶、子女一起在城市中居住生活。二是男性农民工占比较多，主要为建筑业、制造业等脏、累、险、差的行业提供体力劳动；女性农民工快速增加，大多在轻工产业、社会服务业等行业从业；平均年龄不断增大，劳动年龄人口总量供给下滑。三是技能来源广泛，有跟师学艺、边干边学、技校、职业培训等途径；就业信息来源有限，亲朋好友介绍仍然具有主渠道作用，而中介机构、政府部门和单位组织的作用发挥不显著。四是文化程度普遍偏低，就业竞争力不强，务工收入稳步增长，工作稳定性较差。五是从业行业广布，由涵盖三大产业趋向第三产业为主；居住条件有所改善，单独租房和务工地自购房居住的比例较高。六是满意城市生活，超八成的农民工认为大中城市的就业机会、设施配套等更多更好；市民化愿望偏低，主要是受到住房价格、养老保障、就业稳定性、收入水平、生活成本等障碍的制约。综合来看，四川农民工以家庭式外出务工为主，城市居留意愿总体增强，新型城镇化基础良好。

实证结果证明，人力资本（文化程度、职业培训、职业证书、健康状况）、社会资本（亲属网络、市民关系）、心理资本（心理感受）和个人特征（性别、年龄、户籍、务工年限、迁移方式）等因素都在不同程度上显著影响和制约着农民工家庭的城市融入程度。通过进行 VAR 模型分析可知，经济、社会、身份、文化和心理等维度的融入存在一定的递进关系，经济维度的融入是农民家庭在城市站稳脚跟的前提，是在城市长久生存的一种基本条件，反映阶层跨越的标度；社会维度的融入是获得有利发展机遇的进一步要求，反映认同范围的广度；身份维度的融入是一种自我感知，是对自身的肯定、认可和评价，反映居留情感的强度；文化维度的融入是对行为方式、风俗习惯、价值标准、思想观念等的认同与接纳，不仅仅是外在表面的改变，更重要的是心灵深处的转化，反映自觉同化的幅度；心理维度的融入属于无意识直觉，对客观事物直接迅速做出判断、选择和把握，反映参与领域的深度。农民工家庭只有充分实现经济、社会、身份、文化和心理等维度的城市适应，才能说明他们的人格（思想道德、价值观念、行为习惯、审美情趣、劳动技能和身心素质等）在城市化这一过程中得到了全面塑造和质的提升，完成了由农村人转变为城市人的全过程，从而真正完全地融入城市社会。

研究结果表明：家庭式外出务工是四川农民工的新动向和

新趋势；农民工就业越稳定、家庭收入越多，其城市融入程度越高；从业技能、工作稳定性、城市生活成本、家庭住房条件、社会交往圈子等是制约农民工家庭经济收入稳定与城市融入程度的重要因素；现行户籍、就业、教育、社保等政策和高房价因素阻碍了农民工家庭城市融入进程。家庭式外出务工农民工与单独外出务工农民工有所不同，他们的城市适应与融入不仅涉及个体，而是关乎更多人的群体问题。农民工家庭除看重经济收入增加外，还特别注重追求正常的家庭情感生活；他们同配偶、子女居住在一起，有正常的家庭情感生活，与城市中其他人频繁接触交流，共同适应城市生活；他们以家庭为单位集体获取多元劳动创收，积累创业资本，锻炼就业技能，见习城市生活，接受社会文化心理素养熏陶；他们长时间在城市居住与生活，熟悉城市生活方式，受城市社会感染更多，接受市民素质培养更多，城市定居愿望更强，城市归属情感更深，更加容易转化为城市市民。因此，构建四川农民工家庭城市融入促进机制，对于加快和提高四川的常住人口和户籍人口的城镇化水平具有十分重要的意义。

农民工家庭城市融入受到文化程度、从业技能、工作稳定性、经济收入、住房条件、社交圈子、接纳心态等诸多因素的限制与制约，虽然家庭式外出务工比重较大、家庭租房居住比例较高、早出晚归和打零工农民工比重上升，但是家庭人均收入水平较低、基本权益保障问题较多、租房或购房价格较高以及就业稳定性较差等，使得农民工家庭城市归属情感的层次较低。因此，建立包容性就业政策是促进农民工市民化的关键，加快农民工家庭城市融入步伐是城乡统筹发展、城镇化质量提高与扩大内需的重要途径。四川省委省政府及有关部门应特别重视农民工家庭城市融入促进机制的构建，切实做好农业转移人口市民化和新型城镇化的各项工作。一是应主动转变思想观念，充分认识农民工家庭的社会功能。二是应强化职业培训，着重提升农民工家庭的就业能力。三是应整合就业市场，不断拓宽农民工家庭的就业渠道。四是应改革管理模式，大幅提高农民工家庭的经济收入。五是应完善政策法规，有效维护农民工家庭的合法权益。六是应拓展社区功能，切实增进农民工家庭的社会适应。七是应重视子女教育，着力培养农民工家庭的市民素质。八是应改善居住条件，逐步增强农民工家庭的落户意愿。九是应改进服务方式，大力强化农民工家庭的归属心理。只有通过政府部门、用人单位、农民工家庭自身以及社会热心人士的共同努力、相互协调、密切配合，大力提升农民工家庭的基本职业技能，培养农民工家庭的市民素质，提高农民工家庭的收入水平，切实解决农民工家庭的住房、医疗、养老、子女教育等问题，才能不断强化农民工家庭城市定居的意愿。同时，在新型城镇化的推进过程中，应在发展好大中城市的基础上，注意小城市、小城镇与大中城市发展的功能定位的差异，把小城市、小城镇的发展重心放在居住、生活、养老、休闲等方面，以便能吸引更多的农村人口转移居住。并且不应单一追求城镇户口所占的比重，应重点推进基本公共服务均等化，提高农民工及其家庭的市民素质，增强农民工家庭城市居住的意愿，既增加城镇常住人口数量，又提高城镇户籍人口比例，从而为农业转移人口市民化和新型城镇化奠定良好的基础，并最终实现城乡统筹发展、社会和谐稳定和国家长治久安。

目　录

第三章 农民工家庭城市融入的相关理论 / 110

第四章 四川农民工的基本特征 / 130

第一章 农民工家庭城市融入概述

一、问题提出

（一）中国城市化道路走向的选择

城市①是人口密集、工商业发达的地理区域，也是人类群居生活的高级形式。城市化②是城市发展的高级阶段，是社会经济

---

① 城市（City/Urban）也叫城市聚落，是指非农业产业和非农业人口集聚形成的较大的地理区域。原始形态的城市是"城"与"市"的组合，"城"是指为了防卫而用城墙等围起来的地域，"市"是指进行货物交易的场所。现代意义的城市是工商业发展的产物，是人类及其活动的聚集中心和交易中心。

② 城市化（Urbanization/Urbanisation）也称为城镇化，是指随着一个国家或地区社会生产力的发展、科学技术的进步以及产业结构的调整，其社会由以农业为主的传统乡村型社会向以工业（第二产业）和服务业（第三产业）等非农产业为主的现代城市型社会逐渐转变的历史过程。"城市化"一词最早于1860年在西班牙提出，后被广泛运用和研究。城镇化和城市化的本质高度相似，内涵略有差别，城镇化的涵盖范围更广，更符合我国国情特征和战略导向，因此我国从"十五"计划开始使用"城镇化"一词。学界有新型城镇化、深度城镇化、浅度城镇化、低度城镇化、过度城镇化、名义城镇化、实际城镇化等提法。一般认为，城镇化是一个农业人口转化为非农业人口、农业地域转化为非农业地域、农业活动转化为非农业活动的过程，也就是人口向城镇集中的过程，包括城镇数目的增多和城市人口规模的扩大。中国城镇人口占总人口的比重于2011年年底首次超过50%。

发展的必然趋势，是世界潮流，也是世界各国的追求目标，其中区域经济发展是推动城市化进程的主要动力。虽然城市越发展，对人口、土地和产业的聚集作用就越强，必然形成和推动城市化的进程，但是不同国家走的城市化道路不同。美国、日本等发达国家和地区的城市化道路由于历史条件不同，我国无法照搬；印度等发展中国家和地区的城市化道路造成严重两极分化和产生大量城市贫民窟等社会问题，我国不能重蹈覆辙。中国的城市化道路受二元社会经济结构的约束，就业机会、经济收入、生活质量等在城乡之间、地区之间有很大差异，存在大量流动人口。同其他国家或地区比较，我国国情存在很大的不同，我们既不能照搬也不能模仿别国的城市化道路，需要走出一条自己的城市化道路，这也注定了中国的城市化之路必定与其他国家不一样。

中国的城市化道路与经济发展方式密不可分，总体可以分为四个阶段：第一阶段是 1949—1978 年，中国城镇人口占全国人口的比重从 1949 年的 10.6% 提高到 1978 年的 17.9%，30 年仅提高了 7.3 个百分点，平均每年只有 0.24 个百分点的提升（见表 1-1）。在这一时期，由于受极左思想的影响，农村人口的流动和农副产品的统购统销被严格限制；并且由于"文化大革命"的影响，城市经济和城市建设极度凋零，城市化基本处于停滞不前并有间歇逆转的状态。第二阶段是 1979—1992 年，中国城镇人口占全国人口的比重从 1978 年的 17.9% 提高到 1992 年的 27.5%，15 年提高了 9.6 个百分点，平均每年约有 0.64 个百分点的提升（见表 1-2）。在这一阶段，中国为摆脱经济困境，经济发展以追求规模和数量为主，目的在于解决人民日益增长的物质文化需要与落后生产力的矛盾，城市化推进速度相对较快。第三阶段是 1993—2002 年，中国城镇人口占全国人口的比重从 1992 年的 27.5% 提高到 2002 年的 39.1%，11 年提高了 11.6 个百分点，平均每年约有 1 个百分点的提升（见表 1-3）。在这一阶段，受"南方谈话"的影响，我国开始了新一轮大开放、大发展，并坚持市场经济的发展取向，初步建立起了社会主义市场经济框架，城市化进程快速提高。第四阶段是 2003 年至今，中国城镇人口占全国人口的比重从 2002 年的 39.1% 提高到 2016 年的 57.3%，15 年提高了 18.3 个百分点，平均每年约有 1.22 个百分点的提升（见表 1-4）。在这一阶段我国提出了坚持以人为本，树立全面、协调、可持续的发展观，并在 2012 年 11 月召开的中国共产党第十八次全国代表大会上强调"要坚持走中国特色新型城镇化①道路，推动工业化和城镇化良性互动、城镇化和农业现代化相互协调，促进工业化、信息化、城镇化、农业现代化同步发展"，有力促进了经济社会和人的全面发展，城市化推进速度加快。

---

① 新型城镇化是以城乡统筹、城乡一体、产业互动、节约集约、生态宜居、和谐发展为基本特征的城镇化，是大中小城市、小城镇、新型农村社区协调发展、互促共进的城镇化。2003 年 7 月 3 日，中央党校教授谢志强在《社会科学报》发表《新型城镇化：中国城市化道路的新选择》一文，最早提出新型城镇化的概念。2007 年 5 月 4 日，独立学者张荣寰在《中国复兴的前提是什么》一文中最早给出了新型城镇化的概念，认为新型城镇化是为了提高人民民生幸福水平而规划建设的生态文明城镇集群，其基本特征是民生为本、发展人文、生态宜居、产业优化、城镇联动、走廊便捷、循环持续、和谐发展，其发展模式是大中小城市、小城镇、新型农村社区协调发展、互促共进的城镇化，是具有独特竞争力、自优化的生态产业群，是空间调整的最高艺术。2013 年 3 月 17 日，国务院总理李克强在答记者问时指出，新型城镇化是以人为核心的城镇化。2013 年 8 月 30 日，国务院李克强在两院院士和有关专家座谈会中强调"推进新型城镇化，就是要以人为核心，以质量为关键，以改革为动力，使城镇真正成为人们的安居之处、乐业之地"。2013 年 12 月 12 日至 13 日，中央城镇化工作会议在北京举行。2014 年 12 月 29 日，中华人民共和国国家发展和改革委员会正式公布了第一批国家新型城镇化综合试点名单。

表 1-1　1949—1978 年中国城镇人口占总人口的比重

年份	人口总数（万人）	城镇人口数（万人）	城镇人口占比（%）	年份	人口总数（万人）	城镇人口数（万人）	城镇人口占比（%）
1949	54 167	5 765	10.6	1964	70 499	12 950	18.4
1950	55 196	6 169	11.2	1965	72 538	13 045	18.0
1951	56 300	6 632	11.8	1966	74 542	13 313	17.9
1952	57 482	7 163	12.5	1967	76 368	13 548	17.7
1953	58 796	7 826	13.3	1968	78 534	13 838	17.6
1954	60 266	8 249	13.7	1969	80 671	14 117	17.5
1955	61 465	8 285	13.5	1970	82 992	14 424	17.4
1956	62 828	9 185	14.6	1971	85 229	14 711	17.3
1957	64 653	9 949	15.4	1972	87 177	14 935	17.1
1958	66 444	10 721	16.1	1973	89 231	15 345	17.2
1959	67 207	12 371	18.4	1974	90 859	15 595	17.2
1960	66 207	13 073	19.7	1975	92 420	16 030	17.3
1961	65 859	12 707	19.3	1976	93 717	16 341	17.4
1962	67 331	11 695	17.4	1977	94 974	16 669	17.6
1963	69 172	11 646	16.8	1978	96 259	17 245	17.9

数据来源：中华人民共和国统计局. 中国统计年鉴（1983 年）［M］. 北京：中国统计出版社，1983：103-104.

表 1-2　1979—1992 年中国城镇人口占总人口的比重

年份	人口总数（万人）	城镇人口数（万人）	城镇人口占比（%）	年份	人口总数（万人）	城镇人口数（万人）	城镇人口占比（%）
1979	97 542	18 495	19.0	1986	107 507	26 366	24.5
1980	98 705	19 140	19.4	1987	109 300	27 674	25.3
1981	100 072	20 171	20.2	1988	111 026	28 661	25.8

　四川农民工家庭城市融入促进机制研究

表1-2（续）

年份	人口总数（万人）	城镇人口数（万人）	城镇人口占比（%）	年份	人口总数（万人）	城镇人口数（万人）	城镇人口占比（%）
1982	101 654	21 480	21.1	1989	112 704	29 540	26.2
1983	103 008	22 274	21.6	1990	114 333	30 195	26.4
1984	104 357	24 017	23.0	1991	115 823	31 203	26.9
1985	105 851	25 094	23.7	1992	117 171	32 175	27.5

数据来源：中华人民共和国国家统计局（http://www.stats.gov.cn）数据整理。

表1-3　1993—2002年中国城镇人口占总人口的比重

年份	人口总数（万人）	城镇人口数（万人）	城镇人口占比（%）	年份	人口总数（万人）	城镇人口数（万人）	城镇人口占比（%）
1993	118 517	33 173	28.0	1998	124 761	41 608	33.4
1994	119 850	34 169	28.5	1999	125 786	43 748	34.8
1995	121 121	35 174	29.0	2000	126 743	45 906	36.2
1996	122 389	37 304	30.5	2001	127 627	48 064	37.7
1997	123 626	39 449	31.9	2002	128 453	50 212	39.1

数据来源：中华人民共和国国家统计局（http://www.stats.gov.cn）信息整理。

表1-4　2003—2016年中国城镇人口占总人口的比重

年份	人口总数（万人）	城镇人口数（万人）	城镇人口占比（%）	年份	人口总数（万人）	城镇人口数（万人）	城镇人口占比（%）
2003	129 227	52 376	40.5	2010	134 091	66 978	49.9
2004	129 988	54 283	41.8	2011	134 735	69 079	51.3
2005	130 756	56 212	43.0	2012	135 404	71 182	52.6

表1-4(续)

年份	人口总数（万人）	城镇人口数（万人）	城镇人口占比（%）	年份	人口总数（万人）	城镇人口数（万人）	城镇人口占比（%）
2006	131 448	58 288	44.3	2013	136 072	73 111	53.7
2007	132 129	60 633	45.9	2014	136 782	74 916	54.8
2008	132 802	62 403	47.0	2015	137 462	77 116	56.1
2009	133 450	64 512	48.3	2016	138 271	79 298	57.3

数据来源：据中华人民共和国国家统计局（http://www.stats.gov.cn）信息整理。

城市化是经济发展的必然结果，也是现代化的主要内容之一。城市化包含人口城市化和土地城市化等过程，在这个过程中，人口城镇化是城镇化的核心。根据佩蒂-克拉克定理，随着经济发展和人均国民收入水平的提高，农村劳动力将依次由第一产业向第二产业、第三产业转移，而第二产业、第三产业主要集聚在城镇，因此这一农村劳动力转移的过程，也就是农村人口不断减少，而城镇人口不断增多的过程。在人口城镇化的过程中，城市必然需要消化大量农村人口从而增加城市人口，农村需要减少人口，农村人口需要进入并融入城市，这样才能使得社会经济效益达到最佳。在我国，小城镇战略不是城市化道路的理想模式，以大城市为主导、大、中、小城市全面发展才是符合我国国情国力的必然选择。我国应当构建以可持续发展为准则的新型城市体系，选择以新型工业化为内涵的新型城市动力，塑造以城乡公共服务均等化为手段的新型城乡关系。新型城镇化是符合中国国情、具有中国特色的城镇化道路，是世界最多人口的城镇化，是确凿无疑的大方向。因此，在新型城镇化过程中，如何解决好农村人口进入城市并融入城市成为重要问题。

（二）中国城市化水平提高的障碍

城市化水平又叫城市化率，一般用常住在城市的人口（在我国是指在城市居住每年满6个月及以上的人口）占总人口的比例来表示，是衡量城市化发展程度的数量指标。提高城市化水平是城市发展的必然趋势，其经济效果主要表现在两方面：一是由专业化分工提高生产效率所带来的递增收益，二是由要素聚集提高交易效率所产生的聚集经济。中国人口基数庞大，2016年的总人口数量超过13.8亿，常住人口城镇化率为57.3%，户籍人口城镇化率为41.2%①，要在2020年实现常住人口城镇化率60%、户籍人口城镇化率45%②这两个指标，需平均每年提高一个百分点左右。四川省2016年常住人口城镇化率为49.2%、户籍人口城镇化率为32.8%，要在2020年达到常住人口城镇化率54%、户籍人口城镇化率38%以及城镇化质量和水平明显提升的目标，平均每年需提高1.3个百分点以上，其面临的任务更加艰巨和紧迫。因此，需要在户籍、教育、住房和城市融入等各方面加强配套改革，从而加快常住人口城镇化率和户籍人口城镇化率的推进进程。中国的城市化水平在提升过程中受到经济发展水平特别是人均国内生产总值的制约，同时面临的主要障碍有三个：第一，中国目前的城市化水平相对于发达国家的城市化水平仍然存在较大的滞后问题（见表1-5）。虽然我国的常住人口城镇化率在2012年首次超过了世界的平均水平，在2015年比世界平均水平高约2.2个百分点，但是我国的城市化水平相较于日本、阿根廷、澳大利亚、英国、巴西、韩国、美国、南非等国家的城市化水平存在20多个百分点的差距，甚至比南非和朝鲜也要低

---

① 数据来源于中华人民共和国国家统计局（http://www.stats.gov.cn/tjsj/zxfb/201702/t20170228_1467424.html）。

② 据中共中央、国务院2014年3月16日发布的《国家新型城镇化规划（2014—2020年）》。

5～9个百分点。第二，人口基数大。中国人口2016年的总数量已经超过13.8亿人，在世界人口排名榜上高居首位，人口数量比排名第二名的印度多1亿多人（见表1-6），中国人口中城镇人口约有7.9亿人，农村人口约有5.9亿人，农村人口在近10年平均每年减少1 419万人，在总人口的占比平均每年下降1.3个百分点，农村人口占比每下降一个百分点的人数平均为1 087万人（见表1-7）。也就是说，我国的城市化水平每提高一个百分点需要面对近千万的农村人口转化为城市居民的任务，这个数量高于世界多数国家的人口总数，如葡萄牙、捷克、阿联酋、匈牙利、瑞典等国家，在世界各国人口排名榜上可位列在第85名之前。可见，我国城市化水平提高面临的人口数量、转化难度和各种矛盾完全是其他国家无法想象与比较的。第三，农民工市民化的成本高昂。一般来说，农民工市民化的社会成本（总成本）分为私人成本和公共成本两大类，包括生活成本、安居成本、社会保险支出、就业岗位投资、安居投入、社保投入、公共设施、教育培训等项目。由于不同版本的农民工市民化成本的测算时间、区域、项目、标准和方法等的不同（见表1-8），其结果相差很大，但是其基本结论大致相似：一是农民工市民化需要付出私人成本和公共成本，二是每年的成本呈累积递增趋势，三是中央政府、地方政府、企业和农民工个人应共同分担市民化成本，四是城镇化水平的提高能明显带动社会效益和居民消费的增长①。例如，按中国社科院城市发展与环境研究所发布的《中国城市发展报告》的13万元的公共成本，预计3.9亿农民工及其家庭成员2030年仅市民化所需公共成本就高达51万亿元。

---

① 据人民日报2013年10月30日的报道《城镇化激活经济内生动力》：国家统计局数据显示，2001—2011年，城镇化每提高1个百分点，拉动投资增长3.7个百分点，拉动消费增长1.8个百分点。

表1-5　我国与部分国家不同时期的城市化水平比较

单位:%

年份 国家	1950	1955	1960	1965	1970	1975	1980	1985	1990
美国	64.2	67.2	70.0	71.9	73.6	73.7	73.7	74.5	75.3
英国	79.0	78.7	78.4	77.8	77.1	82.7	87.9	88.6	88.7
法国	55.2	58.2	61.9	67.1	71.1	72.9	73.3	73.7	74.1
德国	68.1	69.7	71.4	72.0	72.3	72.6	72.8	72.7	73.1
俄罗斯	44.1	49.0	53.8	58.4	62.5	66.9	69.8	72.0	73.4
阿根廷	65.3	69.6	73.6	76.4	78.9	81.0	82.9	85.0	87.0
澳大利亚	77.0	79.4	81.5	83.5	85.3	85.9	85.8	85.5	85.4
日本	53.4	58.4	43.1	47.4	53.2	56.8	59.6	60.6	63.1
韩国	21.4	24.4	27.7	32.4	40.7	48.0	56.7	64.9	73.8
朝鲜	31.0	—	40.2	45.1	54.2	56.7	56.9	57.6	58.4
南非	42.2	44.4	46.6	47.2	47.8	48.1	48.4	49.4	52.0
巴西	36.2	41.1	44.9	50.3	55.8	61.7	67.4	71.3	74.8
印度	17.0	17.6	17.9	18.8	19.8	21.3	23.1	24.3	25.5

表1-5（续）

年份\国家	1950	1955	1960	1965	1970	1975	1980	1985	1990
越南	11.6	—	14.7	16.4	18.3	18.8	19.2	19.6	20.3
中国	11.2	13.5	19.7	18.0	17.4	17.3	19.4	23.7	26.4
世界平均	28.4	—	32.8	34.8	36.0	37.2	39.1	40.9	42.9

年份\国家	1995	2000	2005	2010	2011	2012	2013	2014	2015
美国	77.3	79.1	79.9	80.8	80.9	81.1	81.3	81.4	81.6
英国	89.0	89.4	89.7	90.1	81.6	81.8	82.1	82.3	82.6
法国	74.9	75.8	76.7	77.8	78.6	78.8	79.1	79.3	79.5
德国	73.3	73.1	73.4	73.8	74.5	74.7	74.9	75.1	75.3
俄罗斯	73.4	73.4	72.9	72.8	73.7	73.8	73.9	73.9	74.0
阿根廷	88.7	90.1	91.4	92.4	91.1	91.3	91.5	91.6	91.8
澳大利亚	86.1	87.2	88.2	89.1	88.9	89.0	89.2	89.3	89.4
日本	64.6	65.2	66.0	66.8	91.2	91.9	92.5	93.0	93.5

表1-5(续)

年份 国家	1950	1955	1960	1965	1970	1975	1980	1985	1990
韩国	78.2	79.6	80.8	81.9	82.0	82.1	82.2	82.4	82.5
朝鲜	59.1	60.2	61.6	63.4	60.3	60.4	60.6	60.7	60.9
南非	54.5	56.9	59.3	61.7	62.7	63.3	63.8	64.3	64.8
巴西	77.8	81.2	84.2	86.5	84.6	84.9	85.2	85.4	85.7
印度	26.6	27.7	28.7	30.1	31.3	31.6	32.0	32.4	32.7
越南	22.2	24.3	26.4	28.8	31.0	31.7	32.3	33.0	33.6
中国	29.0	36.2	43.0	49.9	51.3	52.6	53.7	54.8	56.1
世界	44.8	46.7	48.7	50.9	52.0	52.5	52.9	53.4	53.9

数据来源:中国数据来自历年统计年鉴和中华人民共和国国家统计局(http://www.stats.gov.cn)信息,其他国家数据来自世界银行发布的全球城市化发展报告和国务院发展研究中心数据库等。

表 1-6　　部分国家 2016 年的人口数量、占比与排名

国家	人口数量（亿人）	占世界比例（%）	排名	国家	人口数量（亿人）	占世界比例（%）	排名
中国	14.053 73	18.82	1	南非	0.552 81	0.76	24
印度	13.042	17.86	2	韩国	0.504 64	0.69	27
美国	3.227 6	4.42	3	阿根廷	0.427 83	0.59	31
巴西	2.052 9	2.81	5	朝鲜	0.253 02	0.35	50
俄罗斯	1.463 5	2.00	9	澳大利亚	0.239 57	0.33	52
日本	1.268 2	1.73	10	乍得	0.134 8	0.19	72
越南	0.926 58	1.27	14	古巴	0.112 24	0.15	79
德国	0.797 58	1.09	16	比利时	0.111 6	0.15	81
法国	0.670 19	0.92	21	葡萄牙	0.106 04	0.15	85
英国	0.650 4	0.89	22	瑞典	0.095 816	0.13	91

数据来源：2017 世界人口排名完整榜单，网址为：http://www.sundxs.com/phb/11625.html。

表1-7 　2007—2016年中国农村人口占总人口的比重

年份	总人口（万人）	农村人口（万人）	农村人口占比（万人）	农村人口减少（万人）	农村人口下降（%）	下降1%人数（万人）
2007	132 129	71 496	54.11	1 664	1.55	1 074
2008	132 802	70 399	53.01	1 097	1.10	997
2009	133 450	68 938	51.66	1 461	1.35	1 082
2010	134 091	67 113	50.05	1 825	1.61	1 134
2011	134 735	65 656	48.73	1 457	1.32	1 104
2012	135 404	64 222	47.43	1 434	1.30	1 103
2013	136 072	62 961	46.27	1 261	1.16	1 087
2014	136 782	61 866	45.23	1 095	1.04	1 053
2015	137 462	60 346	43.90	1 520	1.33	1 143
2016	138 271	58 973	42.65	1 373	1.25	1 098
平均	—	—	—	1 419	1.30	1 087

数据来源：据中华人民共和国国家统计局（http://www.stats.gov.cn）信息整理。

表 1-8　　　　　　不同版本的农民工市民化成本测算

年份	测算结果（万元）	测算标准	调研城市	作者或课题组	文献题名	文献来源
2003	7.5	社会成本	上海市、成都市、武汉市等 43 个城市	张国胜	基于社会成本考虑的农民工市民化：一个转轨中发展大国的视角与政策选择	《中国软科学》2009 年第 4 期
2004	1.2	私人成本	全国	陈广桂	房价、农民市民化成本和我国的城市化	《中国农村经济》2004 年第 3 期
2005	1.5	公共成本	全国	中国科学院	中国可持续发展战略报告	人民网
2006	5.0	公共成本	全国	原建设部调研组	农民工进城对城市建设提出的新要求	人民网
2010	8.0	公共成本	重庆市、武汉市、郑州市、嘉兴市	国务院发展研究中心	农民工市民化的成本测算	人民网
2010	10.0	公共成本	全国	中国发展研究基金会	中国发展报告 2010：促进人的发展的中国新型城市化战略	人民网
2010	16.4	社会成本	厦门市、泉州市、宁德市	魏澄荣等	福建省农民工市民化成本及其分担机制	《中共福建省委党校学报》2013 年第 11 期

表1-8（续）

年份	测算结果（万元）	测算标准	调研城市	作者或课题组	文献题名	文献来源
2010	9.3	社会成本	广州市、深圳市、东莞市等21个城市	周春山等	广东省农业转移人口市民化成本——收益预测及分担机制研究	《南方人口》2015年第5期
2011	12.3	公共成本	江苏省	张继良等	江苏外来农民工市民化成本测算及分摊	《中国农村观察》2015年第2期
2012	2.5	政府支出	宁波市	申兵	"十二五"时期农民工市民化成本测算及其分担机制构建以跨省农民工集中流入地区宁波市为案例	《城市发展研究》2012年第1期
2012	0.5	地方财政成本	青岛市、郑州市、南宁市等9个城市	王敬尧等	地方财政视角下的农民工市民化成本	《华中师范大学学报（人文社会科学版）》2015年第5期
2012	5.0	公共成本	辽宁省	陆成林	新型城镇化过程中农民工市民化成本测算	《财经问题研究》2014年第7期

表1-8（续）

年份	测算结果（万元）	测算标准	调研城市	作者或课题组	文献题名	文献来源
2012	16.8	公共成本	重庆市、广州市、宁波市	杨聪敏	农民工城市落户的政策比较与成本预估——基于重庆、广东、宁波三地的实证考察	《中共宁波市委党校学报》2012年第3期
2013	13.0	公共成本	全国	中国社会科学院	中国城市发展报告	中国新闻网
2013	5.7	社会成本	郑州市、洛阳市、鹤壁市	徐红芬	城镇化建设中农民工市民化成本测算及金融支持研究	《金融理论与实践》2013年第11期
2013	24.0	公共成本	北京市、广州市、天水市等10个城市	杜宇	城镇化进程与农民工市民化成本核算	《中国劳动关系学院学报》2013年第6期
2013	7.8	社会成本	河北省	王斯贝等	河北省农民工市民化成本分摊测算研究报告	《经营管理者》2016年第6期
2013	8.8	社会成本	河南省	孙斌育等	河南省农民工市民化成本变动影响因素研究	《市场研究》2015年第3期

四川农民工家庭城市融入促进机制研究

表1-8（续）

年份	测算结果（万元）	测算标准	调研城市	作者或课题组	文献题名	文献来源
2013	2.4	社会成本	江西省	钟亮	江西省新型城镇化农业转移人口市民化成本测算研究	《中国工程咨询》2014年第11期
2013	77.4	公共成本	上海市	石忆邵	基于意愿的上海市农民工市民化成本与收益分析	《同济大学学报（社会科学版）》2015年第4期
2013	13.3	公共成本	广州市	张华初等	农业转移人口市民化公共成本测算——以广州市为例	《城市问题》2015年第6期
2013	18.5	社会成本	全国	李俭国等	新常态下新生代农民工市民化社会成本测算	《财经科学》2015年第5期
2014	27.5	公共成本	江宁区、浦口区	南京市人口办和河海大学	当个新市民，成本超27万元	中共江苏省委新闻网
2014	8.1	社会成本	云南省	李长生	云南省农民工市民化成本测算及分担机制研究	《云南农业大学学报》2015年第6期

表1-8(续)

年份	测算结果(万元)	测算标准	调研城市	作者或课题组	文献题名	文献来源
2015	28.6	社会成本	成都市	眭海霞等	新型城镇化背景下成都市农业转移人口市民化成本分担机制研究	《农村经济》2015年第2期
2015	16.5	公共成本	四川省、重庆市、乐山市	姚毅等	我国农民工市民化成本测算及分摊机制设计	《财经科学》2015年第7期
2015	9.4	公共成本	济南市、青岛市、临沂市	李一花等	农业移民人口市民化成本测算与分担研究	《公共财政研究》2015年第3期
2015	15.3	社会成本	柳州市	李钊阳	柳州市农业转移人口市民化成本分担机制研究	"决策论坛——决策科学化与民主化学术研讨会"论文集2017年1月
2015	16.3	社会成本	内蒙古自治区	李鹤等	内蒙古农民工市民化成本模型构建及测算	《当代经济》2016年第20期

注:部分"测算结果"为研究的不同区域或城市的算术平均数。"测算标准"中的社会成本(总成本)包括私人成本和公共成本,政府支出等同于公共成本;时间是研究者测算时引用的主要参考数据的年份,而非研究成果的出版时间。

总体来看，中国当前的城市化水平严重滞后于工业化水平，使得国内需求不足，经济增长疲弱，致使经济与社会结构不合理状况日益突出，阻碍了生产要素的自由流动与合理配置，降低了经济投入的产出与效益，制约了进城农民工家庭有效融入城市社区的进程。当然，中国城市化水平每提高一个百分点，所需要的人力、物力、财力以及由农村进入城市的居民数量都是十分巨大的。虽然突破和解决此问题面临的困难与阻力十分巨大，但是这一矛盾一直牵绊着中国社会经济的发展，严重影响着中国经济的转型与升级。在经济增长进入新常态的背景下，中国要转换经济增长新动能，必须有效解决各个区域二元经济结构的矛盾，进而有力推动区域经济发展，最为理想的选择便是进一步进行改革攻坚，坚持走新型城市化的道路，并且把加速城市化进程作为坚定不移的中心工作。

（三）大量城乡流动农民工的出路

　　中国存在大量在城乡流动的农民工，其总量在 2016 年达到 28 171万人，占总人口的 20.37%，占农村人口的 47.77%，与 2015 年相比增加了 424 万人，增长率为 1.53%，增速比 2015 年加快 0.25 个百分点（见图1-1）。中国大量农村人口外出务工，长期或季节性在城市中工作，为城市繁荣和国家经济发展做出了巨大贡献，但是这个社会群体一直处于边缘化的弱势状态，只有小部分农民工能够融入城市并转化为城市居民，而大量城乡流动农民工的出路在哪里呢？虽然也有由于城市规模扩大、城郊农村土地被征用、购买城镇商品房、农民工积分制入户城镇等而部分简单并入城市的居民，他们完成了农民变市民这一过程，但是他们的城市融入程度并不完全，只能说是在身份方面进入了城市社会，没有在经济、社会、文化和心理方面真正完全融入城市，仍然是城市社会中的弱势群体。而大部分农民工虽然完成了进城这一过程，正在经历农民变市民的过程，但是他们没有更多机会融入城市并转化成为城市居民。农民工市民化的成本高昂，据测算，中国有近3亿农村剩余劳动力，除乡镇企业吸收1亿多、流动人口有6000万外，至少还有1亿多人需要就业安置。如果通过建设新城市来安置近3亿的农业剩余劳动力，再加上2亿家属，合计5亿人，至少需要50万亿资金建造上千个中等城市，这在财力、物力、土地资源等方面都难以承受。因此，中国在推进新型城镇化的过程中，不应单一追求城镇户籍人口所占的比重，重点应该放在提高城镇化质量上，特别应注意提高农民工及其家庭的市民素质，增强其对城镇的归属感，促进农民工及其家庭市民化的进程。虽然农村剩余劳动力适量往城市转移，他们经过一段时间的城市洗礼后，部分又返回到农村，这样的流进流出，伴随的是资金、技术、信息和物资的流动，这对城市和农村地区社会经济的发展都是有利的。但是提高城市化水平是拉动我国经济增长的重要举措，应优先解决好农民工及其家庭的市民化问题。

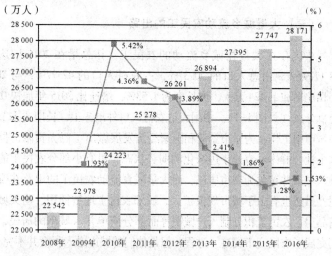

图1-1　2008—2016年全国农民工总量及增速

资料来源：中华人民共和国国家统计局（http://www.stats.gov.cn）发布的《全国农民工监测调查报告》（2012—2014年）和《农民工监测调查报告》（2009—2016年）。

（四）家庭式外出务工的特殊性

在外出务工的农民工中，家庭式外出务工逐渐成为一种潮流。在2008—2016年，举家外出农民工①数量持续增多（见图1-2），平均每年增加110万人，其中2016年在农民工总量中的占比达到13.28%。非农产业和城市环境为农民工及其家庭融入城市提供了很好的见习场所。一是为农民工提供了就业岗位和多元劳动创收的渠道，二是为农民工提供了劳动技能锻炼和实习的途径，三是为农民工提供了创业经验和资本积累的场所，四是为农民工及其家庭提供了锻炼从业技能、积累竞争资本、见习城市生活、接受社会文化心理素养熏陶等市民素质培养的机会。可见，非农产业和城市环境是农民工及其家庭成员近距离观察体验城市生活、自觉和不自觉与城市人进行交流学习的重要平台，是农民工家庭城市融入的见习前哨，是中国农民市民化的一条特殊路径，也是中国城市化进程中一种值得分析研究的现象。农民工及其家庭成员在城市环境中工作和生活，受城市社会的影响较多，市民素质较高，最容易融入城市。中国要在"十三五"期间实现常住人口城镇化率60%、户籍人口城镇化率45%的新型城镇化的发展目标，农民工及其家庭成员的有效转化是其中重要的关键工作。那么，农民工的基本特征，农民工及其家庭城市融入的现状，农民工及其家庭城市融入的制约因素，如何建立健全农民工家庭城市融入的促进机制，等等，这些问题的研究对于提高我国的常住人口城镇化率和户籍人口城镇化率，推进我国新型城镇化建设进程具有十分重要的作用。

---

① 举家外出农民工是指携带全部家人离开原居住地，到户籍所在乡镇地域外工作和生活的农民工。

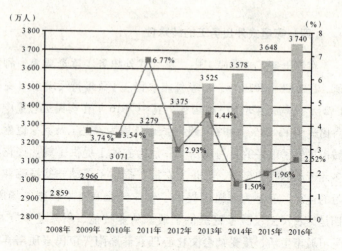

图 1-2　2008—2016 年全国举家外出农民工数量及增速

资料来源：中华人民共和国国家统计局（http://www.stats.gov.cn）发布的《全国农民工监测调查报告》（2012—2014 年）和《农民工监测调查报告》（2009—2016 年），2015 年、2016 年举家外出农民工数量为农民工租赁私房、购买商品房和有配偶占比的推算。

二、选题意义

（一）落实中央宏伟目标，提高新型城镇化的水平

党的十八大报告提出确保到 2020 年实现全面建成小康社会宏伟目标，实现国内生产总值（GDP）和城乡居民人均收入比 2010 年翻一番。同时，我国的"十三五"规划①明确提出要提

---

① 2016 年 3 月 17 日，十二届全国人大四次会议和全国政协十二届四次会议授权新华社发布《中华人民共和国国民经济和社会发展第十三个五年规划纲要》，简称"十三五"规划。

高我国的户籍城镇化率，要求到2020年要达到60%的常住人口城镇化率和45%的户籍人口城镇化率①，特别强调全面提高城镇化的水平和质量。这意味着在"十三五"期间常住人口城镇化率要提高3.9%、户籍人口城镇化率要提高5.1%。也就是说，要在短短5年里转移农业人口2亿人，在城镇落户1亿人。要实现国内生产总值和城乡居民人均收入这"两个翻一番"的宏伟目标，任务特别艰巨，其重点是解决"三农"问题，难点是农民收入持续提高，策略是加快新型城镇化步伐，关键是大幅提升农民工及其家庭的城市融入水平。中国社会科学院的研究报告指出，中国人口迁移的主要人群仍然是农民工，外出农民工数量十分庞大，虽然总量增速明显减缓，但仍保持扩张态势。其中，举家外出农民工的增长速度从2010年的3.54%上升至2013年的4.44%，家庭式外出务工农民工占全部农民工的比例从2010年的20.03%上升至2013年的21.22%，农民工家庭式外出务工的趋势逐渐加强②。另据国家统计局公布信息，我国2016年有农民工28 171万人（见表1-9），约占农村人口的47.77%，加上农民工的家庭成员，其占比超过50%。从转移作用看，农民工对非农产业生产总值的贡献率逐年增大，由1991年的10.5%上升到2015年的22.3%；从转移数量看，在2008—2016年持续增多，2016年的农民工数量达到28 171万人，与2015年相比增加424万人，其增加速度自2010年达到5.42%之后回落到2015年的1.28%，但是在2016年其增加速度为1.53%

　　① 据国家统计局2016年1月19日公布的信息，我国2015年的城镇常住人口有77 116万人，常住人口城镇化率为56.1%，户籍人口城镇化率为39.9%；农村常住人口有60 346万人，与2014年年末相比减少1 520万人。

　　② 中国社会科学院人口与劳动经济研究所及社会科学文献出版社于2015年12月共同发布《人口与劳动绿皮书：中国人口与劳动问题报告No. 16》，见中国皮书网（http://www.pishu.cn/psgd/331396.shtml）。

（见图1-3）；从转移区域来看，农民工外出务工以跨省流动为主，其中85.3%流向东部城区，仅有13.8%流向中西部城区，但是本地农民工的增速从2011年开始持续高出农民工总量增速和外出农民工增速（见图1-3）；从转移模式来看，举家外出农民工人数呈直线增长态势，2016年达到3 740万人，比2015年增加98万人，增长率为2.52%（见图1-2和表1-9）；从转移趋势看，调查数据显示，家庭式外出务工特别是夫妻携子女外出的情形日益增多，家庭化定居城市的趋势明显。因此，提高农民工家庭的城市融入程度是推进农民工市民化的重点工作，也是加快新型城镇化步伐、提高新型城镇化水平的重要策略，更是实现中央宏伟目标的具体措施。

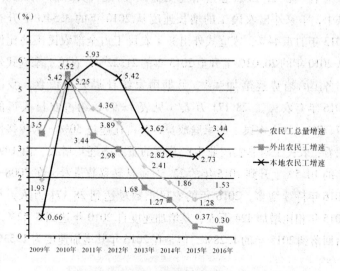

**图1-3　2009—2016年全国农民工总量增速、外出农民工
增速与本地农民工增速**

资料来源：中华人民共和国国家统计局（http://www.stats.gov.cn）发布的《全国农民工监测调查报告》（2012—2014年）和《农民工监测调查报告》（2009—2016年）。

表1-9

2008—2016年全国农民工数量及构成

指标	2008年	2009年	2010年	2011年	2012年	2013年	2014年	2015年	2016年
农村人口数量（万人）	70 399	68 938	67 113	65 656	64 222	62 961	61 866	60 346	58 973
①农民工总量（万人）	22 542	22 978	24 223	25 278	26 261	26 894	27 395	27 747	28 171
农民工总占比（%）	32.02	33.33	36.09	38.50	40.89	42.72	44.28	45.98	47.77
农民工总量增速（%）	—	1.93	5.42	4.36	3.89	2.41	1.86	1.28	1.53
②外出农民工数量（万人）	14 041	14 533	15 335	15 863	16 336	16 610	16 821	16 884	16 934
外出农民工增速（%）	—	3.50	5.52	3.44	2.98	1.68	1.27	0.37	0.30
③住户中外出农民工数量（万人）	11 182	11 567	12 264	12 584	12 961	13 085	13 243	13 236	13 194
住户中外出农民工增速（%）	—	3.44	6.03	2.61	3.00	0.96	1.21	-0.05	-0.32
④举家外出农民工数量（万人）	2 859	2 966	3 071	3 279	3 375	3 525	3 578	3 648	3 740
举家外出农民工增速（%）	—	3.74	3.54	6.77	2.93	4.44	1.50	1.96	2.52
⑤本地农民工数量（万人）	8 501	8 445	8 888	9 415	9 925	10 284	10 574	10 863	11 237
本地农民工增速（%）	—	-0.66	5.25	5.93	5.42	3.62	2.82	2.73	3.44

资料来源：中华人民共和国国家统计局（http://www.stats.gov.cn）发布的《全国农民工监测调查报告》（2012—2014年）和《农民工监测调查报告》（2009—2016年），2015年、2016年举家外出农民工数量为农民工租赁私房、购买商品房和有配偶占比的推算。其中，①=②+⑤，②=③+④。

（二）构建有效促进机制，加快新型城镇化的进程

我国农民工流动在新时期呈现家庭式外出务工的特点，这是社会经济发展的必然，符合经济结构调整升级的趋势，是一种积极的社会经济现象。农民工及其家庭成员在城市中居住生活，受城市社会的影响较多，这种影响对未成年人的学习生活与成长发展尤其深刻和长远，他们从经济文化欠发达地区流向比较发达的城镇和地区，获取的不仅有实实在在的财富，还有新知识、信息、技能和观念，他们的经济收入、社会地位和个人修养都有机会得到大幅提升，进而使得他们的市民素质较高，容易融入城市，能够快捷地转化为市民。并且在城市生活的熏染下，他们带回农村的不仅有务工资金，还有新的生产技能、管理知识和文化观念，其社会带动效用十分宽泛，既能推动家乡经济发展，又可促进农村面貌改变。综合来看，农民工群体对于我国的经济发展产生了特别重要和无以取代的功用，在人口红利方面做出了巨大贡献①，是国家的功臣②。但是，农民工问题还是十分突出的，近年来持续受到党中央和政府的高度关切，也引起了社会和学者们的普遍关注。当然，切实和有效解决农民工问题更是广大农民工群体的热切期盼。

一般来说，户籍人口城镇化率较于常住人口城镇化率能够

---

① 记者任俊明在《让农民工有序融入城市》 （新华网 http://news. xinhuanet.com/comments/2014-07/30/c_1111871918.htm）一文中报道：国务院总理李克强在国务院常务会议上强调指出"在中国经济增长过程中，庞大的农民工群体发挥了十分巨大、同时也是不可替代的作用"。有研究显示，中国近几十年快速发展靠的是人口红利，这个红利很大程度上就是农民工的贡献。

② 记者张洪涛和李梦龙在《克强总理为哪些人"撑过腰"》（中央政府门户网站 http://www.gov.cn）一文中报道：国务院总理李克强 2014 年 1 月在陕西看望农村留守儿童时与在外打工的农民工通电话说："你们在外打工不仅给家里增加收入，也给国家做了贡献，你们是国家的功臣。"

更加科学地反映中国人口城镇化的质量。中国的人口城镇化水平总体上一直保持着较快的增长态势，但是人口城镇化质量有待大幅提高。一是人口城镇化的水平持续提高。我国在 1949 年的户籍人口城镇化率为 10.6%，1979 年为 19.0%，30 年里的年均增长率为 2.8‰。在改革开放之后，特别是出现农民工以来，我国的常住人口城镇化率迅速提高，在 2016 年达到 57.3%，年均增长 1.04 个百分点，而户籍人口城镇化率由 1979 年的 19.0% 提高到了 2016 年的 41.2%，37 年里的年均增长率为 7.4‰。二是人口城镇化的质量堪忧。户籍人口城镇化率长期低于常住人口城镇化率 10 多个百分点，2016 年的常住人口城镇化率为 57.3%，户籍人口城镇化率为 41.2%，二者存在 16.1 个百分点差距，但是令人振奋的是户籍人口城镇化率增速从 2014 年开始保持着高于常住人口城镇化率增速的状态（见表 1-10）。按照"十三五"规划，到 2020 年实现常住人口城镇化率 60%（2015年为 56.1%）、户籍人口城镇化率 45% 的发展目标，这意味着未来 5 年内全国将要转移农业人口 2 亿人，在城镇落户 1 亿人（户籍人口年均增长率约为 1%）。数量如此巨大、速度如此迅疾的城市新增人口如何尽快融入城市是农民工研究者关注的重要问题。因此，进行农民工家庭城市融入促进机制的构建十分必要，既可加快农民工市民化的进程，又能提升新型城镇化的水平和质量。

表 1-10　2007—2016 年中国常住与户籍人口城镇化率　　单位:%

年份	常住人口城镇化率	户籍人口城镇化率	常住与户籍人口城镇化率差值	常住人口城镇化率增速	户籍人口城镇化率增速
2007	45.9	32.9	13.0	—	—
2008	47.0	33.3	13.7	1.1	0.4

表1-10(续)

年份	常住人口城镇化率	户籍人口城镇化率	常住与户籍人口城镇化率差值	常住人口城镇化率增速	户籍人口城镇化率增速
2009	48.3	33.8	14.5	1.3	0.5
2010	49.9	34.2	15.7	1.6	0.4
2011	51.3	34.7	16.6	1.4	0.5
2012	52.6	35.3	17.3	1.3	0.6
2013	53.7	35.7	18.0	1.1	0.4
2014	54.8	37.1	17.7	1.1	1.4
2015	56.1	39.9	16.2	1.3	2.8
2016	57.3	41.2	16.1	1.2	1.3

数据来源：中国国际城市化发展战略研究委员会发布的《2011年中国城市化率调查报告》以及中华人民共和国国家统计局（http://www.stats.gov.cn）信息。

基于以上两点，本书的研究内容主要关注以下两个方面：一是调查农民工家庭的经济收入情况、受城市的影响情况、转化为市民的意愿情况，总结该群体具备的市民素质、转化为市民的条件，分析影响农民工及其家庭城市融入的因素，形成农民工家庭城市融入的促进机制，寻求解决农民工市民化问题的新思路、新方法；二是由于农民工家庭的收入状况与城市融入程度受到农民工自身素质、城市产业、经济结构、公共服务资源、财政能力、政策制度、文化习俗等诸多因子或条件的限制，因而需要通过实证方法测度主要因素的影响程度，从而提出解决问题和克服障碍的有效办法，使得农民工家庭收入与城市融入的促进机制构建具有理论与实证基础。这样既可丰富农民工及其家庭城市融入的理论，引起政府决策部门和社会更多的关注和重视，也能为构建农民工家庭城市融入的促进机制提供依据，从而促进政府相关部门采取更加积极的政策和措施，为农民工家庭提供更加有力的支持条件，使他们更好地适应城市生活，更快速地融入城市社会，进而大幅提高我国的常住人口城镇化率和户籍人口城镇化率，有力推进新型城镇化，有效破解"三农"难题，加速完成产业结构的调整，逐步实现经济发展方式的转型，加快和谐社会建设的步伐，维护国家的长治久安。

本书研究的基本思路是综合应用经济学、社会学和政治学等有关理论与原理，在文献分析与实地调研的基础上，采用定性分析与定量分析、规范分析与实证分析、系统分析与因子分析相结合的方法，明确四川农民工的基本特征，总结四川农民工个体及家庭城市融入的现状，寻找并筛选出影响农民工家庭收入状况与城市融入程度的各类变量和关键因素，进而通过多元线性回归分析、协整分析、VAR 模型分析，定量测定主要因素对农民工家庭城市融入程度影响的显著性和大小，从而提出农民工家庭城市融入程度不断提升的促进机制。

三、相关概念

（一）农民工

农民工是我国产业工人的重要组成部分，是我国特有的城乡二元体制的产物，是在我国特殊历史时期出现的一个特殊社会群体。关于"农民工"概念，目前在我国还没有统一的定义，主要有三种代表性观点：第一，"农民工"一词最早由张雨林（1984）提出，是指在本地乡镇企业或进入城镇务工的农业户口人员。农民工有广义和狭义之分：广义的农民工包括两部分人群，一部分是指在本地乡镇企业就业的"离土不离乡"的农村劳动力，还有一部分是外出进入城镇从事第二产业、第三产业的"离土又离乡"的农村劳动力；狭义的农民工主要是指后一部分的人群。第二，刘传江（2004）认为农民工是非农产业从业人员，在阶层方面是从农民中率先分化出来并与农村土地保持着一定经济联系，在职业方面从事非农产业生产或经营、工资收入为主要生活来源，在户籍方面不具有城镇居民身份。第三，王春光（2005）认为农民工是从农民阶层向工人阶层转化的中间环节，是一个正在崛起的新工人阶层，他们还有可能在工人阶层的基础上向更高的阶层流动。农民工与其他社会阶层相比具有鲜明的特点：第一，从职业角度讲，他们是工人；第二，从身份上讲，他们是农民。但是，他们同工人和农民又都不一样。

时任总理的温家宝在 2004 年所做的《政府工作报告》中使用了"农民工"这个概念，这是政府第一次在正式场合确定农民工的称呼。到目前为止，"农民工"这个概念已经在法律上得到了确认，并成了这一群体的正式称呼。这里的农民工是指那些在城镇务工的农民，与本书的称谓略有不同。本书所称的农民工是指具有农村户口身份（户籍仍在农村）、在城市或农村从事非农产业工作或在异地农村从事农业代耕 6 个月及以上的劳动者，包括本地农民工（在户籍所在乡镇地域内城镇或农村从事非农产业的"离土不离乡"的农村劳动者）和外出农民工（在户籍所在乡镇地域外其他城镇或农村从事非农产业的"离土离乡"的农村劳动者和在户籍所在乡镇地域外其他农村从事农业代耕的"离乡不离土"的农村劳动者）两大类。他们是一个与农民和市民均不同质的群体，既非传统意义上的城镇居民，亦非传统意义上的农村居民，而是"边缘人"；他们是我国改革开放后形成的一个特殊群体，他们的社会身份是"农民"，他们的职业是"工人"，兼有农民与工人的双重身份。农民工的称谓还有"游民""打工仔""进城务工人员""农民兄弟""弱势群体"等。

本书所称的农民工是指户籍地为农村、在城市或农村承担非农产业工作或在异地农村承担农业代耕 6 个月及以上的劳动者，包括本地农民工①和外出农民工②两大类。农民工的称谓还有"游民""打工仔""进城务工人员""农民兄弟""弱势群体"等。

（二）农民工家庭

家庭是社会的基本单位，是以亲缘和血缘关系为核心的社会经济组织，是基本的生产、生活单元。农民工家庭的迁移行为立足于家庭的整体经济利益，强调家庭劳动力资源的分工协作关系。农民工家庭是指建立在婚姻或血缘关系基础上，家庭中有一个或多个劳动力从事非农产业生产或经营，获取多元劳动收入的社会组织形式。农民工家庭包括以下四方面的含义：一是家庭成员中有一个、部分或全部劳动力是农民工，二是家庭分居是农民工家庭当前的主要模式，三是务工工资收入为家庭经济收入主要来源，四是家庭收支强调家庭的整体性和成员间的协调性。李克强总理也盛赞农民工在家庭和社会中的作用，认为他们省吃俭用以增加家庭收入，所建项目造福更多人，是家庭的顶梁柱、国家的脊梁。因此，从家庭角度研究农民工问题更具有合理性和可行性，一是农民工外出务工的行为大多受

---

① 本地农民工是指在户籍所在乡镇地域内城镇或农村从事非农产业的"离土不离乡"的农村劳动者。

② 外出农民工是指在户籍所在乡镇地域外其他城镇或农村从事非农产业的"离土离乡"的农村劳动者和在户籍所在乡镇地域外其他农村从事农业代耕的"离乡不离土"的农村劳动者。

到家庭束缚、家庭战略和家庭效用的影响；二是农民工外出务工基本不是个体的决定，往往是家庭决策的结果；三是农民工外出务工既要考虑自身收益，更要考量家庭收益与风险；四是外出农民工与留守农村的家庭成员保持着密切联系。

本书所指的农民工家庭是指建立在婚姻或血缘关系基础上，家庭中有一个或多个劳动力从事非农产业生产或经营，获取多元劳动收入的农户或农村家庭。

（三）家庭式外出务工

家庭式外出务工是指农民工家庭整体或部分成员以家庭为单位离开原居住地，到户籍所在乡镇外的区域（含城镇和农村）就业、定居和生活，劳动力成员具有较稳定的职业，与其他外出家庭成员居住在一起，每年在迁入地共同生活半年以上。家庭式外出务工是农民工外出务工模式发展的阶段性现象，是社会经济结构变革的必然结果，也是新型城镇化要求实现的最终目标。家庭式外出务工的类型主要有兄弟姐妹同行、父（母）子（女）同行、夫妻同行、夫妻携子女同行、举家外出等。

（四）农民工市民化

关于农民工市民化的概念，目前学界还没有统一的界定。刘传江（2006）认为农民工市民化是指离农务工经商的农民工克服各种障碍最终逐渐转变为市民的过程和现象。其含义有四个层面：一是农民工在从事职业方面转变为非农产业工人（职业转换），二是农民工在社会身份方面由农民转变为市民（户籍转移），三是农民工在自身素质方面进一步提高（素质转变），四是农民工在城市融入方面进一步市民化（观念转化）。这四个层面相互制约、相互影响、不断递进，促使农民工在价值观念、生活方式和行为方式等方面不断城市化，逐渐转变为市民。赵立新（2006）认为，农民工市民化是指离开原居住地半年以上并在城市务工经商的农民逐步向城市市民转化的过程，是农民身份向城市居民身份的彻底转化。它具有以下四方面的含义：一是户籍由农村户口转变为城市户口（户籍转移），二是居住地由农村区域转变为城市区域（地域转变），三是从事职业由务农转变为非农产业（职业转换），四是精神理念由农村观念转变为城市文化（观念转化）。

参考刘传江和赵立新的观点，我们认为，农民工市民化是指农民工在从事职业、居民身份、生活方式和思想观念等方面逐步向市民转化的过程。

（五）城市融入

当前，学界对于城市融入的定义与内涵已经基本达成共识。城市融入是指农民工群体逐渐接受和适应城市生活，并从心理上认同城市社会的过程。通常，城市融入不受从事职业和居民身份的局限，主要包括经济层面、社会生活层面和心理层面三个层面的融合与接纳。田凯（1995）指出，城市融入的三个不同层面是依次递进的：经济层面的适应是农民工在城市中找到相对稳定的工作，有一定的经济收入，这是农民工立足城市的基础。社会生活层面的适应是农民工在城市中有一定社会地位，具备参与城市社会生活的条件，形成同市民接近的生活方式，这是农民工城市融入的进一步要求，反映农民工融入城市生活的广度。心理层面的适应是指农民工在城市中频繁同当地居民接触、观察、模仿和交流，接受并形成适应当地社会的价值观念，这属于精神自觉与追求，反映农民工参与城市生活的深度，也只有在心理和文化方面适应城市社会与生活，农民工才能完全地融入于城市社会。

本书所研究的城市融入是指农民工逐渐接受和适应城市生

活，并在文化和心理上认同城市社会的过程，包括经济维度、社会维度、身份维度、文化维度、心理维度五个依次递进层面的融合与接纳。

（六）农民工权益

农民工与其他公民一样，都是中国社会的成员，都享有宪法和法律赋予公民的政治权利、人身权利、民主权利、社会经济权利、教育权利以及其他正当权益。因此，农民工权益是指社会劳动关系符合法律规定或认可的农民工在履行劳动义务时享有的与劳动有关的权利以及作为国家公民享有的权利和相应的权益。农民工权益包括政治权利、民主权利、社会权利、经济权利、教育权利、劳动权利、就业权利、安全权利、平等权利、人身自由权利、自由流动权利、利益表达权利、自我实现权利以及其他权利和正当利益。

本书所指的农民工权益主要涉及劳动权利、经济权利、安全权利、社会权利、教育权利、政治权利和其他正当权益。

（七）工作满意度

工作满意度最早是由美国学者霍波克（Hoppock，1935）在《工作满意度》一书中提出，主要是指工作者对工作本身以及与工作相关的影响因素所产生的心理感受和生理感受，是工作者的一种心理和生理感受状态。不同的专家学者由于不同的研究目的和意义，对工作满意度有不同的定义。例如，波特·劳勒（Porter Lawlar，1968）认为工作满意度是工作者对劳动报酬实得和预期间的差距感受，差距小则满意度高；史密斯·肯德尔·舒林（Smith Kendall Shulin，1969）认为工作满意度是个体根据其参考框架对工作性质、特征进行解释后所得到的结论或结果；佛隆（Vroom，1973）认为工作满意度是工作者本身在组织中所扮演的角色及其情感反应；西尔·奈特（Seal Kninght，1988）认为工作满意度是工作者对工作时间、工作环境、工作本身的感受和评价；蔡林亮（1993）认为工作者对工作满意度的评价受自我参考框架的影响；张凡迪（2003）认为个体的参考框架是工作满意度的重要参考依据。

本书所指的工作满意度是指农民工个体在工作过程中，对工作本身以及与工作直接相关联的工作环境、工作报酬、福利待遇、人际关系、经济收入预期等因素的一种心理和生理感受与评价。

（八）保障性住房

住房是指供人居住、生活、工作的房子，按性质一般分为保障性住房和商品性住房两类。保障性住房一般是指由政府根据国家相关政策和法规统筹规划，为特定人群提供使用的限定标准、限定价格或限定租金的具有社会保障作用的住房，一般由经济适用房、廉租房、公共租赁房、定向安置房、两限商品房、安居商品房构成。在我国，保障性住房有严格的准入体系，主要是针对拥有城市户籍的住房困难的低收入群体的一种保障性制度。虽然目前有少数城市政府明确向农民工开放保障性住房，但多数城市实际上是将农民工排除在城市住房保障体系之外。随着社会经济的发展和新型城镇建设的需要，政府应出台相关政策和措施将在城镇务工的农民工纳入城市住房保障体系，应对在城镇中务工的农民工有条件地（如工作年限、社保缴纳年限等）开放经济适用房、廉租房、公共租赁房、两限商品房和安居商品房，切实保障农民工的基本权益。

经济适用住房是指土地由政府划拨，免收城市基础设施配套费等各种行政事业性收费和政府性基金，实行税收优惠政策，以政府指导价出售给有一定支付能力的低收入住房困难家庭的保障性住房。经济适用房具有一定的福利性质，其价格较商品房要低一些，适应中低收入家庭的经济负担能力，购房人拥有有限产权，居住满五年后可上市交易，产权归个人所有，主要针对城镇公务员、事业单位工作人员和企业职工，但也应向在企业务工的住房困难的农民工有条件地开放。

廉租房是指政府出资建设，通过租赁补贴、实物配租、租金低价或租金减免的形式租赁给经济收入低和住房困难的城镇家庭的没有产权和继承权的保障性住房。廉租房制度是针对住房困难的最低收入家庭实施的一种社会救助，是我国住房保障体系的重要组成部分，适合城镇低收入群体，同时应向在城镇务工的住房困难的农民工有条件地开放。

公共租赁房也称租赁型经济适用房或扩大版廉租房，是指通过政府或政府委托的机构，按照市场租价向中低收入的住房困难家庭提供租赁，由政府向承租家庭按月支付相应标准的租房补贴的保障性住房。公共租赁房是廉租房的补充，也是向经济适用房过渡的类型，适合由廉租房向经济适用房过渡的轮候人群、城镇低收入群体，同时应向在城镇务工的住房困难的农民工有条件地开放。

两限商品房是指经政府批准的，解决城市居民自住需求的，按照约定价位面向符合条件居民销售的中低价位、中小套型普通商品住房。虽然两限商品房不是严格意义上的"保障性住房"，但是应向在城镇务工的住房困难的农民工有条件地开放。

安居商品房是指实施国家安居工程或康居工程，由政府安排贷款和地方自筹资金建设的面向广大中低收家庭，特别是对4平方米以下特困户提供的销售价格低于成本、由政府补贴的非营利性住房。安居商品房属于经济适用住房一类，是保障性住房，应向在城镇务工的住房困难的农民工有条件地开放。

本书所指的保障性住房是指由政府或政府指定机构根据国家相关政策和法规统筹规划，为城镇住房困难的低收入人群和在城镇务工的住房困难的农民工提供使用的限定标准、限定价格或限定租金的具有社会保障作用的住房，包括经济适用房、廉租房、公共租赁房、两限商品房和安居商品房。

第二章　农民工家庭城市融入研究综述

一、国外相关研究

由于人口户籍制度不同，国外农村人口在向城市转移时一般没有政策、户籍、社会保障等体制和制度方面的障碍，虽然城市中也有外来务工现象，但不是一种社会主流，更常见更突出的是外来移民社会融入和城市化等问题。因此，多数研究集中在外来移民社会融入和城市化对人的心理和行为的影响方面。在国外，众多人类学、社会学、政治学、经济学等领域的学者高度关注劳动力迁移问题，最早可追溯到古希腊时期，其中思想家色诺芬[①]和柏拉图[②]对社会分工、人口迁移、城市规模等问题进行了开创性研究。

[①]　色诺芬（Xenephon，约公元前430—公元前354年），古希腊著名的史学家、作家、思想家和经济学家，最早使用"经济"一词。

[②]　柏拉图（Plato，约公元前427—公元前347年），古希腊伟大的哲学家和思想家，西方客观唯心主义的创始人，同其老师苏格拉底和学生亚里士多德并称为"希腊三贤"。

在人类学领域，以格兰诺维特模型①、弗里曼模型②等为代表的理论主要研究人群之间的相互联系对人口迁移的影响。在社会学领域，滕尼斯、涂尔干、韦伯、帕森斯、英克尔斯等学者从农民与市民的社会角色转化角度，研究了劳动力从传统农业社会向现代工业社会迁移过程中所承担的角色、结构和功能。在政治学领域，以马克思主义的劳动迁移理论为代表，认为机器大工业生产导致社会分工，从而促进劳动力迁移。在经济学领域，对劳动力迁移的研究主要有三个层次：一是宏观层次，主要有刘易斯的二元经济理论、拉-费模型、乔根森模型、推拉理论等，宏观层次的研究对象为劳动力群体，主要研究经济发展不平衡对劳动力迁移的影响；二是微观个体层次，如托达罗模型、哈里斯模型、斯亚斯塔德和舒尔茨的迁移成本-收益理论、加里·贝克尔歧视模型等，主要研究劳动力在个体利益最大化条件下，个体特征和经济状况对迁移决策与行为的影响；三是微观家庭层次，如斯塔克、泰勒、布鲁姆的新劳动力迁移经济理论和沃伯特的地方效用理论等，主要研究劳动力在家庭利益最大化或有限理性利益最大化条件下，个体特征和家庭状况对迁移决策与行为的影响。

（一）关于迁移的成本收益的研究

劳动力迁移的成本-收益理论是由西奥多·威廉·舒尔茨

---

① 格兰诺维特模型又称格兰诺维特弱关系理论，是关于社会关系网络的理论，由美国社会学家马克·格兰诺维特（Mark Granovetter）于1974年提出关系强度的概念，并将关系分为弱关系和强关系，认为弱关系在群体、组织之间充当信息桥，起纽带联系作用，更能跨越社会界限获得信息和资源。

② 弗里曼模型，即整体社会网络分析法，其代表性人物是美国新哈佛学派的林顿·弗里曼（Linton Freeman），主要研究整体社会网络中角色关系的综合结构，提出了紧密性、中距性、中心性等网络分析概念。

（Thodore W. Schultz，1960）首先提出的，他从成本收益的角度研究了劳动力的迁移行为，他认为个人和家庭适应于变换就业机会的迁移是人力资本投资的五种途径之一。也就是说，劳动力迁移是一种能够带来收益的人力资本投资，迁移行为只有当迁移收益大于迁移成本时才会发生。迁移成本是指迁移过程中的各种直接成本和机会成本。其中，直接成本包含流动成本、信息搜寻成本、决策成本和其他迁移支出；机会成本包含因迁移过程而损失的其他领域的工作收入以及迁移到城市务工环境中的心理成本。迁移收益是指劳动力迁移后获得的更好的工作机会、工资收入和工作环境。

美国经济学家斯加斯塔德（Sjaastad L. A.，1962）将劳动力迁移和流动置于人力资本投资的框架下，分析了劳动力迁移和流动的成本与收益，建立了劳动力迁移和流动的成本-收益模型。他认为，如果没有政治或制度方面的制约，劳动力迁移和流动的基本动因是收益与成本的理性比较，这种劳动力迁移和流动是一种能够提高人力资源生产力的投资，既能促进资源的有效配置，也能获得较好的收益。当然，促成劳动力迁移和流动同样需要资源支撑。也就是说，需要付出成本（包括货币成本和非货币成本）才能获取收益（包括货币收益和非货币收益），其假设前提是劳动力迁移和流动的行动目的在于实现实际净收入最大化，即在比较现住地与目的地的收益的基础上做出是否迁移和流动的决策。斯加斯塔德的劳动力迁移和流动的成本-收益理论在人口迁移行为的微观分析中有着广泛应用，主要用于解释劳动力迁移和流动的选择性，即哪些劳动力更容易发生迁移和流动行为，但是由于在实际研究中对于非货币收益和非货币成本很难准确量化，因而更多的是关于货币收益和货币成本的实证分析。

（二）关于劳动力迁移动机的研究

国外在劳动力迁移动机研究方面主要有三种比较经典的学说。

一是乔根森的消费需求拉动劳动力就业迁移学说。乔根森（Dale W. Jorgenson，1961）在《二元经济发展》一文中指出，技术进步必定会促使工业和农业两个部门的工资上涨，因此工业部门和农业部门的工资水平不是固定不变的，但是工资差距并不是劳动力就业迁移的根本原因。乔根森在 1967 年发表论文《剩余劳动力与二元经济发展》，提出了消费需求拉动劳动力就业迁移的观点。他认为农村劳动力就业迁移的根本动因在于消费需求变动，其基础在于农业剩余而非边际生产率为零，或者边际生产率虽然大于零但是小于实际收入水平的劳动力的存在。劳动力滞留在农业部门就业的原因是为了满足对农产品的生理需求，一旦农产品出现剩余，农业部门便失去了对劳动力的拉力，劳动力便会向需求旺盛的工业部门迁移。

二是托达罗的绝对收入差距影响劳动力就业迁移学说。美国经济学家迈克尔·P. 托达罗（Michael P. Todaro，1970）在假设城市工资是逐渐上升而非固定的且城市存在大量失业的基础上，研究了劳动力个体在利益驱使和成本约束的作用下如何做出迁移选择的问题。他认为城乡之间预期的绝对收入差距是农村劳动力迁移到城市就业的动因，大量农村劳动力涌向城市加大了城市就业压力，加剧了城市失业问题，城市有限的就业岗位无法满足城市居民和农村劳动力的庞大就业需求，一些劳动力只有继续滞留在农村。他认为必须减少城市和农村就业机会的不平等，创造城市工作机会不是解决城市失业问题的有效办法，不加选择的教育发展将进一步导致人口迁移和失业，应当鼓励农村发展一体化的规划。

三是伊斯特林的相对收入差距影响劳动力就业迁移学说。伊斯特林（Richard Easterlin，1997）借用相对贫困假说解释了劳动力就业迁移的经济行为，认为相对收入差距决定人们的行为，也就是说劳动力的相对经济地位变化决定着他们的就业迁移行为。劳动力是否做出就业迁移决策，不仅取决于他们与城市劳动力之间的实际收入或预期收入的绝对差距，还取决于他们在迁出农村感受到的相对经济地位的差距以及就业迁移后按照迁出农村生活标准所感受到的相对经济地位的变化。

除以上三种代表性的劳动力就业迁移动机研究之外，还有居住满意度、社会地位变化、生活方式偏好、家庭和朋友影响等方面的研究，这些研究从社会或心理方面对劳动力就业迁移的动机分别进行了探究。

（三）关于移民的社会融入的研究

农民工市民化是我国特有的人口城市化现象，西方发达国家相关的研究主要为移民的社会融入问题，目前已经形成比较完善的理论体系。社会融入涉及的维度是多方面的，包括移民的经济生活、社会交往、心理认知和政治参与等内容，因而在具体考察中通常通过多个层次、多个指标来衡量移民的社会融入程度。

在社会融入概念辨析方面，该概念的提出始于人类学对人口群体迁移现象的研究，主要分析移民群体在流入地的社会生活状况及其演变过程。在个体层面，主要研究移民个人心理。其中，格雷夫斯（Graves，1967）最早正式使用心理融入（Psychological Acculturation）一词。在群体层面，由于社会融入问题的研究对象主要为移民群体，通常与国家宏观的政策和法规紧密联系在一起，因而其政策和法规建设的建议常常被各类国际组织、各个国家或地区政府广泛采用。在 20 世纪 80 年代晚期，法国实施了第一个社会融入政策，通过劳动和培训帮助移民尽快融入法国社会。并且，社会融入问题也引起了欧洲共同体的高度重视，他们曾经试图制定出能够涵盖所有成员国家的社会政策。虽然来自同一国家或者地区的移民一般具有相同或者相似的文化背景，但是由于不同个体的态度和行为存在或多或少的差异，他们的心理融入有着很大的差别，因而对于群体和个体的社会融入问题应当区别对待。在西方国家中，博伦和霍伊尔（Bollen K. A. & Hoyle R. H.，1990）的定义得到了广泛认可，他们认为社会融入是群体或个体向主流社会以及各种社会领域逐步渗透和融入的过程，也是种族关系相互竞争与相互适应的过程。阿尔巴和尼内（Alba R. & Nee V.，1997）认为美国是一个社会"大熔炉"，因而对社会融入概念进行了修正，认为"融入"意味着"界限的跨越、界限的模糊、界限的重构"，认为"社会融入"是种族差异的消减以及由此导致的种族间社会、文化和心理等方面的趋同。

在社会融入关系研究方面，主要考察移民与迁入地居民之间亲近或疏远的程度。法国社会学家吉恩·加布里尔·塔尔德（Jean Gabriel Tarde，1890）在《模仿律》（*Laws of Imitation*）一书中首次使用社会距离（Social Exclusion）概念表征阶级差异。他认为模仿是最基本的社会关系，社会就是由互相模仿的个人组成的群体，社会距离具有客观性，能够反映不同群体之间的客观差异。德国社会学家格奥尔格·齐美尔（Simmel G.，1902）认为社会距离具有主观性，距离是人与人以及人与物之间的一种关系，是自我与周围环境的一种关系，但他没有给出社会距离的具体定义。美国社会心理学家博加德斯（Bogardus E. S.，1925）在对种族偏见的研究中使用了社会距离量表（也称博加德斯量表，Bogardus Scale），使得社会距离成为了表征偏见、文化差异和群体互动程度的普遍适用概念。芝加哥学派创始人帕克（Park E. R., 1950）指出，社会距离是一个刻画群体情感亲密度和关系紧密度的主观性概念，用于描述一种心理状态，是让人自觉意识到自身与不能完全理解群体之间的一种区别与隔离。英国社会学家安东尼·吉登斯（Giddens A., 2001）在《社会学》一书中认为，社会排斥比贫困更宽泛，它通过某些方式阻隔个体或群体全面参与社会，是一系列妨碍个体或群体获得公平机会的广泛因素，是造成新的不平等的根源，主要有经济排斥（Economic Exclusion）、政治排斥（Political Exclusion）、文化排斥（Cultural Exclusion）、关系排斥（Relational Exclusion）、制度排斥（Institutional Exclusion）等多种形式。

在社会融入程度测量研究方面，主要有三种不同维度的测量方法。一是戈登（Gordon M., 1964）认为社会融入包含结构性融入和文化性融入两个维度。其中，结构性融入是指移民个体或群体在流入地不断提高社会参与度（如教育程度、就业状况、工资水平等较有确定性的指标）的过程；文化性融入是指移民个体或群体在文化、价值、观念认同方面（如文化习俗、社会规范、交往方式、语言习得等）的转变与同化过程。戈登还提出了社会融入程度测量的二维度模型，即通过文化接触、结构性同化、通婚、族群认同、偏见、歧视、价值与权力冲突七个指标进行量化。二是 J. 杨格塔斯（Josine Junger-Tas，2001）认为社会融入包含结构性融入、社会文化性融入、政治合法性融入三个维度。其中，结构性融入是指移民在教育、劳动力市场、收入与住房等多方面享有平等机会的过程；社会文化性融入是指移民在流入地不断提高社会组织参与度并按照流入地行为规范行动（可通过语言使用、通婚、群际友谊、群际隔离程度、个人自主性与群际协调性的关系、性别平等、尊重个人人权等指标进行测量）的过程；政治合法性融入是指获得与流入地居民同等对待的政治合法权利（如选举权、被选举权、身份待遇、政治待遇等）的过程。杨格塔斯还提出了社会融入程度测量的三维度模型。三是恩泽格尔等（H. Entzinger et al., 2003）认为移民群体在流入地社会需要面临经济融入、社会融入、政治融入、文化融入等四个维度。经济融入是指移民群体在就业市场、收入水平、职业地位、劳动福利等方面的改善状况；社会融入是指移民群体在社区交往、朋友关系、组织参与、支持网络、社会接纳态度、社会拒斥态度等方面的改善状况；政治性融入是指移民群体在合法政治参与方面（如公民身份、选举权利、被选举权利、政党参与等）的改善状况；文化性融入是指移民群体在规范习得、观念认同、语言学习、配偶选择等方面的改善状况。恩泽格尔等还提出了社会融入程度测量的四维度模型。

在社会融入归因研究方面，主要有人力资本归因论、社会资本归因论与制度归因论三种理论取向。

一是人力资本归因论，主要强调移民个体所具有的人力资本特征，如文化教育水平、劳动技能、语言技能、工作经验等人口学指标对于社会融入的重要影响。该理论认为移民的社会融入程度低，特别是经济融入程度低的原因在于移民群体人力资本缺乏，这使得他们不具备适应新社会经济生产体系、劳动力市场、职业流动的基本条件，因而缺乏基本的经济性或结构性融入条件。其基本的预设前提是移民进入的新的社会是与其原居住社会完全不同的两个社会空间，是更为现代、更为发达的社会。在这个新的社会空间里，必然要求移民具有能够与之相适应或相匹配的人力资本（即具有维持生存的基本素质，如教育、技术、东道国语言能力等）。并且，移民原有的文化观念、意识形态、行为方式等也束缚了移民的社会融入，呈现出被隔离、被排斥的状态。因此，移民良好的社会融入的实现就是新的人力资本或者新的社会能力的获得过程。在这种归因机制下，移民进入欧美国家的社会融入状况之所以较差，其首要的原因就是在于移民群体或个体能力的不足。J. 杨格塔斯（Josine Junger-Tas，2001）指出，西方国家劳动力市场、产业结构的变迁提高了对于劳动力的人力资本要求，相对而言，移民群体更缺乏这种与之匹配的素质和能力，因而被排斥在现代化的劳动力市场、产业体系之外。欧米德娃与李奇蒙德（R. Omidvar & T. Richmond，2003）认为加拿大的移民群体正经历着劳动力市场进入困难、失业率逐年上升、移民个人及其家庭贫困化程度加重等严重的社会融入难题，其主要的原因就在于市场全球化发展过程中移民的人力资本不能适应社会要求。伍斯罗与哈科特（R. Wuthnow & C. Hackett，2003）比较分析了移民到美国的伊斯兰教、佛教、印度教等宗教移民群体的社会融入情况，发现更高的教育水平使得个体能够在专业技术、管理职位、收入水平、文化认知、子女教育等方面体现出更高的社会融入度。高登路什和李奇蒙德（J. Goldlush & A. H. Richmond，1974）认为人力资本十分重要，他们通过实证研究指出，移民在移民之前的特征与状况会影响移民在流入地的社会适应，其中最重要的因素是教育与技术训练情况，次要因素包括移民的语言学习情况等。普雷斯（L. Pries，2003）的研究认为，德国国内的劳动力移民与本地德国人之间在就业市场上呈现出一种极化的现象，移民工人只能在一些老式的工业产业部门从事传统的不受欢迎的体力劳动工作，其原因就在于这些移民工人缺乏教育与职业资格，其职业的向上流动性与就业弹性受到了负面的影响。综上所述，人力资本对于移民的社会融入既有积极影响，也有阻碍作用。

二是社会资本归因论，认为移民在流入地所具有的社会资本、建构的社会关系网络、拥有的可动用的社会资源等对于其社会融入能起到关键性的支持作用，如提供信息支持、网络支持、情感支持等作用。由于移民进入到一个新的国家或社区之后，一般会失去原住地的社会资本或社会关系网络，如亲属血缘关系、朋友关系、地缘关系、业缘关系等，所以他们急需在新的居住地建构起新的社会支持网络，但积累新的社会资本需要一定的时间。也正因为移民在流入地缺乏社会支持网络或社会资本，所以他们很难与流入地社会实现直接的良性的交往互动，特别在遇到生活困难时基本没有有效的社会资本可以动用。因此，移民流入地的社会融入政策应当为移民提供更多有效的社会支持，帮助他们建构新的支持网络与社会资本。雅各布斯与蒂尔（D. Jacobs & J. Tillie, 2004）从社会资本的角度考察了移民的社会资本与其政治融入间的关系，认为社会资本是社会个体通过组织生活嵌入社会关系网络的程度，是影响个体正式或非正式参与政治生活频率以及政治信任水平的重要因素。他们通过比较不同移民族群政治参与的差别，发现族群的政治参与与其特定的族群社会资本相关联，特定族群的关系网络密度越高，其政治信任度也越高，政治融入度就越高。周敏和班克斯顿（M. Zhou & C. L. Bankston Lii, 1994）以居住在美国新奥尔良的越南移民为例，探讨了移民文化作为一种社会资本如何影响移民子女社会适应的问题，发现移民学生越持有传统的家庭观念、强烈的工作奉献伦理，嵌入族群社区的程度越高，越能获得高的考分，越能制定明确的大学学习规划，就越能实现教育融入。其原因在于积极的移民文化取向是一种社会资本，有助于弱势的移民子女在价值认同与行为模式建构等方面形成一种主动适应的优势。因此，社会资本对于移民子女成功融入流入地社会具有关键性作用，在一定程度上比人力资本更为重要。波蒂斯和森森布伦纳（A. Portes & J. Sensenbrenner, 1993）关于纽约的多米尼加移民研究认为，社会资本与社会关系网络对于移民的社会融入具有积极作用。研究发现移民的资金网络与其族群网络具有较高的重合度，其原因在于移民在其族群网络中建立的良好信誉是一种社会资本。这使得其筹资与投资活动变得更为顺利，而这些资金主要都来自于那些资本并不充裕但数量众多的移民同胞，当移民能够从外部获得各种资源时，族群网络的力量就可能弱化。相反，当移民遭遇到来自外部社会的各种偏见，难以从外部社会获得资源时，族群网络的重要性就会显现出来。波林·霍普·郑等（P. H. Cheong et al., 2015）认为社会资本是比较宽泛的概念，主要包括社会规范、社会网络、社会关系以及各种协商性关联等，社会资本对于移民的社会融入既有积极作用也有消极作用，移民嵌入自己的族群网络越深，他们与外界社会互动和融合的限制就越多。综上可知，社会资本对于移民的社会融入具有多重影响。

三是制度归因论，更加强调结构性的宏观的或具体的制度政策对于移民社会融入的限制作用，包括流入国家或地区在移民就业、社会福利、社会保障、社会救助、住房、子女教育、社会歧视、宗教信仰、政治权利等方面政策与制度的安排，移民的社会融入与流入国家或地区的各种制度安排紧密相关，也可以说是流入国家或地区移民和融入政策的目标取向与产物。换句话说，流入国家或地区特定的移民及移民融入政策与制度建构是影响移民能否有效实现社会融入的决定性因素和根本原因，而排斥性的移民融入政策如就业政策、教育制度等会从根本上剥夺移民群体提高自身素质和增加社会资本的可能性，为移民的社会融入制造了不可逾越的障碍。菲克斯等（M. Fix et al., 2001）从公共政策角度重点讨论了美国移民融入政策对于移民社会融入的影响，认为美国政府尽管已经致力于促进移民家庭对美国社会的融入，但是其高度管控的移民政策不利于移民的社会融合，应在公共政策上促进移民的融入，改善其社会境遇，提升移民家庭社会经济地位的向上流动，应推动对于合法移民的反歧视性立法，应在政府财政、税收等政策上对新移民群体提供支持。帕皮伦（M. Papillon，2002）研究发现，虽然加拿大移民的平均教育水平要高于本地人，但是新移民受到不承认外国学历、种族歧视、工作环境偏见、住房缺乏、语言培训缺失等制度性因素的影响，使得他们被社会排斥，从而成为弱势群体。诺亚·莱文爱波斯坦等（N. Lewin-Epstein et al.，2010）通过对以色列和加拿大的苏联移民的比较研究，认为不同国家的移民政策与移民的社会融入存在较大的差别，虽然加拿大和以色列都是移民国家，但是他们对于移民接纳的制度存在不同，以色列实行的是对犹太移民无经济选择的政策，并向移民提供充分的支持；而加拿大实行的是有选择的多元标准移民政策，移民的社会与经济融入在很大程度上是由市场力量决定的。因此进入加拿大的移民更容易进入劳动力市场，但是要经过更多的困难才能找到并维持就业。相对而言，进入到加拿大的移民能获得更高的职业地位和收入。由此可见，流入国家或地区的政策和制度安排对于移民的社会融入有着重要影响。

（四）关于工作-家庭关系的研究

工作-家庭冲突是一种角色之间的不和与对立，即工作或家庭角色的要求使得参与家庭或工作角色的任务变得更加困难，二者互相干扰产生消极影响。

卡恩等（Kahn et al.，1964）认为角色冲突是由客观环境因素及主观期望或心理因素所造成的冲突，是因为多个角色之间同时存在多种不相容的压力，从而使得一方难于顺从另一方。其中，客观角色冲突是角色个体在实际环境中遭遇状况的冲突，主观角色冲突是角色个体内心所感受到的冲突。角色冲突主要有四种情况：一是同一角色要求发送者对同一角色接受者的期望不相容造成的冲突，二是不同角色要求发送者对同一角色接受者的期望不相容造成的冲突，三是多个角色接受者由不同角色的期望不相容造成的冲突，四是外界对角色接受者的期望与角色接受者的价值观不相容造成的冲突。工作与家庭之间的冲突是角色间冲突的一种形式，由于家庭或工作角色的参与，使得工作或家庭角色的参与变得困难。

科普曼等（Kopelman et al., 1983）把个体角色间的工作冲突、家庭冲突、工作满意度、家庭满意度和生活满意度连接在一起，建立了以角色间冲突为中心的工作-家庭角色冲突模型，并分析了工作冲突对角色间冲突、家庭冲突对角色间冲突以及工作冲突、家庭冲突、角色间冲突与工作满意度、家庭满意度、生活满意度之间的关系。研究结果显示，工作冲突与角色间冲突、家庭冲突与角色间冲突之间存在正相关关系，而工作冲突与工作满意度、工作满意度与生活满意度、家庭冲突与家庭满意度、家庭满意度与生活满意度之间存在显著相关关系。

希金斯和达克斯伯里（Higgins & Duxbury, 1991）在工作-家庭角色冲突模型的基础上，以性别差异为中心，以双职工家庭为对象，提出了工作-家庭冲突性别差异模型，分析了工作期望对工作冲突、工作投入对工作冲突、家庭期望对家庭冲突、家庭投入对家庭冲突、工作冲突对工作生活质量、家庭冲突对家庭生活质量、工作-家庭冲突对工作生活质量、工作-家庭冲突对工作家庭质量、工作生活质量对总体生活质量、家庭生活质量对总体生活质量的关系。研究结果发现，工作投入与工作冲突、家庭投入与工作-家庭冲突之间是显著正相关关系，其中男性比女性的相关程度更高；而家庭投入与家庭冲突、工作投入与工作-家庭冲突之间同样存在显著正相关关系，其中女性比男性的相关程度更高。

弗罗内等（Frone et al., 1992）认为既要重视工作对家庭的干扰，也要注意家庭对工作的干扰，于是建立了工作-家庭冲突的双向模型，分析了工作压力源与工作-家庭冲突、工作压力源与工作沮丧感、工作投入与工作-家庭冲突、工作投入与工作沮丧感、家庭压力源与家庭-工作冲突、家庭压力源与家庭沮丧感、家庭投入与家庭-工作冲突、家庭投入与家庭沮丧感、工作-家庭冲突与家庭-工作冲突、工作-家庭冲突与工作沮丧感、家庭-工作冲突与家庭沮丧感、工作-家庭冲突与整体沮丧感、家庭-工作冲突与整体沮丧感、工作沮丧感与整体沮丧感、家庭沮丧感与整体沮丧感的关系。研究结果发现，工作-家庭冲突与家庭-工作冲突是正相关关系，二者相互影响、同向增长，而工作压力源（包括工作压力、工作低自主性、角色模糊等）、家庭压力源（包括抚养负担、子女不良行为、夫妻关系等）、工作投入和家庭投入都对工作-家庭冲突、家庭-工作冲突有着显著影响。

卡尔森等（Carlson et al., 2000）对于工作-家庭冲突的结构进行了细分，按照工作方面的时间、压力、行为与家庭方面的时间、压力、行为六种维度开发了工作-家庭冲突的多维度量表，并检验其信度和效度。结果表明这六个维度存在较好的信度和效度，具有不同的前因和后果，能够对工作-家庭的冲突进行有效测量。

安德森等（Anderson et al., 2002）建立了工作-家庭冲突的因果模型，分析了弹性工作安排、经理支持、职业后果对工作-家庭冲突，家庭照顾福利、家庭结构对家庭-工作冲突，工作-家庭冲突对家庭-工作冲突，工作-家庭冲突对工作满意度、离职意向、压力，家庭-工作冲突对压力、缺勤的关系。研究结果发现，职业后果对工作-家庭冲突存在显著正向影响，弹性工作安排和经理支持对工作-家庭冲突存在负向影响，家庭结构对家庭-工作冲突存在正向影响，工作-家庭冲突对工作满意度存在负向影响，对离职意向、压力和缺勤存在正向影响，家庭-工作冲突对压力和缺勤存在正向影响。

拜伦（Byron，2005）研究了工作-家庭冲突的前因变量，认为前因变量分为三种类型：一是工作领域变量（包括工作卷入、工作投入时间、工作支持、弹性工时、工作压力）；二是非工作领域变量（包括家庭/非工作卷入、非工作投入时间、家庭支持、家庭压力、家庭冲突、孩子数量、最小孩子年龄、配偶雇佣状况、婚姻状况）；三是个体/人口统计学变量（包括性别、收入、处事风格）。其中，工作领域变量对工作-家庭冲突存在特别显著的影响、对家庭-工作冲突存在比较显著的影响、对工作-家庭冲突的影响相较于对家庭-工作冲突的影响更加显著，非工作领域变量对家庭-工作冲突存在特别显著的影响、工作-家庭冲突存在比较显著的影响、对家庭-工作冲突的影响相较于对工作-家庭冲突的影响更加显著，个体/人口统计学变量对工作-家庭冲突和家庭-工作冲突存在未确定程度的影响关系，而调节变量（样本中女性百分比、样本中父母百分比、前因变量的编码）对家庭-工作冲突存在未确定程度的影响关系，工作-家庭冲突与家庭-工作冲突之间存在相关关系但不是相互的原因。

格林霍斯和鲍威尔（Greenhaus & Powell，2006）研究了工作与家庭之间的促进关系，认为工作对家庭能产生促进作用，而家庭同样能对工作产生促进作用。工作与家庭之间的促进是一个角色的经历能提高另一个角色的质量，而角色质量主要表现为角色绩效（包括家庭或工作角色的显著性、获得资源对家庭或工作角色的相关性、获得资源与家庭或工作角色的要求和准则的一致性）或积极情感。当个体从一个角色中获得的资源（包括能力发展、弹性制、身体资本、心理资本、物质资源、社会关系、收入等）提高了其在另一个角色中的绩效或积极情感时，就会产生促进作用。

韦恩等（Wayne et al.，2007）基于对系统论思想、资源保存模型等相关理论的整合，对工作-家庭促进可能的前因变量、结果变量以及调节变量进行了分析，认为工作-家庭促进可能的前因变量主要有个体差异变量（如积极情感、自我效能感、工作认同等）和组织资源（如工作报酬、发展机会等能量性资源，上司支持、同事支持、文化支持等支持性资源，工作声誉、工作地位等条件性资源），结果变量主要包括工作-家庭促进（包括群体凝聚力、团队有效性等）和家庭-工作促进（婚姻质量、亲子关系质量、家庭幸福感等），调节变量主要是个体方面的特征（如性别、社会地位等）。韦恩等的研究主要考虑了工作-家庭促进对于整个工作和家庭机能的影响，但没有涉及个体层面。

总体来看，国外的相关研究表明，同本地人相比较，外来移民的社会融入由于文化差异、沟通障碍、社会关系欠缺、社会地位不平等等因素的限制和影响，往往在心理上存在高度的隔离感，外来移民的社会融入问题更多是文化融合的问题。因此，一种观点是强调外来移民应频繁同当地居民接触、观察、模仿和交流，不断舍弃一些同流入地不相适应的原有文化传统，接纳、认可、顺应并融入流入地的文化；另一种观点则强调不同文化和价值观的相互适应与相互融合，认为所有社会参与者都享有平等的权利，不应该对立、排斥和摩擦，应在碰撞、磨合过程中形成一种新的文化。

国外理论源于各自不同的时代背景，紧扣移民国主要面临的社会矛盾，分别较好地解释了外来移民的社会融入问题。从宏观层次来看，相关理论主要从社会经济整体角度来考察劳动力的迁移问题，更多强调经济发展、要素流动以及社会结构对于劳动力迁移的制约与影响。这有助于在宏观层面上解释劳动力迁移的内在决策动机和外在影响因素，但对于家庭的迁移决策过程、行动目的和影响因素的涉及较少。从微观个体层次来看，相关理论主要从劳动力个体角度来考察劳动力的迁移问题，更多注重个体经济利益最大化对于劳动力迁移的制约与影响。这有助于在微观上解释劳动力个体迁移的动因与障碍，但该理论的劳动力市场完善、就业信息充分的假设前提同实际存在较大差距，还需要考量更多的经济因素和非经济因素，才能更好地提高要素配置的效率。从微观家庭层次来看，相关理论主要从劳动力家庭角度来考察劳动力的迁移决策，既分析劳动力迁移的个体特征与制约因素，也探究影响劳动力迁移的社会因素和经济因素，这有助于解释家庭决策对于劳动力迁移的重要作用。但是信息获得的区域性与个体差异会影响劳动力家庭的迁移决策，农民工家庭外出务工的非货币收益会影响他们的迁移决策。虽然这些理论有各自区域与时代的特殊性和适用性，一是研究对象主要集中于西方国家，多数是受过良好教育的专业人员，而我国的农民工及其家庭成员既没有受过良好教育，又缺乏职业稳定性，并且职业与社会地位较低，因此研究对象具有特殊性，不能直接搬用。二是模型构建的前因变量、结果变量和调节变量存在局限性，既没有涉及所有变量，也没有反映出变量间复杂的交互作用，而中国农民工家庭城市融入的关联因素要复杂得多，因此研究模型不能直接套用。三是研究方法依赖于量化的横截面数据，而中国农民工家庭城市融入过程是动态的、复杂的、随时发生变化的，因此研究方法不能直接引用，但是这些研究对于我国农民工家庭城市融入促进机制的研究仍然具有重要的参考价值与借鉴作用。

二、国内相关研究

农村劳动力流向非农产业和城市是各国工业化和城市化发展进程中必然出现的阶段性现象。一般来说，国外劳动力迁出农村与定居城市是同步进行的，但是由于我国以户籍为核心的制度因素在城乡劳动力迁移中扮演重要角色，因而我国农村劳动力要实现在城市定居的目标需要经历两个阶段，首先是劳动力从迁出地转移出去，然后是这些迁移者在迁入地居住下来，其原因是受到户籍等制度因素的制约。国内学者对农民工问题的研究与农民工的出现基本是同步的，目前已经取得大量成果，研究范围较广、视野较宽、方法较多，可以从农村劳动力转移就业、城镇吸纳农村劳动力、农民工务工工资收入、农民工城市居民转化、农民工城市融入衡量维度、农民工城市融入影响因素、农民工城市融入家庭作用七个方面进行总结。需要说明的是，由于相关文献众多，不能逐一论述，只能选择其中的部分文献简述。

（一）关于农村劳动力转移就业的研究

农村劳动力向非农产业和城镇转移是工业化和现代化的必然趋势，既有利于农民增收，也有利于农业和农村经济结构调整，更有利于新型城镇化进程的推进。在农村劳动力转移就业研究方面，主要集中在转移的动因、影响转移的因素、转移机制构建等方面。

庞丽华（2001）采用层次分析方法从家庭、村和省级三个层面研究了影响农村劳动力迁移的因素，发现家庭类型、家庭劳动力数量、劳动力平均受教育水平、家庭经营主业、播种面积、家庭在收入分层中的位置等家庭层次变量，经济类型、交通条件、迁移传统等村级层次变量以及投资强度、经济结构、农村社会保障等省级层次变量对农村家庭的劳动力迁移有显著影响；同时认为农村劳动力倾向于就近转移，有技术特长的劳动力多数在省内实现向非农产业转移，向省外迁移的概率较低，社区经济发展水平对省际劳动力迁移概率的影响不显著，经济发展水平较高省区的劳动力迁出省外的概率较低。李强（2003）运用推拉理论模型对影响中国城市农民工流动的因素进行了分析，认为中国的推拉模式与国际上相比存在着巨大差异，其中最主要的差异在于户籍制度。它是影响中国城乡流动的最为突出的制度障碍，不仅对推拉产生一般的影响，而且使得推拉失去效力，以致中国的人口流动并不遵循一般的推拉规律。景普秋和陈甫军（2004）采用发展经济学分析框架，认为农村劳动力转移包括农业剩余劳动力向非农产业、农村剩余劳动力向城市的转移，它们分别构成工业化与城市化的主要内容，而工业化、城市化过程中的保障机制是农村劳动力转移就业的基本动力机制。王春超（2005）在农民理性行为分析框架下，采用Carrington模型，分析了城乡收入差异、农村劳动力流动性以及农民在转移过程中的就业集聚效果，认为城乡收入差异并不是影响农村劳动力转移的主要原因，而由地区就业集聚所形成的社会、信息网络对农民外出就业的帮扶效应显著影响农民的就业行为；应在城乡统筹发展战略下，逐步消除影响农民合理转移的制度性限制和歧视性就业政策，应关注和扶持从农村转移到城市中的流动就业人口，建立就业服务和管理的有效体系。陈晓华等（2005）总结了我国农村劳动力转移就业的基本情况，阐明了农村劳动力转移就业的重要意义，剖析了阻碍农村劳动力转移就业的因素，分析了农村劳动力转移就业存在的主要问题，认为应将农村劳动力转移就业纳入国民经济和社会发展规划，逐步建立城乡平等就业制度，加大各项政策落实力度，加强农村劳动力转移就业培训，搞好进城务工农民的管理和服务，建立健全农村劳动力外出就业管理机制。钟笑寒（2006）从分工的角度研究了农村劳动力流入城镇就业的问题，认为中国的劳动力市场上存在两个突出的现象，一是外来劳动力与本地劳动力存在职业与工资上的差别，二是劳动力流动没有伴随地区间工资差距的缩小，而农村劳动力流入城镇导致了劳动力的重新分工，带来了额外的效率提高。这种人口流动方式既提高了当地工人和农村转移就业人员的工资收入，也提高了整个社会总体的经济效率，是一种帕累托改进。谢丹等（2006）认为政府行为选择对农村剩余劳动力的有序转移起着至关重要的作用，农村剩余劳动力有序转移包含三种运行机制：农村经济社会的发展是动力机制，失地农民的社会保障是保障机制，政府投入的稳定增长是补偿与激励机制。因此，我国应实施政府主导型的农村剩余劳动力转移战略，应建立宏观经济与社会政策和制度的支持体系、财政资金投入的支持体系以及行政管理与服务的支持体系。杜书云（2006）认为劳动力是农民拥有的一种经济资源，农民外出就业的总成本由直接成本和机会成本构成，文化素质不高的农民之所以能在城市找到工作，关键是其付出了高昂成本，主动牺牲了部分权益，而沿海地区"民工荒"产生的最基本、最直接原因是农村劳动力转移的经济和非经济成本上升、经济和非经济收益下降。应降低外出成本，提高就业收益，推动农村劳动力转移和农民充分就业；应增强政府服务职能，贯彻城乡统筹就业方针；应实行多元化城市化发展战略；应加快小企业、乡镇企业、民营企业和劳动密集型企业发展，推进城乡第三产业发展；应加大户籍制度、就业制度、社会保障制度改革，构建城乡一体、竞争有序、高效公平的开放的劳动力市场体系。王丽芹和马德生（2008）认为农村剩余劳动力素质低下、转移渠道不畅、保障机制滞后制约着我国农村剩余劳动力的有序转移，必须从战略层面破解农村剩余劳动力转移的制约因素，积极推进体制创新，形成一个有效转移的运行机制，为农村剩余劳动力转移提供制度保障。杨明娜（2009）认为，只注重非农产业的发展对农村劳动力的拉力作用而忽视农业内部对农村劳动力的吸纳能力，就无法真正完成农村劳动力的有效转移。杨明娜以四川省为例，分析了区域内转移应是当前农村劳动力转移的有效路径，进而指出实施区域内转移的载体是加速农村非农产业的发展。应充分重视和提升农业内部的吸纳能力；应积极发展小城镇，"离土就乡"转移农村剩余劳动力；应加强大规模农业综合开发，就地转移农村剩余劳动力；应全方位服务与监控农村劳动力转移就业过程。刘锐和吕臻（2010）将区域经济发展和农村劳动力转移就业结合在一起，分析了二者的相互作用，认为区域之间发展的不平衡使得大量的农村劳动力由农村流向城市、由中西部地区流向东部发达地区。统筹区域发展对优化农村劳动力转移就业格局具有推动作用，农村劳动力转移就业对统筹区域发展具有积极作用。应广泛参与周边区域开发，带动国内区域协调发展；应继续加大区域统筹力度，推动产业转移，促进中西部地区发展；应加快中西部地区县域经济发展；应积极发展现代农业，培育新的就业增长点；应积极开发农村人力资源，从而促进区域经济发展与农村劳动力转移就业相互推动。李亚慧（2011）基于人力资本视角，分析了农村劳动力转移就业的影响因素，认为制度、产业结构、劳动力市场分割、人力资本存量与制度、人力资本水平与产业结构调整、人力资本水平与劳动力市场分割等宏观经济环境和人力资本水平因素影响了农村劳动力的转移规模和就业质量。赵春雨等（2013）从农村劳动力的微观主体视角出发，通过转移就业动机、环境认知与决策方式的路径分析，探讨了农村劳动力转移就业的空间决策过程及其内部关系，揭示了其空间决策机制。实证结果表明，农村劳动力的就业动机对环境认知有显著正向影响；就业地距离对决策方式有显著正向影响；就业地形象对决策方式有一定的负向影响；其他环境认知对决策方式没有显著影响。而农村劳动力的就业动机越明确，对就业地的环境认知会更清晰，对转移就业及未来在城市定居的期望也会得到提高。因此，提升农村劳动力密集地区的城市建设和城市就业形象将有助于农村劳动力的有效转移。刘雪梅（2014）认为中国特色新型城镇化推进的关键问题在于通过实现农村劳动力的顺利转移就业，从而提高农业生产率和农民的收入水平，缩小城乡差距，而农村劳动力转移就业的首要选择在未来很长一段时间内依然是非正规就业，其原因在于劳动力市场存在制度性分割，户籍制度和社会保障制度存在的缺陷导致农村劳动力公民权缺失。应增加农业部门的务农收入，培育新型职业农民；应和新型城镇化的建设目标紧密结合来调整农村非农部门的产业结构；应消除导致劳动力市场分割的制度因素，实现城乡统筹就业；应修补农村劳动力的公民权。曾祥炎和向国成（2014）从经济学的视角出发，认为地级市的经济地位不应该削弱而应该进一步增强，进而将地级市打造成为各省的区域次中心，成为未来城镇化过程中工商业发展的主要载体与农村劳动力转移就业的主要目的地。因此，政府应从产业、资金、资源、市场、制度等方面加以引导，促进地级市产业发展，并吸纳足量的农村劳动力到地级市就业与定居。许晓红（2014）基于人口城镇化视角，选取城镇发展、农村建设、制度安排三个维度，从理论和实证两个层面系统分析了影响农村劳动力转移就业质量的因素，并构建了测度农村劳动力转移就业质量的指标体系。研究发现，人口城镇化水平与农村劳动力转移就业率呈显著正相关关系，农业现代化水平、农村劳动力文化程度、社会保障程度、城乡收入差距对农村劳动力转移就业率的提高均有正向影响。其中，城市务工收入是农民在城市定居的决定因素，较高的文化程度是农民获得较高收入的必要条件。因此，应加快健康城镇化的发展，扩张城镇就业容量；应消除农村劳动力转移就业的制度障碍；应提升农村劳动力转移就业能力；应培育新型农民，提高农业现代化水平。罗明忠和陶志（2015）基于广东省的调查数据，采用回归分析实证检验了农村劳动力转移就业能力对其就业质量的影响。结果显示，男性外出就业时间较长及受教育程度较高的农村劳动力转移就业质量更高，农村劳动力转移就业能力对其就业质量有显著正向作用，职业情感和交际技能对农村劳动力转移就业质量有显著正向作用，而职业价值和工作技能对农村劳动力转移就业质量有显著负向作用，职业行为和社会资本对农村劳动力转移就业质量的影响未能通过显著性检验。因此，应将就业质量提升建立在就业能力提高的基础上，鼓励农村转移劳动力坚持职业发展的长期持续性，大力提升农村劳动力的受教育程度和技能水平，强化对农村转移劳动力的职业认同教育，以提升农村劳动力转移就业质量。刘莉君（2016）认为城乡收入差距、农村劳动力转移就业与消费三者之间存在着相互影响的循环作用关系，并且城乡收入差距缩小和农村劳动力转移就业引发的消费效应十分显著，城乡收入差距的存在会推动农村劳动力的转移，而农村劳动力的转移会缩小城乡收入差距，但城乡收入差距的扩大也会抑制农村劳动力的转移。其中，受教育程度是影响农村劳动力转移就业和消费的重要因素。因此，缩小城乡收入差距、提高劳动力素质是促进农村劳动力转移就业和扩大内需过程中亟待解决的重中之重。可见，农村劳动力转移就业对于城市、农村及农民工具有十分重要的促进作用，但受到多种因素制约与限制，并不能顺利转化为城市居民。

（二）关于城镇吸纳农村劳动力的研究

农村劳动力由农业向非农产业转移，由农村向城市流动是发展中国家经济社会发展的必经过程。中国作为人口和农业大国，农村劳动力向城镇转移、城镇吸纳农村劳动力是中国工业化与城市化进程中无法回避的关键问题。在城镇吸纳农村劳动力研究方面，主要有公共服务、户籍制度、社会保障等方面的研究。

李濂（1995）认为农村剩余劳动力转移的途径应当是多渠道的。在当前，小城镇是吸纳农村剩余劳动力的理想场所。原因如下：一是可以减少剩余劳动力外出的盲目性；二是可以弥补农业在某些特别时期劳动力短缺的不足；三是能加速农村城市化的进程，带动农村经济的繁荣；四是能够带动劳动者素质的进一步提高，因此应加速农村剩余劳动力向小城镇转移的步伐。张磊（2008）认为农村工业化和城市化过程吸纳了大量农村劳动力，对农村劳动力转移具有主渠道作用，其原因主要有三点：一是农村工业化需要大量劳动力，同时乡镇企业待遇的提高对农村劳动力具有吸引力；二是现行的用工、户籍、教育、医疗等制度增加了农村劳动力进城的成本；三是农村工业90%以上聚集在城镇，转移就业成本相对较低。蔡昉等（2001）分析认为，户籍制度是劳动力市场就业保护的制度基础，导致城乡劳动力市场分割和就业不平等。其中，依赖于补贴的城市就业制度是阻碍农村劳动力进入城市劳动力市场的重要因素，要改革现行户籍制度，需要打破城市利益集团的影响，同时还有赖于一系列配套改革才能完成。谢桂华（2007）运用抽样调查方法，分析了农民工和城市工人之间的收入差异，认为收入差异产生的主要原因在于户籍限制的城市社保制度。其中，源于户籍的福利性收入使得农民工在经济上难于融入城市。汪泽英和曾湘泉（2004）研究认为，制度缺失造成了城乡参保机会上的不均等，城镇由于单位间制度设计的分割造成参保过程的不均等，企业由于回避转轨成本造成代际间和企业间参保过程的不均等，并且养老保险制度没有随着经济社会环境变化调整政策参数，进而加深了参保过程的不均等，机会与过程的双重不均等导致城乡养老保险制度结果上的不均等。郑功成（2007）

等认为，中国社会保障制度建设的关键在于优化社会保障制度设计，而优化社会保障制度设计的核心任务是明确政府责任和构建合理、高效的管理体制；同时主张强化立法规范、部门配合与政策协调，尽快建立使农民工享有市民平等待遇的社会保障体系。朱镜德等（2007）分析了中央财政和地方财政收支的结构与特点，认为农民工子女在迁入地不能获得完全的义务教育，其根本原因在于相关义务教育资源的供给与配置机制尚未形成，因而主张中央财政通过发行教育券方式，构建农民工子女义务教育经费供给模式，保障农民工子女在城市接受完全的义务教育。曹英（2006）认为农村劳动力的转移路径应顺应经济规律，允许并支持部分离土劳动力彻底离土，由不同规模的城镇对其分层吸纳；应通过公共资源配置的倾斜和政策引导，促使农村劳动力被吸纳的重点转向中等城市，特大城市和县以下小城镇的发展目标应当放在提高质量上而不能放在规模扩张上。王青云（2009）认为应把县城作为吸纳农村劳动力转移的重要载体，因为县城是区、市、县的政治、经济、文化中心，是城市与农村的结合部。相对大中城市而言，农民进入县城的门槛低，并且容易融入；相对小城镇而言，县城的城镇基础设施比较完善，农民进入县城基本能够分享到现代城市文明，因此应促使县城在吸纳农村劳动力和人口转移中发挥更大的作用，承担起更多的责任，并且国家应在县城基础设施建设和产业园区发展方面进一步加大资金和政策支持力度。周靖祥和何燕（2009）认为城镇所有制结构变迁对农村劳动力吸纳及区域经济增长方面的作用不容忽视，并在农村劳动力城镇就业结构分解框架下，借助1990—2006年省区面板数据进行实证检验，发现东部、中部及西部地区城镇不同所有制农村劳动力"三部门"就业对经济增长作用差异显著。东部地区主要是个体、私营和外资等所有制经济部门劳动力吸纳对经济增长起正向拉动作用；

而中、西部地区则是国有经济部门的农村劳动力贡献明显，与现实相符，并且固定资产投资是农村劳动力就业的重要影响因素。因此应当保证在不同所有制下调整固定资产投资规模以契合农村劳动力吸纳，从而形成优化资源配置和促进农村劳动力转移的良好机制。曾湘泉（2013）使用数据包络分析法，基于规模报酬可变的 BCC 模型，对我国各省及经济区域在不同城镇化模式、城镇化水平、产业结构分布条件下的城镇吸纳农村劳动力效率进行了研究，发现我国城镇吸纳农村劳动力的效率存在东南高、西北低的阶梯状地理差异性，大多数省份和经济区域城镇吸纳农村劳动力的潜力较大。因此应根据不同省份和经济区域的城镇化模式、产业结构分布和社会经济发展状况，采用不同的城镇化和产业结构调整策略，并且区域之间资本、市场、技术和劳动力之间相互流动、相互配合，会改变产业结构与城镇化模式相互作用的路径，从而提升城镇吸纳农村劳动力的效率。综上所述，城镇吸纳农村劳动力的能力受到产业结构分布、社会经济发展状况、城镇化模式和城镇化水平等因素的影响，但城镇化的核心问题是中央政府和地方政府应承担起更多的责任，通过制度创新让农民工平等分享到更多的现代城市文明果实。

（三）关于农民工务工工资收入的研究

农民工进城务工的工资收入状况是农民工群体就业、生活、市民化等问题分析的重要内容。农民工进城务工的工资收入是农民工最主要的经济来源，甚至是大多数进城务工农民工唯一的收入来源。农民工进城务工的工资收入状况不仅影响其生活、教育、健康、社会交往情况，反映其城市生存与发展的能力，更是影响整个社会经济的发展进程。在农民工进城务工的工资收入状况研究方面，相关研究主要集中在影响因素、就业行业、就业稳定性、工资收入差距、劳动力市场分割等方面。

卢志刚和宋顺锋（2006）运用多元分析统计方法探讨了影响农民工收入的微观因素，其中有显著影响的因素包括年龄、学历、在岗工作时间、户口所在地状况、岗前培训、单位性质、合同时间等，因此应简化就业管理政策，鼓励农民提高受教育水平，改变同工不同酬状况。白暴力（2007）认为农民工对我国 GDP 及其增长做出了巨大的贡献，但其工资收入长期处于一个较低的水平，产生的宏观效应是社会总有效需求不足，农民工的工资定价是典型的市场定位，农民工供给相对过剩及其在劳动力市场的力量不对称，导致实际工资水平长期定位在低点上。因此，一是民营企业的古典产权制度必须向现代产权制度过渡；二是实行政府指导下的农民工工资市场定位，制定工资增长指导线；三是在劳动力市场中充分发挥工会的作用，建立制衡机制。原新和韩靓（2009）采用回归分析方法，对比了农民工、外来市民和本地市民就业与收入的差异，发现文化程度、职业培训、社会网络对就业岗位的获得有显著影响，性别、年龄、受教育年限、职业培训、工作持续时间等对工资收入有显著影响，认为农民工在就业岗位获得和工资决定上受到了不公正待遇。章莉等（2014）认为农民工和城镇职工之间存在明显的收入差距，并用 4 种方法分解了农民工和城镇职工的工资差异。实证分析结果显示，中国劳动力市场依然存在对农民工明显的工资待遇歧视，农民工和城镇职工工资差异中的 36% 无法用禀赋差异解释；同时强调工资收入歧视并不是检验户籍歧视的唯一指标，还需要更广阔的视角来准确判断户籍歧视。黄乾（2009）比较分析了稳定就业和非稳定就业两种类型农民工的工资收入差距，发现稳定就业农民工的平均工资收入水平高于非稳定就业农民工，并且非稳定就业农民工的内部收入差距高于稳定就业农民工。两种就业类型农民工内部收入差距的影响因素主要有就业行业、单位所有制、人力资本、性别和城市等，而在稳定就业与非稳定就业农民工之间的工资收入差距上，40.52%的工资差异是由禀赋差异形成的，59.48%的工资差异归因于禀赋回报率差异。姚俊（2010）以农民工的流动就业和工资之间的关系作为研究对象，对不同流动就业类型农民工的月工资水平及其工资决定机制进行了实证分析。研究发现，随着农民工就业流动性的增强，其月工资水平不断上升；同时，就业流动程度不同的农民工，其工资决定机制也不同，但在流动就业过程中人力资本因素的敏感度最强，流动就业成为农民工摆脱"合法化"的低工资制度安排的基本选择。因此应从最低工资制度和人力资本投资两方面入手，改变现有农民工工资制度。叶静怡和周晔馨（2010）分析了农民工社会资本转换与务工收入之间的关系，发现新异的社会资本对农民工工资收入增加有正相关影响。徐建役等（2012）采用联立方程计量方法，实证考察了心理资本与农民工工资收入之间的相互关系。结果表明，心理资本与农民工工资收入之间存在联立性，心理资本对农民工工资水平有正向显著影响；同时，相对工资水平也显著影响了农民工的心理资本，而人力资本（健康状况和教育年限）不仅对农民工的收入获得具有直接效应，而且通过影响农民工的心理资本对其工资水平产生间接效应。张春泥和谢宇（2013）采用倾向分数匹配和异质性干预模型等方法，考察了以籍贯为族群基础的同乡聚集对城市农民工经济收入的影响。研究发现，尽管同乡聚集者的收入优势受到异质性和自我选择机制的影响，但同乡聚集仍有助于提高农民工的工资收入，越倾向于同乡聚集的农民工，从同乡聚集中获得的收入回报越高。邓曲恒和王亚柯（2013）考察了农民工是否能够因为恶劣工作条件而获得补偿性工资差异的问题。OLS估计结果表明，农民工无论处于所有工资条件分布的高端还是低端，都无法获得补偿性工资性差异，说明农民工面对的城镇劳动力市场仍然具有分割特性。田新朝和张建武（2013）认为社会资本与人力资本是影响收入不平等的重要因素，在概括农民工的工资收入、收入不平等、人力资本和社会资本情况的基础上，分析了农民工工资收入不平等与贫困形成的原因。研究结果显示，广东省各地区之间农民工工资不平等程度差异不大，人力资本是导致收入不平等的最重要因素，人力资本变量中文化程度对收入不平等的贡献率最大。魏下海和黄乾（2011）研究发现，教育和培训对农民工收入有显著影响，但是农民工就业服务需求与供给双重不足，特别是政府部门和民间非营利组织的服务作用不明显。因此建议政府部门应加大公共就业服务投入，完善公共就业服务制度，提高农民工就业的服务水平。陈昭玖等（2011）采用 Logit 模型研究了新生代农民工就业稳定性的影响因素，认为新生代农民工的就业稳定性普遍较差，与年龄、工资、企业用工环境呈正相关关系，与择业机会识别呈负相关关系。邓永辉（2016）基于餐饮业、批发零售业和建筑业的调查数据，构建了拓展的 Mincer 收入函数，分析了新生代农民工工资收入的影响因素。研究发现，人口统计因素对新生代农民工工资收入的影响不显著，人力资本因素的教育程度对新生代农民工月工资收入的影响不稳定，而工作经验和隐含技能提升对新生代农民工工资收入的影响显著，职业特征因素的周工作时间、岗位和行业对新生代农民工工资收入的影响显著。赵宁（2015）采用 OLS 回归及分位数回归方法，分析了人力资本对于农民工工资收入的影响，并比较了人力资本要素对新老两代农民工工资收入的影响差异。研究表明，人力资本与工资收入之间紧密关联，受教育程度、工作经验及健康状况对工资收入有显著正向作用，其中受教育程度对第一代农民工的影响更为显著，工作经验及健康因素对新生代农民工的影响更大一些，而性别、年龄等个人特征要素对工资收入也有一定的影响。李强（2012）认为农民工的家庭化迁移是中国城市化发展的重要趋势，家庭化迁移和城乡迁移同时发生的"双重迁移"对农民工家庭造成了重大的影响，特别是对于家庭中的女性"双重迁移"引发不同以往的就业决策，改变了农民工家庭的生活状态。李强在新家庭经济学的分析框架下，实证分析了"双重迁移"中各类因素对女性就业选择和工资的影响。结果显示，家庭化迁移会减少女性居家就业和外出就业概率，降低女性就业水平，学前教育、技能培训等公共服务的可获得性能够提高流动妇女的劳动参与率，而在职培训和教育水平在提高女性农民工收入方面发挥了重要作用。综上所述，务工工资收入是农民工在城市的主要经济来源，受到人力资本、社会资本、心理资本、从业行业、就业稳定性等因素的影响，收入水平直接反映农民工的城市生存发展能力，影响农民工的市民化意愿。

（四）关于农民工城市居民转化的研究

城市化是传统农业社会现代化进程必然发生的城乡结构转换。城市化过程不仅是农村人口向城市的转移过程，更是农村人口职业非农化、生活方式城市化和身份市民化的过程，而农民工市民化是推进新型城镇化建设进程中的重要内容。在农民工城市居民转化研究方面，主要集中在城乡二元结构的制度约束、农民工市民化的社会作用、农民工市民化成本测算与分担机制、农民工市民化的促进机制、城市公共服务等方面。

吕柯（2004）认为农民工市民化是指在我国城镇化的建设过程中，借助于农民工已经进入城市从事非农产业的优势，使其在身份、地位、价值观念及工作和生活方式等方面向城市市民转化的经济和社会过程；但在推进农民工市民化的过程中，存在思想认识的偏颇、城市政府的担忧和困惑、既得利益集团和群体的阻力、户籍与土地制度的障碍、城市基础设施的限制、农民工自身素质以及与市民的"油水"关系，使之融入城市社会困难重重等问题，阻碍着农民工市民化的顺利推进。朱信凯（2005）在总结英国、美国、日本的农转非模式的基础上，从农民非农化与工业化的非同步性、农民非农化内生机制的差异性以及农民非农化进程的差异性三个角度提出了促进我国农民工市民化的建议：一是政府作为是农民工能否发挥社会稳定器作用的前提，二是消除障碍性制度加速农民工融入城市的社会进程，三是形成"推-拉"机制促进人口合理、良性流动，四是大力发展乡镇企业缓解城市化与工业化压力，五是建立健全社会保障体系降低城市化的社会成本。国务院发展研究中心课题组刘世锦等（2010）认为农民工市民化对于扩大内需和经济增长具有重要影响，农民工市民化每增加1 000万人，经济增长速度可以提高1个百分点；同时有利于改善消费结构、增加产品和服务需求、提高服务业比重，达到优化调整经济结构的效果。侯云春等（2011）分析了农民工市民化的现实基础和意愿，认为他们定居城镇的意愿比较强烈，具有良好的市民化基础。但是城镇公共服务和社会保障没有惠及农民工阶层，因而不愿意以"双放弃"换取城镇户籍，应构建农民工整体融入的城市公共服务体系，重点应放在农民工就业和城市公共服务方面。张国胜（2009）认为农民工市民化成本分为私人成本和公共成本两部分。其中，公共成本是保证农民工市民化正常有序进行所需的公共管理、基础设施等公共服务的投入，私人成本是农民工在转变成市民的过程中所必须负担的应由自身承担的社会保障、住房、教育和私人生活的最低资金投入量。周小刚和陈东有（2009）认为，农民工市民化成本应包括社会保障成本、公共管理成本、城市基础设施建设支出、永久放弃农村耕地的机会成本、城乡义务教育差异成本、住房成本、等同于市民生活成本这 7 种成本。其中，社会保障成本、城乡义务教育差异成本、公共管理成本、城市基础设施建设成本应由政府支付，其余应由农民工个人承担。陈一非（2013）认为，农民工市民化的成本包括公共成本、私人成本和企业成本三个部分。其中，公共成本主要是政府公共财政的投入，私人成本主要是个人所承担的生活成本和住房成本，企业成本主要是企业承担的农民工社会保险支出。张国胜和杨先明（2008）以生活、教育、社会保障、住房和基础设施为成本项目，测算了全国 43 个城市农民工市民化的社会成本，认为东部沿海发达地区第一代、第二代农民工的市民化成本分别为 9.7 万元/人和 8.6 万元/人，内陆地区第一代、第二代农民工的市民化成本分别为 5.7 万元/人和 4.9 万元/人。国务院发展研究中心课题组（2011）以随迁子女教育、基本社会保障、其他福利保障、保障性住房和城市管理费为公共成本项目，通过重庆、郑州、武汉、嘉兴 4 个城市的调研数据，计算出政府需要为农民工市民化支付成本 8 万元/人。魏澄荣和陈宇海（2013）以社会保障、教育培训、安居成本、个人生活增加成本和基础设施增加成本为公共成本项目，测算出福建省农民工市民化的人均总成本为 16.4 万元。其中，政府、企业和农民工个人三者的成本分担比例为 65 : 16 : 19。高拓和王玲杰（2013）认为应构建"一主、二层、三辅"的农民工市民化分担机制。"一主"是指以政府为主体，利用公共财政支出承担市民化成本；"二层"指中央政府和地方政府各司其职，在社会保障、福利和基础设施方面加大投入，用于分担市民化成本；"三辅"指个人、企业、社会三方参与成本分担。刘传江和程建林（2008）认为第二代农民工在心态和文化习俗上更接近于市民，对城市的认同感较高，具有强烈的市民化意愿，但受到户籍制度、就业制度、社会保障等的束缚处于城市体系之外。既影响城市经济发展，也影响社会和谐，需要加快户籍制度、土地流转、就业制度、劳动力市场制度、社会保障制度改革的步伐，为第二代农民工创造市民化的宏观环境，让他们具有更多的选择权；同时应加大职业培训，让他们有能力在激烈的市场竞争中站稳脚跟，真正实现在生存职业、社会身份、自身素质以及意识行为向市民的转化。刘传江（2010）总结了新生代农民工的特点，认为新生代农民工在文化程度、人格特征、打工目的、城市认同感、生活方式、工作期望、农村联系等方面与老一代农民工迥然不同，他们多数没有务农的经历和经验，不愿意回乡务农，其"城市梦"相对更加执着，应从农村退出、城市进入和城市融合三个环节进行推进新生代农民工市民化的进程。夏丽霞和高君（2011）认为新生代农民工已经成为农民工的主体，他们有强烈的市民化需求，但是新生代农民工的就业存在市场供需不平衡、制度不公平、渠道不完善、地域不平衡等问题，应从调整供需结构、构建公平环境、完善信息渠道、统筹城乡区域等方面着手推进新生代农民工的进城就业与市民化。夏显力和张华（2011）对新生代农民工的市民化意愿及其影响因素进行了统计分析。研究结果显示，新生代农民工是否愿意实现市民化是在特定环境条件下的抉择，家庭非农收入占家庭总收入的比重、婚姻状况及配偶所在地对新生代农民工市民化存在重大影响，月收入、性别、小孩抚养数及城市规模是影响新生代农民工市民化的主要因素，而技能培训、家庭生活水平、受教育程度、当地经济水平及工龄对新生代农民工市民化的影响不显著。李仕波和陈开江（2014）认为农民工市民化是新型城镇化的核心议题，而在新型城镇化进程中，农民工市民化面临着高房价、户籍限制、就业空间有限、农民工市民化所需公共成本投入不足等诸多现实困境，应通过构建覆盖农民工群体的城镇住房保障体系，改革创新公共服务制度，剥离公共服务的户籍绑定属性，提供职业技能培训，增强农民工的就业能力，调整城市产业规划和布局，提升中小城市的就业容量，构建由政府主导的多元化的农民工市民化公共成本分担机制，合理分担农民工市民化的公共成本等方式推进农民工市民化的进程。王桂新和胡健（2015）在考察城市农民工社会保障状况的基础上，利用 2011 年全国流动人口抽样调查数据和二元逻辑斯蒂回归模型，定量分析了我国城市农民工社会保障对其市民化意愿的影响。研究发现，就业保障、社会保险、住房保障及教育保障等社会保障状况对城市农民工市民化意愿具有显著正向影响。其中，以养老保险和子女教育等社会保障状况的影响尤为显著，城市农民工的年龄、婚姻状况、受教育水平等个人属性特征与迁入地发展水平、城乡收入差距等其他社会经济要素对其市民化意愿有明显影响，并且存在年龄越大、受教育水平越高的农民工市民化意愿越强，迁入越发达地区的农民工市民化意愿越大，城乡收入差距越大的农民工市民化意愿越高的现象。因而建议要努力提高农民工的社会保障水平，特别要改善和提高农民工养老保险和子女教育的状况和水平；同时要缩小城乡收入差距，把新型城镇化规划中的实现"1亿农民工市民化"重点放在东部地区。梅建明和袁玉洁（2016）基于 31 个省级行政区的农民工调研数据，考察了新生代农民工、市民化愿望强烈农民工和市民化态度不明确农民工三类人群的群体特征，通过建立 Logistic 回归模型对影响其市民化意愿的各类因素进行了实证分析。结果表明，在众多因素中，农民工个体特征、收入消费水平、社会生活状况等因素对其市民化意愿有不同程度的影响。因此建议要重视农民工市民化意愿的代际差异，尤其要关注新生代农民工的社会保险等利益诉求，要统筹推进城乡改革，消除体制性障碍，形成有利于城乡相互促进、共同发展的体制和机制；要加大对农村地区高中及以上阶段教育财政投入力度，切实提高农民工工作技能和经验储备；

要完善城市公共就业创业服务体系，引导鼓励农民工自主创业，以创业带动就业。叶俊焘和钱文荣（2016）借鉴移民融合理论，运用制度学习模型，实证分析了制度感知对农民工主观市民化水平的影响及其代际和户籍地差异。研究结果显示：一是制度知晓度和公平度感知对农民工主观市民化水平产生了显著正向影响，新生代农民工中知晓度和公平度感知均显著，而老一代农民工中仅有公平度感知显著；二是公平度和知晓度感知分别正向调节了人力资本和社会资本对主观市民化水平的影响，新生代农民工秉承了以上结果，老一代农民工仅公平度感知对人力资本存在正向调节，外地农民工仅知晓度感知对社会资本存在正向调节，本地农民工的公平度感知同时存在对人力资本和社会资本的正向调节；三是人力资本和社会资本对农民工主观市民化水平存在显著正向影响，社会资本的作用更为重要。因此，建议在推进农民工市民化的制度安排中应关切农民工人力资本及社会资本的提升，同时在制度设计上应做到"以人为本"，在制度执行上应加强农民工主体参与和预见性。可见，要加快农民工城市居民转化的步伐和进程，需要在改革二元户籍、构建公平环境、重视社会保障、完善信息渠道、统筹城乡发展等方面进行制度创新。

（五）关于农民工城市融入衡量维度的研究

城市融入是农民工进入城市工作、适应城市生活、认同城市文化的过程，也是衡量农民工市民化进程的重要指标，更是农民工市民化的结果与标志。农民工的城市融入不是单一诉求，而是多维度的复杂问题，包括经济、社会、心理、文化等方面，并且这些维度之间或许存在一种关联或递进关系。

朱力（2002）认为农民工的城市适应对城市化具有重要作用，并把农民工的城市融入视为适应城市生活的过程，同时将这个过程分为经济适应、社会适应和心理适应三个依次递进的维度。其中，经济维度的适应是农民工在城市生存并立足的基础；社会维度是当基础条件满足后，新的社会交往便成为农民工的进一步要求，反映了农民工城市融入的广度；心理维度的适应则体现了农民工城市融入的深度，主要表现为农民工对城市生活的认同程度。杨绪松等（2006）从居住情况、在城市受歧视程度、方言掌握程度、交友意愿、困难求助对象和未来打算以及子女在城市接受教育的情况等角度分析了深圳市外来人口的城市融入状况。杨黎源（2007）从风俗习惯、婚姻关系、工友关系、邻里关系、困难互助、社区管理、定居选择和安全感8个方面分析了宁波市外来人口的城市融入状况。王桂新和罗恩立（2007）从经济融入、政治融入、公共权益融入、社会关系融入等维度分析了上海市农民工的城市融入状况，认为农民工的社会关系融入包括农民工和市民之间的互相评价和接纳情况、农民工在困难时求助对象和市民的帮助意愿、农民工和市民对放开户籍限制的态度、农民工对自身身份和社会地位的认同、农民工和市民对城市和彼此的安全感等方面。张文宏和雷开春（2008）通过探索性因子分析的方法分析了流动人口的社会融入现状及影响因素，认为社会融入包括职业稳定程度、本地语言掌握程度、熟悉本地风俗程度、接受本地价值观程度、亲属相伴人数、身份认同程度、添置房产意愿、拥有户口情况、社会满意度、职业满意度和住房满意度等文化、心理、身份和经济4个方面的融入。其中，总体融入度偏低，心理和身份融入较快，文化和经济融入相对较慢。杨晖和江波（2009）从农民工的身份认同和社会地位、经济融合状况、政治融合状况、公共权益融合状况、社会关系融合状况5方面分析了西安市农民工的城市融合状况。任远和乔楠（2010）认为农民工的城市融入包括身份认同、城市认可、市民交往和市民态度4个维度，身份认同是农民工自我对其所扮演角色的定位，城市认可是农民工对城市的主观评价和认同态度，可由"是否想得到城市户籍"来代表。杨菊华（2010）认为城市融入不仅包括生活满意度、价值观念、人文理念、心理距离和归属感等隐性主观指标，也应该包括与经济融入、行为适应等显性客观指标。周皓（2012）检讨并重构了流动人口社会融合评价的指标体系，认为农民工的城市融入分为经济融合（包括住房条件、经济收入的平等性与稳定性、社会保障等）、文化适应（包括语言学习、外表模仿、居住时间、饮食习惯等）、社会适应（包括社会、职业及生活等方面的满意度）、结构融入（包括社会交往、家乡联系活动参与、社会分层等）和身份认同（包括认同度、归属感、心理距离、居留意愿等）5个维度。韩俊强（2013）基于调研数据分析了农民工住房情况与城市融合之间的关系，并用自我意识的转变、对所在城市的态度和城市生活满意程度3个变量等权相加来测量农民工的城市融入程度。结果显示人均住房面积增加显著提高了农民工城市融合概率，但存在边际递减效应。王佃利（2011）从经济融入、社会融入、制度融入、文化心理融入维度建构了新生代农民工城市融入的分析框架，并列举了4个维度的部分分析指标，分析认为山东省新生代农民工在经济、社会、制度、文化心理4个层面的城市融入状况均较差。张超（2015）从身份认同、安居程度、保障程度、公平程度4个维度选取了10个指标，构建了城市融入评估指标体系，以江苏吴江调查数据测算出新生代农民工在当地总的城市融入度为56%，发现影响新生代农民工城市融入的最主要因素是其居住空间和工作单位情况，而自购住房和租住民房更有利于城市融入，集中居住在集体宿舍则不利于城市融入。钱龙和钱文荣（2015）以"城镇亲近度"视角对新生代农民工的城市定居意愿和城市融入状态进行了分析。研究发现，空间维度和心理维度的"城镇亲近度"显著影响新生代农民工的城市定居意愿，而时间维度的"城镇亲近度"的作用则不显著，但3个维度的"城镇亲近度"均能显著影响新生代农民工的城市融入状态，并且定居意愿间接影响着个体的城市融入程度。总的来说，学者们大多从经济层面（包括职业、经济收入和居住条件）、社会层面（包括闲暇时间、消费方式、生活习惯和人际交往）、心理和文化层面（包括归属感和价值观）对农民工的城市适应与角色转换进行了探讨，但设计的衡量指标不统一，缺乏横向和纵向的可比性。因此，建立认可度较高的农民工城市融入的衡量维度势在必行。

（六）关于农民工城市融入影响因素的研究

农民工在离开农村、进入城市、生活城市、扎根城市的过程中受到各种各样的因素制约，始终处于城市边缘状态。因此，从深层次剖析农民工城市融入的影响因素，有助于扫清农民工城市融入的障碍和约束，从而为农民工城市融入创造更多更好的客观条件，进而为推进新型城镇化进程做出贡献。

李培林（1996）从流动民工的社会网络、交往方式、生活状况、社会分层和社会地位等方面入手，研究了流动民工的社会网络和社会地位情况，认为社会网络和交往方式对农民工城市融入的社会分层和社会地位有影响，社会资本能够降低交易成本并提供更广泛的信息，城市社会应当给予具有稳定就业的农民工从合法和合理的身份，促使他们融入城市社会关系网络，在城市中安居乐业，把城市当作他们的家。张智勇（2005）研究认为，社会资本可以保证就业信息的真实性和时效性，并且具有信号显示功能（推荐或担保作用），从而降低就业信息和岗位的搜寻成本，提高农民工的就业概率（相对于社会关系网络外成员和市场渠道），但是具有非正式性、封闭性、排他性等局限。李坷（2006）认为劳动关系状况是影响农民工融入城市的根本性因素，在劳动时间、劳动报酬、劳动安全、社会保险、劳动关系类型等方面直接制约农民工顺利融入城市社会的再社会化进程。张时玲（2006）指出"城乡分治"的二元结构、城市社会及组织的歧视、农民工社会关系匮乏等是造成他们难以融入城市的社会原因。因此需要破除城乡分治、消除歧视性政策和做法，增强其城市适应的能力。赖晓飞（2009）认为资本（经济资本、文化资本和社会资本）决定农民工的城市去留与融入。其中，教育和家庭背景、品位与生活方式影响文化资本的形成，而文化资本是农民工在城市攀缘的重要阶梯，不仅能帮助农民工获得较好的职业和经济地位，还能转化为社会资本，搭建起与城市人融入的桥梁，并获得较好的社会地位，因此文化资本是决定农民工城市定居意愿的重要因素。金崇芳（2011）认为人力资本对农民工城市融入各维度的影响都比较明显，并以陕西籍农民工为例，从人力资本角度对农民工城市融入状况进行了实证分析。研究结果表明，农民工人力资本中的健康状况、教育程度、劳动技能对城市融入各维度均有显著影响，工作年限对城市融入的社会融入维度有显著影响。因此，建议政府和社会各界高度重视人力资本质量提升的作用，充分提升农民工的人力资本质量，帮助农民工更好地融入城市生活，加快我国城市化的发展进程。何军（2011）采用 OLS 回归和分位数回归方法分析了新生代农民工与第一代农民工的城市融入程度及其影响因素的代际差异，认为两代农民工的城市融入程度存在显著的代际差异，新生代农民工的城市融入程度高于第一代农民工。其中，收入水平、社会资本和受教育水平是影响两代农民工城市融入的关键，而在城市融入程度的不同分布水平上，受教育水平对第一代农民工城市融入影响的差异更大，社会资本对新生代农民工城市融入的作用更大。因此，在农民工城市融入促进方面应特别考虑两代农民工之间的不同之处。宗成峰（2012）的调查结果显示，有近九成农民工就业机会的获得渠道是依靠血缘、亲缘和地缘等非正规的途径，相对于通过正规媒体、劳动力市场等中介渠道寻找工作的农民工来说，后者更容易得到国有企业工作的机会。因此应积极拓宽农民工就业信息的获取渠道，促使农民工有更多机会和途径找到适合自身发展的工作。方黎明和谢远涛（2013）认为农村已婚男女在非农部门实现稳定就业是解决我国农村剩余劳动力向非农部门转移的关键，他们通过建立多重选择 MLM 模型及二元 Probit 模型考察了农村已婚男女实现非农就业的决定因素及性别差异。研究发现，人力资本、社会资本和地理因素影响农民工工作稳定性。其中，文化程度、健康状态、城镇户口、城镇距离能增加工作机会、降低失业风险，而社会资本能维持农民工非农工作的稳定性，并最终在城市融入上发挥关键作用。叶继红和朱桦（2013）从社会保护的就业保护、权益维护、社会保障、心理保护和政治参与 5 个视角考察了农民工城市融入问题，发现农民工社会保护的就业保护、社会保障和权益维护（工资拖欠除外）做得相对较好，而政治参与和心理保护是薄弱环节，应加强农民工的心理保护工作并提高其政治参与度，以促进农民工的城市融入。梁辉（2013）认为农民工进入城市，脱离了家乡政府的管理，原有的生产技能失效，可用的社会资源和信息渠道急剧减少，强烈需要重建人际网络，而手机、网络等信息传播产品的普及为农民工突破就业壁垒、打通职业通道、拓宽社会网络、提高自我认同提供了新途径，对促进农民工城市融入进程有重要作用，有利于城市融入能力的提升。黄俊祺（2013）认为女性农民工的城市融入受到多种因素影响，经济融入可使女性农民工有经济实力和信心在城市进行社会交往；而社会交往的加深可使她们有更多机会改善经济条件，并且可以帮助女性农民工缩短文化差异，促进心理融入；心理认同可使社会关系网络进一步扩大；经济条件改善可使女性农民工加深对于城市的归属感，进而促使她们更加努力地工作以进一步改善经济条件。王春光（2001）研究了不同年代出生的农民工，认为新生代同老一代相比，他们更希望居住在城市之中，他们的乡土情感主要是亲情，而对农业活动普遍缺乏相应的感情和兴趣。朱广琴（2012）基于社会保障视角研究了新生代农民工城市融入的影响因素。实证分析发现：在社会福利方面，子女教育和福利住房对新生代农民工心理融入维度具有显著影响；在社会保险方面，参保项目的多少和参保时间的长短对新生代农民工社会融入维度的影响显著，并直接影响其经济融入；在社会救助方面，由于当前社会整体性缺失，对新生代农民工的城市融入没有影响。王刚（2013）运用分位数回归模型分析了社会资本视角下新生代农民工城市融入程度的影响因素。研究结果表明，受教育水平、收入水平、社会网络和社会信任对新生代农民工城市融入程度有显著影响，而社会网络和社会信任属于新生代农民工社会资本范畴。因此，促进新生代农民工城市融入，不仅要关注他们的受教育程度和收入水平，还要提高其所拥有的社会资本，提升融入城市生活的"软实力"。赵光勇和陈邓海（2014）认为农民工市民化的关键在于城市融入，制度保障的作用远大于社会资本。因此应通过加强制度保障来促进农民工的城市融入。一要推进区域协作、城乡统筹、小城镇发展和新农村建设的发展，健全农民工自由选择的渠道和路径；二要进行制度创新，改革现行户籍制度，实现社会保障和社会福利的全覆盖；三要推动农民工的公共参与，实现认同转换，逐步融入城市社区。钟德友（2010）认为，农民工的城市融入受到收入水平低、户籍转变难、社会保障少的约束和限制，只有首先解决这三大问题，才能为市民化铺平道路。吕新萍（2010）研究了农民工融入城市的途径与方法，认为社会融入和心理融入是最困难也是最根本的融入，因此应从市民共融意识培养和法律法规政策制度完善入手，辅助农民工群体更快地融入城市。韩俊强（2014）从自我意识的转变、对所在城市的态度和城市生活满意程度3个指标测量了农民工的城市融入度，探讨了农民工的收入、住房、子女教育、权益保障和社会资本等因素与农民工城市融入之间的关系。研究结果发现，农民工收入增加对其城市融入概率有显著提高作用，但收入存在边际递减效用，农民工工资被拖欠使得其城市融入概率减小，并且讨薪过程的满意度对城市融入有显著的影响；非农技能培训能增加收入，进而使得城市融入概率增大；农民工务工地的社会资本规模对城市融入有正向影响，而其他地方的社会资本规模对城市融入有负向影响；参加工伤保险和城镇职工基本养老保险有利于农民工的城市融入，而参加城镇职工医疗保险对农民工城市融入的影响不明显；在城市拥有住房能显著提高农民工城市融入的概率，子女跟随父母在城市读书能显著提高农民工城市融入的概率；而收入、住房、人力资本以及工资是否被拖欠对两代农民工的城市融入都有显著影响，社会资本和社会保障对两代农民工的城市融入的影响存在明显代际差异。彭安明（2014）从经济、政治、文化和社会4个维度分析了农民工的城市融入度和影响因素。结果表明，新生代农民工的城市融入综合得分高于老一代农民工，文化程度、务工年数对农民工融入城市有正向影响作用，年龄、婚姻、兄弟姐妹数等因素的影响不显著，是否有亲属在政府部门、参加同乡会对新生代农民工的影响显著，新生代农民工的城市融入度因区域和企业所有制不同而存在明显差异，老一代农民工的城市融入则受文化程度和务工年数的影响较大。王震（2015）通过与城镇流动人口的比较，给出了农民工城市融入的基本判断，并分析了影响农民工城市融入的因素。研究结果显示，低端农民工城市社会融入显著低于城镇流动人口，而高端农民工则显著高于城镇流动人口，新生代农民工的城市融入度显著低于老一代农民工，已婚、教育程度较高，拥有现代型社会资本的农民工的城市融入度更高，社会保险对农民工城市融入有显著正向效应，省级大城市和县级小城市农民工的融入度显著高于地级中等城市的农民工。苏璐等（2015）通过定量和抽样调查的方法，发现男性或已婚者的城市融入意愿不强烈，新生代农民工比老一代农民工更愿意融入城市社会，子女教育对养老地点的选择有显著影响，而养老、医疗、住房等制度因素对农民工的城市融入并无明显影响。可见，农民工城市融入的影响因素十分广泛，既有制度因素、社会因素，也有农民工自身方面的因素；既有人力资本、社会资本、文化资本和个体特征的不同，也有代际、性别与意愿方面的差异，还会受到社会保护和现代信息传播网络等因素的影响。

（七）关于农民工城市融入家庭作用的研究

家庭式迁移是中国城市化进程中不容忽视的一个重要现象，农民工家庭不同于个体的农民工，他们在城镇中同时拥有工作和家庭，需要扮演的角色更多，承担的任务更复杂，他们能否保持工作、家庭之间的平衡，往往会影响个人身心健康、家庭和谐和组织效率，他们如何更快更好融入城市社会，直接关系到新型城镇化的推进进程。

李强（1996）研究认为我国出现了数以千万计的农民工家庭，这是一种新的家庭模式，有单身子女外出型、兄弟姊妹外出型、夫妻分居型、夫妻子女分居型和全家外出型 5 种基本模式，并认为在未来十几年中，分居家庭模式将是我国农民家庭的主要模式。王培刚和庞荣（2003）研究认为农民工家庭化是农民工流动发展到新阶段的必然现象，是一种积极的社会经济现象，与我国经济社会结构变迁的大背景和总趋势是合拍的。徐志旻（2004）研究了家庭式外出务工农民工的情况，认为进城务工农民工家庭的城市适应状况存在多方面的问题，成年人的城市适应相对困难一些，而未成年孩子的城市适应相对容易一些。王海英（2006）认为家庭流动是当前农民工流动中日益流行的趋势，也是提高农民工流动质量的有效途径，而女性农民工非正规就业促进了农民工的家庭流动，政府和社会应规范非正规就业市场，促进农民工的家庭流动。张秀梅和甘满堂（2006）认为农民工家庭化流动比例越来越高的原因在于寻求较高的收入与正常化的夫妻生活，农民工家庭化流动使得农民工居留城市的时间将越来越长，与城市的联系频率日益密切，与农村的联系频率开始减小，农民工家庭化流动将增强农民工的城市生活的适应性。洪小良（2007）对城市农民工的家庭迁移行为及影响因素进行了分析。研究发现，北京市外来农民工流动呈现明显的家庭化特点，总体上呈逐年上升趋势。在农民工家庭迁移行为方面，女性比男性、已婚者比未婚者、年龄较大者比年龄较小者、受教育程度较低者比受教育程度较高者、迁入时间较短者比迁入时间较长者更可能带动家庭人口迁移；在农民工家庭迁移影响因素方面，家庭劳动年龄人口越多、迁入地家庭收入越高、往原籍汇款越少者发生家庭迁移的可能性越大，而原籍家庭人均耕地面积、迁入地亲戚人数的影响不显著。章铮等（2008）运用生命周期模型，分析了预期工作年限对农民工家庭城市定居决策的影响，认为预期工作年限长短是影响农民工家庭城市定居决策的最重要的因素，其重要性超过了对农民工子女实行免费义务教育与向农民工家庭提供最低生活保障。当农民工父母连续工作到45岁左右，农民工家庭才具备让子女接受中等职业教育的经济能力。因此，在农民工城市化推进过程中，应从就业入手解决农民工普遍中年失业的问题。朱明芬（2009）分析了农民工家庭人口迁移态势、特征及其影响因素。研究发现，杭州近14年的外来农民工家庭人口迁移发生率总体上呈逐年上升的态势，夫妻携子女迁移的情形日益增多，人口迁移间距越来越短，入迁居住方式更加城市化。张黎莉（2009）采用结构方程建模的方法，考察了工作-家庭关系与工作满意度、家庭满意度、生活满意度、离职意向、心理不健康及身体不健康之间的关系。研究结果显示，家庭式迁移农民工工作-家庭关系的具体表现形式具有一定特殊性，工作对家庭的冲突显著负影响工作满意度，正影响离职意向，家庭对工作的冲突显著负影响家庭满意度，正影响身体不健康和心理不健康，工作对家庭的促进和家庭对工作的促进均显著正影响工作满意度和家庭满意度，工作对家庭的促进还显著正影响生活满意度。因此，建议政府、用人单位、家庭式迁移农民工家庭成员以及农民工自身应共同努力，帮助他们获得良好的工作-家庭关系，提高他们对迁入地工作和生活的满意度、降低离职意向、提高身心健康水平，以促使他们更快地适应城镇生活，并转化为稳定就业的产业工人。纪韶（2012）对举家外出农民工城市融入的现状和程度进行了实证分析，认为影响举家外出农民工城市融入的主要障碍是制度因素（含就业服务、劳动权益、社会福利等），城市融入度受到经济、社会、心理、就业、健康和人力资本等因子的影响，举家外出农民工城市融入度的数值越高，对城市生活的满意度越高，定居城市的愿望就越强烈。刘燕（2013）认为农民工的家庭式迁移城市是真正完成农村剩余劳动力转移，是推进城市化进程的必然途径。刘燕采用层次分析法，在确定各影响因素的重要性程度的基础上，对新生代农民工家庭式迁移城市意愿影响因素进行了分析，发现职业收入、外出务工时间、受教育程度、社会保障制度对新生代农民工家庭迁移城市有重要影响，而年龄、婚姻状况、户籍制度的影响则不明显。孙战文（2013）从静态分析视角研究发现，农民工家庭从个体到举家的城市迁移进程动力强劲，但是定居和融入城市是农民工家庭城乡转换的困难阶段；从动态分析视角研究发现，两个以上成员外出务工或举家迁移的农民工家庭更倾向于最终沉淀在城市，但最终沉淀在城市需要较长的时间、较稳定的城市就业机会、较好的收入增长预期和家庭成员整体素质的提升。其中，首个农民工家庭成员的迁移受农民工整体迁移趋势、个体特征和家庭特征的影响，而后续家庭成员的迁移主要受家庭特征的影响，并且迁移成员存在代际转换的特征。因此建议政府部门，一要完善城乡一体化的就业市场和服务体系，改善农民工工作和生活环境，明晰农村资产产权，培育城乡一体化的资产交易市场，以帮助农民工家庭在城市就业，提高家庭收入和积累；二要完善城乡统筹的社会保障体系和义务教育体系，解决农民工家庭迁移负担；三要加强城市保障房建设和廉租房建设，降低农民工家庭定居城市的居住成本；四要支持务工人员提升素质和能力，并通过相应的制度跟进促使农民工家庭最终实现融入城市的目标。商春荣和王曾惠（2014）研究发现家庭迁移农民工基本退出农业，在城市的工作和居留更稳定，在城市的消费水平和意愿强烈，具有行为意义上的永久迁移倾向而不具有制度性永久迁移倾向，是最可能实现市民化的农民工。虽然家庭式迁移促进了农村土地流转，但也造成农村宅基地和房屋的大量闲置浪费，使得这些农民工年老后退回农业和返回农村的意愿更强烈。因此，建议建立家庭迁移农民工的规避风险替代机制，消除农民工对土地和农村的风险依赖，保障迁移农民土地流转的权益，促进承包权、宅基地流转扩大及流转的长期性和稳定性。齐海源（2014）运用 Probit 和 IV Probit 模型考察了家庭结构对新生代农民工劳动参与率的影响及其机制。研究发现，多代同堂的家庭结构对新生代农民工的劳动参与存在负效应，女性新生代农民工劳动参与受家庭结构影响的程度大于男性。因此，应重视新生代农民工家庭特征差异，配套采取改革户籍制度、提供公共租赁住房、关注情感需求、加强就业培训等多种措施促进新生代农民工参与市场劳动，是解决"民工荒"与"就业难"的着力点。高健等（2014）利用多元Logit模型和扩展的Oaxaca-Blinder分解方法，系统分析了农民工家庭向城镇迁移过程中迁移状态的演进及其影响因素。研究结果表明，初次离乡和定居城市两种演进形式的实现难度较小，举家迁移和直接定居城市两种演进形式的实现难度较大，而农民工家庭劳动力的城镇务工状况及其农村经济状况是影响农民工家庭迁移状态演进的决定性因素。田艳平（2014）对家庭化与非家庭化流动农民工的城市融入状况及影响因素进行了比较研究。结果表明，首先是家庭化与非家庭化农民工的城市融入状况存在显著差异，与非家庭化流动相比，家庭化流动有助于农民工的城市融入，家庭化农民工在工作强度维度的融入程度最高；其次是身份认同和心理融入维度，农民工在经济整合和社会参与维度的融入程度较低，年龄对农民工的城市融入具有消极影响，农民工自身的经济状况、受教育程度、所从事的职业、社会网络对其城市融入具有一定影响，而稳定住所对农民工城市融入具有非常重要的意义。史学斌和熊洁（2015）通过探测性因子分析方法，将农民工家庭城市融合确定为社会网络融合、文化融合、经济融合、心理融合、职业融合5个维度，对不同居住方式农民工家庭在城市融合的各方面进行了对比研究，分析认为公租房对农民工家庭城市融合有显著影响，但也会降低公租房申请人配偶的职业稳定度。陈宏胜和王兴平（2015）认为基本公共服务均等化能有效加速市民化进程，而面向农民工家庭的基本公共服务主要包括"生活服务""发展服务"和"制度服务"三类，可根据家庭成员的城乡分布及服务需求的阶段性差异分为以乡村供应为主和以城市供应为主两个阶段，应建立"区域-省域-市域"三个层面的基本公共服务实施体系，并以"常住家庭"为主要依据对基本公共服务进行配置。高健和张东辉（2016）采用 Logit 二元选择模型对影响城镇农民工迁移模式的因素进行了回归分析。研究发现，影响农民工能否举家迁移的显著性变量有农民工年龄、文化程度、打工年限、工作稳定性、工资收入、家庭成员数量、劳动力数量、学龄子女数、农村住房、耕地及农村纯收入，影响农民工家庭是否定居城市的显著性变量有农民工年龄、工作满意度、工资收入、耕地面积、房价和迁入地类型。其中，个体特征对于城镇农民工迁移模式的影响最大，工资收入是决定性因素，家庭特征和地理因素对不同的迁移模式影响不同，而外部宏观环境及政策对于农民工的迁移模式有重要影响。王荣明（2016）采用主成分分析法和多元线性回归模型研究了农民工流动家庭化对其城市融入的影响。实证结果表明，农民工流动家庭化会促进其参加当地活动，更能增强心理融入程度，并能增强其经济融入能力，但农民工家庭化流动会降低其城市居留意愿。可见，城镇化的核心是人口的城镇化，其本质是农村人口向城镇的转移。而农民工家庭城市融入是新型城镇化战略的重要组成部分，不仅要让进城农民工留下来，更要创造条件让农民工家属进城来，这样才提高农民工家庭的城市居留意愿，才能提升农民工家庭的城市融入程度，才能加速新型城镇化的建设进程。

综合来看，目前国内的学者们对于农民工城市融入已经有比较系统的研究，他们对农民工在城市的转移就业、工资收入、影响因素、融入维度、代际差异、举家迁移、城市适应等方面做了较为深入的研究，均取得了大量重要成果。但是，鉴于当前农民工的迁移方式越来越呈现家庭化为主流的趋势，现有的相关成果关于农民工家庭城市融入的研究还不多，特别是家庭化农民工城市融入对于新型城镇化建设、内需拉动以及经济发展升级转型等的意义还不够明晰。因此，对于农民工城市融入问题的研究还可以从农民工家庭城市融入促进机制的构建方面入手，采用多元线性回归实证分析、协整分析和 VAR 模型分析的方法，测量相关制约因素的影响情况，分析各维度间的关联关系，进而提出有针对和可操作的促进机制，加快农民工市民化和新型城镇化建设的步伐。

三、省内相关研究

省内学者的研究偏好有所不同，他们研究的领域主要集中在农民工劳务转移、返乡创业、就业技能培训、社会保障和市民化 5 个方面。

（一）关于农村劳动力转移的研究

四川农村劳动力转移对于农民增收、城市扩张、产业发展和城乡统筹等具有重要作用，但是存在着一系列的社会问题和矛盾，需要改革户籍管理、完善社保制度、保护合法权益、构建有效的管理服务体系，才能有效解决四川农村劳动力转移的问题与矛盾。

张红宇等（2004）在考察四川和贵州两省农村劳动力输出情况的基础上，认为两省政府把农村劳动力输出作为一个战略性产业来抓，并着力整合有利于劳务输出的各种资源，加强对农民工的培训，搭建转移平台，努力搞好信息服务，加强对农民工的权益保护；同时提出政府在农村劳动力转移工作中应建立健全管理和服务体系、流动监测体系、就业培训体系、就业信息体系和法律服务体系。卿成（2006）研究了四川农村劳动力转移中的社会问题，认为外出务工是农民增收的一个重要途径，但是四川农村劳动力转移中存在着一系列的社会问题：一是四川城乡产业互动实现的农村劳动力转移很少，农村劳动力转移对四川城乡协调发展、新农村建设的贡献并不明显。二是大量农村劳动力转移外省和大城市就业，已经给一些地方农村经济社会的发展带来了一些隐患和问题。三是农村劳动力转移存在的问题十分不利于四川新农村建设和城乡协调发展。四是外出务工农民回乡创业的道路并不顺畅，应继续加强对转移就业的农村劳动力的技能培训，实现农村劳动力长期稳定地转移就业；同时采取积极有效的措施，鼓励农民工回乡创业，大力推进农村经济的发展，促进新农村和谐社会建设。丁任重（2007）研究了四川劳务经济的转型与发展，认为大力发展劳务经济是四川实现农民转移就业、促进农民增收、建设社会主义新农村的一项重要内容。虽然四川劳务经济发展取得了显著的成绩，劳务输出规模不断扩大，劳务收入持续增长，劳务品牌效应初步显现，既促进了地区经济增长，也推动了工业化、城镇化和现代化建设的进程，但是四川劳务经济的模式应实现由数量向质量、体力向智力、低层次向高层次、单一向多元、无序向有序5个方面的转型。政府也要相应地转变职能，主动服务农民工，注重保护农民工权益，加强培训农民工，拓展劳务输出渠道。白冰（2008）认为农民工跨地区劳务输出的困难是经济发展与农村劳务开发存在矛盾，即经济结构优化与农村劳动力供给结构失衡之间的矛盾、经济水平提高与现有农村劳动力资源存量提供之间的矛盾、区域经济发展不均衡与现有农村劳动力资源供给之间的矛盾、经济发展促进政策缺失与农村劳动力转移预期之间的矛盾、国际劳务需求增加与农村劳动力素质低下之间的矛盾。应建立农民工权益保障体系以解决后顾之忧，健全农民工职业培训体系以增强市场竞争力，增加政府性财政支持力度以强化劳务输出执行力，加大支农企业的政策扶持力度以增加吸纳能力，立足省内放眼国内外拓展劳务市场。彭东泽（2009）分析了四川农民工的基本现状及特征、主要困难和问题，认为农民工缺乏基本的就业保障、缺乏应有的职业技能培训、缺乏较强的社会保险意识、缺乏规范的用工管理制度、缺乏必要的居住环境条件、缺乏正常的文化娱乐生活，应高度重视农民工问题、加快户籍管理制度改革、构建城乡统一的就业市场、完善社会保障制度、保护农民工的合法权益，促进四川农民工问题得到有效解决。吴茜玲（2012）应用人力资本论和新移动经济学理论研究了四川农民工务工流与沿海地区"民工荒"的问题，认为由政府主导的四川地震灾后重建工程需要大量农民工，扩大了四川劳动力市场的劳动需求，为农民工就近就业提供了更为优越的劳动待遇，从而使得大量农民工回川务工，进而使得沿海地区"民工荒"问题加剧。这与农民工的经济行为、就业意识、就业决策的变化以及打工渠道、打工成本、家庭收益、打工环境等的取向息息相关，应进一步加强农民工的文化教育和专业技能培训，不断为劳动力市场提供更多更优质的劳动力。国家统计局成都调查队（2013）发布的调查结果显示，成都农民工选择就近就业的态势非常明显，到沿海不再是成都农民工首选，留在成都就业的农民工有26%希望得到贷款支持，有37%希望得到税收优惠扶持。王腾龙（2013）以成都郫县富士康社区管理模式为例研究了新生代农民工的社会管理问题，认为应转变观念，重新认识接纳农民工；应改革制度，保障农民工权益；应转变政府职能，实现服务化规范化管理；应增强人文关怀，促进农民工市民化和城市化；应构建"产业引领，统筹管理"的管理服务模式；应建设工业园区社区公共服务常态机制；应健全社会化管理的政企社联动机制；应推动工业园区企业社区自治。许传新和王俊丹（2014）利用上海、成都、义乌三地的样本数据分析了新生代农民工工作-家庭关系及其对离职倾向的影响，认为新生代农民工的工作-家庭关系由工作对家庭的冲突、家庭对工作的冲突、工作对家庭的促进和家庭对工作的促进四部分组成。他们感受到的家庭对工作的促进相对最大，而感受到的工作对家庭的促进作用最小，工作对家庭的促进和家庭对工作的促进与离职倾向之间没有直接关系；而工作对家庭的冲突以及家庭对工作的冲突对新生代农民工离职倾向有正向影响，即新生代农民工所面临的工作对家庭的冲突和家庭对工作的冲突越大，离职倾向就越强烈。其中，工作对家庭的冲突对新生代农民工离职倾向的影响超过了权益保障因素、激励因素以及个体因素等三大传统离职倾向因素。其政策启示有两点：一是相关政府部门、企事业单位和社会团体应加强对新生代农民工婚姻、家庭问题的咨询，提高其婚姻、家庭调适能力；二是用工单位要从完善管理、优化组织制度、创造良好的工作环境的层面，来减少新生代农民工的工作家庭冲突。总之，农村劳动力转移是解决农民增收、促进农业增长、保持农村稳定的重要途径，需要通过农村劳动力的转移逐渐打破城乡二元结构的束缚，加快新型城市化建设的进程。

(二) 关于农民工返乡创业的研究

返乡农民工外出务工的经历使得他们积累了一定的资金、经验和人脉，他们由打工者转变为创业者，是农民创业的主体，对于促进农村经济社会发展、推进城乡区域协调发展有着重要作用。

郭正模 (2009) 分析了农民工返乡的主要原因及未来流动趋势有5个方面：一是沿海地区企业倒闭、停产、减产、降薪和减员，二是务工收入差距缩小和输出地就业机会增多，三是劳动权益受损和中央惠农政策，四是灾后重建需要，五是年终省亲、季节性生产等因素。为此提出的应对措施与政策有 5 条：一是帮助参与当地新农村和小城镇建设，二是强化职业培训提供再就业机会，三是增加返乡农民工转移就业机会，四是引导就近就地转移，五是充分发挥创业带动效应。彭景（2009）以四川成都为视角思考了农民工集中返乡的就业问题，认为造成部分农民工集中返乡的外部原因有 3 个：一是金融风暴导致企业歇业或倒闭，二是地震灾后恢复重建用工需求增加，三是国家支农惠农新政策作用显现。内部原因主要是农民工自身的因素，部分农民工因为年龄偏大或技能偏低，找工作时受到局限，其对策建议有四点：一是积极转变观念，实现城乡就业竞争公平化；二是慎重实施土地流转，完善农民工的社会保障制度；三是增加人力资本投资，培育农民工就业能力；四是加大扶持力度，鼓励农民工回乡创业。孟大川和刘伟（2010）研究了四川应对返乡农民工的行政与法治举措，认为四川是劳务输出大省，但过半农民工因金融危机的影响返乡。四川各级政府应把返乡农民工再就业问题作为应对金融危机的大事来抓，应把应急政策措施与长效法制安排结合起来，把促进企业发展与保障农民工利益的制度建设结合起来，把强化主动的劳动监察与改革被动的劳动仲裁制度结合起来，把短期技能培训与长效素质培训结合起来，把农民工资金回流投资和人才回乡创业的回引工程结合起来，把省际、国际之间的用工信息网络与制度建设结合起来。胡俊波和文国权（2010）研究了农民工返乡创业扶持问题，认为四川劳动力市场的基本态势是供大于求。在"十二五"时期，四川劳动力市场既面临世界产业格局调整、国内经济发展方式转型的挑战；同时也有我国产业区域转移进程加快、国家刺激内需政策的效应不断显现、四川经济快速发展带来的机遇。应大力扶持农民工返乡创业，一可缓解四川劳动力资源供大于求的矛盾，二可加快当地经济发展，三可调整当地产业结构，四可完整承接沿海内移的产业链。张海丽（2012）对比研究了陕西与四川返乡农民工的创业环境，从经济环境、融资环境、政府服务环境、政府政策环境、教育及培训环境、市场环境、基础设施、社会人文环境和自然环境9个方面，构建了适合两省特点的返乡农民工创业环境评估指标体系。他认为两省的返乡农民工创业环境综合评价水平均较好，其对策建议有4点：一是大力弘扬创业精神，努力形成人人创业的浓厚社会氛围；二是积极落实有关创业的各项政策，努力营造良好的创业环境；三是大力发展村镇银行、新型金融组织，解决返乡农民工创业融资难的问题；四是加大培训力度，完善培训课程。魏凤和党佳娜（2012）在调查陕西和四川返乡农民工创业能力的基础上，设计分析了反映返乡农民工创业能力的16个指标，并提取出人际资源性、创新性、竞争性、坚韧性、风险承受性5个因子对西部返乡农民工的创业能力进行比较。研究结果显示，西部返乡农民工创业能力总体呈正态分布，处于一般水平的比重最多，其次是较强水平和较差水平，而能力很强和能力很差的都很少。其中，陕西返乡农民工创业能力一般、较差、很差水平的比例高于四川省，而四川返乡农民工创业能力很强和较强水平的比例高于陕西。政府应对返乡农民工进行创业指导和培训，同时制定针对返乡农民工创业的优惠政策。纪志耿和蒋永穆（2012）以西部农业大省四川为例，调研了城镇化进程中新生代农民工的返乡创业问题，认为沿海和内地的资源要素比价关系发生了深刻变化，为四川省新生代农民工返乡创业提供了市场、产业、资源、信息等大好机遇。但其返乡创业仍然面临着项目选择、资源利用、风险分摊、住房福利等重重障碍，应从"机会创造"和"障碍减少"两个方面为返乡农民工提供更好的创业环境。一是积极引导劳动密集型产业西进转移，以加工订货、代收包销等形式吸纳更多的新生代农民工返乡创业；二是妥善利用当地丰富的农地资源和生态资源，引导新生代农民工返乡从事涉农类公司企业或专业合作社，为现代农业发展提供合格的新型人才；三是从金融信贷、土地利用、税收政策、财政补助等方面对新生代农民工返乡创业予以支持，重点探索创业风险的合理分担机制；四是加强廉租房制度建设和城市福利制度改革，不断降低新生代农民工返乡创业的门槛；五是加快中小城市和重点镇发展，使小城镇成为新生代农民工返乡创业的家园。纪志耿（2012）指出四川等西部地区工业用地、劳动力、能源和资源的低价格为农民工返乡创业提供了强劲支持，这是四川承接劳动密集型产业转移的难得机遇。他还研究了资源与亲情双重张力下农民工返乡创业的四川模式，认为该模式的核心内容在于挖掘西部地区的后发优势、促进生产要素的集约使用、利用乡土社会的熟人网络、实现内嵌包容型经济发展；同时认为该模式存在资源环境被耗竭破坏、国际产业链分工陷入低端锁定、土地承包经营权流转补偿不到位、农民工精神文化生活缺失的风险和挑战等问题；并提出了创新和发展该模式的针对性建议，应当有序引导劳动密集型产业西进转移，以加工订货、代收包销等形式吸纳更多本地农民工返乡创业；应当妥善利用丰富的农地资源和生态资源，引导农民工返乡从事涉农类公司企业或专业合作社，为现代农业发展提供合格的新型人才；应当不断加强小城镇建设和乡村公共品供给力度，把广袤的农村建设成为农民工返乡创业的幸福家园；应当切实做到内嵌共生和包容共赢，实现农民工返乡创业后乡村社会的和谐发展。这样才能更好地促进四川省的乡村工业化、城镇化和农业现代化协调发展。刘新智和刘雨松（2015）基于河南、浙江、四川、重庆等地农户创业的调查，采用有序 Probit 模型和多元选择 Logit 模型，实证分析了外出务工经历对农户创业行为决策的影响。研究发现，有外出务工经历的农户和无外出务工经历的农户的创业行为有较大差异，创业环境是农户创业的重要外部支撑条件，是否具备创业动机和创业机会识别能力的强弱决定农户可否顺利进行创业。创业行业和创业形式的选择是农户创业的重要决策，建议政府一应加强政策供给，形成政策组合，大力支持农户创业；二应加强各层级创业培训，千方百计促进农户增收，促使掌握较多的资源禀赋，保障其有充裕资金进行创业活动；三应多为农户提供相互交流的机会和场所，以促进农户识别创业机会，抓住创业机会，从而成功创业。李果（2015）认为资本、技术、亲情、精神回归等指标决定了四川目前有条件承载大量农民工返乡创业。一是四川2015年的经济总量达到3万亿元；二是交通条件得到极大的改善；三是产业转型和城镇化发展空间巨大，为四川返乡农民工创业提供了难得的机遇和条件。返乡农民工创业以劳动密集型产业为主，带动了剩余劳动力就地就近转移就业，也带动了留守妇女的创业就业，有效缓解了农村留守问题，同时也壮大了四川的人才储备库。韩文丽（2016）基于绵阳、南充、遂宁三地的调查数据，分析了返乡农民工结构、回流动因及其政策影响，认为农村劳动力大规模向城市流动仍然是四川人口发展的基本态势，返乡回流农民工并不构成四川农村劳动力流动的主体，绝大多数农村劳动力未来仍然继续出去打工；影响农民工返乡回流最主要的因素来自于家庭的影响，其次是受教育程度、年龄、性别等个人因素的影响；返乡回流农民工以女性、低教育水平、低技能的较高年龄组劳动力被动回流为主体；耕种土地、以农为主是返乡回流农民工生活的主要来源；劳动力省内大规模转移是四川未来农村劳动力流动的基本趋势。其政策建议主要有三点：一是应注意创造更多的就业岗位，加大城市公共服务配比力度，引导产业和人口有序流动；二是应以创业培训为基础，通过有针对性地开展职业培训和就业技术培训，实现培训与创业对接来提高返乡农民工创业的成功率；三是各级各类组织应协调并举，政府在财政、税收、公共服务建设等方面率先行动，银行和各类非银行金融机构应成为主要的资金供给和风险控制平台，农村基层组织应充分发挥政策传播和组织的功能，各类非政府组织、科研院所等社会力量应积极提供支持和帮助。农民日报记者任璐（2016）报道了四川扶持农民工等人员返乡创业的情况，认为四川近年来持续健全农民工返乡创业工作机制，加大政策扶持力度，降低返乡创业门槛，落实税费减免优惠，加大财政资金支持，简化贷款手续，提供创业场所，取得了明显成效。一些有见识、有一定资金积累的返乡农民工和农民企业家，已经成为四川特色种植养殖业、农产品加工业、农业电子商务、生态康养与观光休闲农业等新型农业经营主体的骨干力量和带头人。综合来看，返乡农民工创业并不是简单容易的事情，受到多方面条件和因素的影响，需要政府部门、金融机构和社会人士的大力支持与帮助才能提高成功率。

（三）关于农民工教育培训的研究

教育培训是提高农民工职业技能素质的重要途径，能帮助农民工得到更多的就业机会和更广的成长空间，进而更快地融入城市工作和生活。

高柱（2007）报道四川省委省政府于2004年投入专项经费开始实施"2121工程"，即到2010年全省劳务输出200万人，完成农民工培训2 000万人，并确保100万名以上的农民工获得技能等级证书。认为四川"千万农民工培训工程"的实施显著提升了农民工整体素质、择业能力及个人收入水平。董金昌和高柱（2012）认为农民工有了一技之长，在外务工工作更好找，收入也更高；同时认为积极开展农民工"量身定做"培训有利于促进农民工就业，能实现创业带动就业的倍增效应。李丹丹

（2012）研究了成都制鞋业的新生代农民工培训问题，认为成都制鞋业新生代农民工具有受教育程度相对提高、已婚比例提高、就业动机与就业岗位有新期待、城市化愿望强烈、未来规划性逐步提高等新特征。农民工的培训意愿与自身收入水平、婚姻状况、从事工种、工作时间、签订合同状况等有关联，培训中存在开设课程范围专业性不足、培训与资格认证不紧密、企业缺乏培训积极性、行业内部培训劳动力结构不合理、培训时间安排与生产计划相冲突等问题，其培训满意度受培训内容和培训组织者的影响显著。政府应给予农民工培训立法支持，构建多元化投资体系，打造公共信息服务平台，加强教育制度改革，加大培训宣传；企业应调整观念和重视培训，建立健全激励机制，加强劳动合同签订，承担培训成本，灵活运用培训模式；行业协会应发挥渠道作用，合理统筹和配置资源，帮助制定行业资格认证标准，管理控制培训流程，协助培训和考核等，这样才能更好促进成都制鞋产业化升级。罗慧（2012）在实地调查的基础上，分析认为成都制鞋产业新生代农民工在基本生活方面存在居住条件简陋、饮食环境恶劣、消费水平过高，在工作方面存在劳动强度较大、工作环境较差、社会保险不到位，在精神生活方面存在企业文化缺乏、业余生活单调，在权利方面存在法治观念淡薄、权益受到侵害、维权难度较大等问题。政府层面应开展有针对性的职业技能培训、强化社会保险执行情况的检查监督力度、加强法治教育、提供必要的法律援助、做好基本的生活保障，企业层面应签订劳动合同、改善工作环境、加大员工培训力度、加强企业文化建设、积极开展文体活动，农民工层面应掌握必要的就业技能和本领、学会通过法制维护自身权益、积极参加社会活动。伍旭中和李亦含（2014）基于四川成都和南充地区的调查基础上，采用多分类 Logistic 模型考察了新生代农民工培训满意度影响因素，采用明瑟收入扩展模型分析了教育年限、工龄、是否参与培训对新生代农民工增收的影响。研究结果表明，新生代农民工的培训总体满意度不高，培训机构提供的公共服务、培训方法、培训实质作用、相关部门意见改进等变量对培训满意度的影响明显，新生代农民工教育投资回报率依旧很低，参培积极性不高。政府应按需培训，满足工作技能需求，从而调动新生代农民工的参培积极性。朱冬梅和赵文多（2014）采用问卷调查法和个案访谈法研究了欠发达地区农民工教育培训的现状及问题，认为政府对农民工教育培训的重要性认识不够，政府对欠发达地区农民工教育培训的经费投入较少，农民工接受教育培训的数量较多但培训意识和对教育培训的认知度依然不高，培训内容不能满足培训对象需求缺乏针对性和实用性，培训方式单一老套缺乏创新性和实用性，企业教育培训意识不强且缺乏长期性和经常性。政府部门应加强对农民工教育培训的督查管理，加大对农民工教育培训的经费投入，提高农民工接受教育培训的意识，改革农民工教育培训的形式和内容，强化企业对农民工教育培训的意识，这样才能使农民工真正从教育培训中受益。陈叙龙（2011）认为农民工的培训是一项复杂而艰巨的系统工程，当前农民工培训的现状是农民工数量大，人力资本存量低，各地政府重视程度不同，缺乏统一有效的监督，用人单位功利性强，担心投资利益外溢，培训机构选择不严谨，担负责任不明确。陈叙龙在总结四川教育学院农民工技能培训基地经验的基础上，提出了一些针对性建议：一是政府引导下的校企联合办学，二是完善培训体系创新培训模式，三是做好职业技能培训与转移就业的衔接。周海燕（2012）分析了农民工培训的市场潜力和必要性，认为大力开展农民工培训势在必行。财经类职业学院在农民工培训上具有硬件和软件方面的明显优势，应当承担起农民工培训的社会责任，积极参与农民工培训，为我国城市化进程的推进、经济发展方式的转型以及幸福和谐社会的构建贡献力量。邱锐（2015）研究了高职院校如何开展新生代农民工教育培训的问题，认为高职院校义务参与新生代农民工教育培训是促进农村劳动力向工业、第三产业和非农村转移的必要手段，可以更好地服务新生代农民工；提高就业择业能力，可以更好地服务用人单位；接轨技能人才需求，可以更好地发展高职院校，提升职业教育水平。但是现有教育培训存在内容与实际需求不符、方式单一、管理松散、经费不足、实训未落实、机制不健全等问题，应通过建立完善新生代农民工教育培训机制，拓宽新生代农民工教育培训内容与方式，探索新生代农民教育培训模式，加强政府、企业、学校在新生代农民工教育培训的协作，着力提高培育新生代农民工的师资力量等途径，不断提高新生代农民工的教育培训水平，确保新生代农民工受教育培训的质量。马德功等（2015）在调研成都农民工就业状况的基础上，运用 Logistic 多元排序选择模型对影响农民工就业的因素进行了排序，认为农民工城镇就业是新型城镇化建设的内在要求。而就业是农民工在城镇的安身立命之本，是农民工市民化的必要条件。职业技能水平是影响农民工就业水平的首要因素。同时受工作时间、教育水平、劳动合同、就业模式、职业种类等因素的影响，应加强新生代农民工职业教育，建立公共就业服务体系，贯彻地方就业和创业政策，加快成都周边产业升级和产业集群发展。马德功和王田宇洋（2015）认为大量农民工在教育、医疗、保障性住房等方面未能享受与市民均等的公共服务，难以融入城市和实现市民化，其城镇就业受到人力资本、社会资本、心理资本、中介服务、产业结构、公共服务和政策制度等因素的制约和限制，需要加大教育投入并提高农民工综合素质，完善公共就业服务体系，贯彻地方就业创业政策，加快产业升级与产业集群发展，切实推进户籍制度改革，加强社会保障体系的构建和完善，这样才能更好加快西部新型城镇化的进程。可见，虽然教育培训能够提高农民工的职业技能素质，但是当前的教育培训存在诸多弊病，脱离了农民工的实际需求，需要大力探索和完善，才能更好提高农民工的就业水平。

（四）关于农民工社会保障的研究

社会保障是农民工最关心，也是最直接、最现实的利益问题。当前的社会保障制度不仅严重阻碍了我国工业化、城市化的进程，而且也给社会不稳定埋下了诸多隐患。因此，建立面向农民工的社会保障制度是提高我国城镇化水平的需要，也是深化农村改革、维护社会稳定的需要。

赵明（2006）通过对四川成都市农民工劳动纠纷案卷的调查，认为农民工由于身处异乡，文化不高，生存能力较差，在城镇生存中相比城镇职工容易受到的各种侵害的比例要大得多。如果不能及时解决，将对城镇乃至社会的稳定产生消极的影响，必须从根本上解决农民工这一弱势群体的社会保障问题。政府应在公共服务上苦下功夫，通过制度、法规形式合理调配各种资源，促使农民工得到充分社会保障。四川调查总队课题组（2006）专门调查了农民工的社会保障状况，得到的结论是社会保障缺失、职业危险度大、经常面临失业和工资被拖欠。他们认为，农民工社会保障既不属于城镇社会保障也不完全等同于农村社会保障。在农民工社会保障体系构建中，既不能套用城镇社会保障模式，也不能完全套用农村社会保障模式，而应从农民工的现实状况出发来确定，特别应注意构建医疗保障制度、失业保障制度、工伤保障制度和养老保障制度。王明（2007）在调查四川、江苏、浙江、北京、广东等省份农民工的基础上，研究了不同层次农民工的社会保障需求问题，发现不同性别、学历、年龄和从业工种的农民工对社会保障的需求不尽相同：男性农民工更注重工伤保险，女性农民工最需要失业保险，高学历农民工更注重医疗保险，低学历农民工更看重工伤保险；40 岁以下农民工对工伤保险、失业保险、医疗保险以及最低生活保障、职工福利的需求大，40 以上的农民工更注重养老保险和工伤保险；从业工种安全风险较大的农民工对工伤保险的需求较高，从业工种较稳定的农民工对养老保险和职工福利的要求较高，从业工种不太稳定的农民工对失业保险的要求较高。因而建议在农民工社会保障体系构建中要充分考虑各类农民工的生存条件与需求差异。一要强对农民工的组织和管理，二要完善社会保障参与机制，三要收取定额保证金和建立资金保障机制，四要建立分类农民工社会保障制度。张望（2008）在调查成都市五城区农民工医疗保障情况的基础上，认为农民工是制度的边缘人口，应将农民工纳入新农合、城镇基本医保和灵活就业人员医保，并建立全国统一的农民工大病统筹医疗保险制度；应对接城乡医疗制度，解决农民工的医疗保障问题；应建立农民工工会组织，改革户籍制度，健全社会保障机构，加大执法监督力度；培养农民工自我保健的意识与能力，并提供就业培训和法律援助。四川省总工会（2011）对新生代农民工就业途径、休息休假、工资住房、学习培训等权益状况进行了调查。结果表明，新生代农民工以非正式就业为主，与用人单位规范签订劳动合同或就业协议的比例不高，工作岗位相对稳定，工作时间一般较长，务工工资普遍偏低，业余文体活动形式单一，住房居住状况较差，就业技能培训需要务实。王晨静和孙晓冬（2011）调研了四川地区农民工工会工作的"源头入会，城际互联"模式，认为农民工各项权益的维护有喜有忧。农民工工会的主要问题在于定位上有偏差、机能上存在缺失，未来的发展方向可从制度、职能及覆盖面三个方面进行拓展，并在工会定位矫正、工会机能调偏、农民工身份地位转变的基础上逐步向"非特色化"转型，才能更好确保农民工群体的权益诉求。柯文静等（2013）认为农民工就业保障制度的不完善已成为制约社会发展的瓶颈，并以江西、湖南、黑龙江、河南、四川和重庆新生代农民工的调查数据为依据，在明确新生代农民工就业情况的基础上，分析了新生代农民工的就业保障因素。研究结果表明，年龄、工资收入、工作单位性质、失业保险、工作条件、权益保护等对新生代农民工就业保障满意度的影响显著，文化程度、教育培训对新生代农民工就业保障满意度的影响不显著。多孜学（2014）以成都富士康农民工为对象，以农民工权益受侵害事件为素材，研究了农民工权益保护问题，认为农民工权益保障情况总体有所改善，但仍然存在就业生存权受侵害、人身安全不被重视、政治尊严无法体现、社会权益保障乏力、社会认同感缺乏等问题。其中，城乡二元户籍和就业制度是农民工权益受损的制度原因，农民工法律维权意识淡薄是农民工权益受损的重要原因，法制不健全和政府不作为是农民工权益受损的关键原因，劳动力市场不平等、供求关系不平衡、企业责任感欠缺是农民工权益受损的直接原因，政府、企业、社会和农民工应共同努力建立全面协调的农民工权益保障体系。苟畅和方印（2014）利用管理学的SWOT工具分析了四川新生代农民工的人力资源特征，并在此基础上提出了构建以就业保障为主的新生代人力资源开发体系。他们认为新生代农民工的优势在于年龄、教育、家庭，劣势在于自我认知不足、缺乏专业技术，机会包括成渝统筹城乡建设、劳动密集型产业向内地转移、民生建设，风险包括就业信息不对称、城市社会保障的排他性以及自身和制度原因造成的返乡困难。其政策建议主要有三个：一是构建信息完全覆盖的就业信息平台，二是加强农村基础教育建设，三是构建技能培训体系。工人日报记者高柱和李娜（2015）的报道认为四川在全国率先将农民工纳入住房保障政策体系，但实施的一系列农民工住房保障政策特别是一些非常实在的政策因"不了解"而难以"落地"，出现公租房供应半年，农民工"不知情"的情况；认为政府不仅要做好宏观政策规划，有针对地出台利好政策，还要让这些"好消息"快速准确地传递到利益相关人的耳中，让农民工共享改革发展"红利"，努力帮助农民工群体成为与其切身利益相关的政策知情人。程敏（2016）通过对问卷调查数据的统计分析，认为成都新生代农民工受教育程度明显提升，就业结构符合基本特征；月收入水平较低，职业技能相对缺乏；渴望融入城市，就业难度较大；择业时重视权益保障和外在报酬；劳动权益各方面均受不同程度的侵犯。应构建以政府为主体，企业、社会和新生代农民工相互配合的保障农民工劳动权益的利益相关者责任体系。因此，妥善解决农民工急需的社会保障问题，不但是经济社会可持续发展的需要，也是维护农民工权益、构建和谐社会的重要任务。

（五）关于农民工市民转化的研究

农民工市民化包括外在资格市民化和内在素质市民化两层含义，农民工市民化的推进能够提供新的经济增长动力和源泉。中国社会科学院副院长蔡昉认为"加快推进农民工变市民，改革就仍有红利可期"，北京大学国家发展研究院名誉院长林毅夫同样表示"人口城镇化的过程也是产业升级的过程"，可见，有序推进农民工市民化进程十分必要。

刘程等（2004）对湖北、四川、江西三省进城务工农民进行了调查，认为农民进城务工经历对农村家庭生活消费方式现代化起到了巨大推动作用，对消费能力、消费水平、消费结构和消费观念有显著影响，并且进城务工农民是否为当家人、务工者的文化程度、务工地点、务工时间和工作类型等因素对其家庭消费方式有明显不同的影响。政府应及时调整相关政策，鼓励农民外出务工，既提高城市化的质量，也加快农村生活城市化的步伐。柳菲等（2008）调查了四川农民工家庭的模式，认为随着大量农民工从农村到城镇的流动，出现了数以千计的农民工家庭，主要有夫妻子女分居型、全家外出型、夫妻分居型、单身子女外出型、兄弟姐妹外出型5种模式。这些家庭模式既增加了流出地家庭农户的收入，改善了家庭农户的物质生活条件，也使得外出农民工开阔了视野，接受了新的观念和思想。但是加快了农村人口老龄化速度，影响了农村民主政治推行的进程，降低了农村劳动力的素质，弱化了农民家庭正常情感的联系。因而政府、社会、农民工等方面都应行动起来共同解决存在的问题。一是增加本地的吸纳能力，二是提高基层干部工作热情，三是加强职业技术培训，四是重视留守儿童教育，五是解决好农村养老问题，六是强化农民工家庭教育。李建华和郭青（2011）通过对上海、四川等地农民工群体的调研，发现新生代农民工的性格特征和行为导向与老一代农民工存在较大差别：一是新生代农民工缺乏务农技能，渴望融入城市；二是文化程度较高，职业期望较多；三是思想前卫活跃，维权意识较强；四是勤俭意识淡化，消费观念改变；五是注重社会交往，学习愿望强烈。新生代农民工对我国当前和未来的城乡经济社会发展具有深远影响，政府部门在政策制定上应充分考虑新生代农民工将长期在城市就业生活的特殊性，应将他们纳入城市基础设施建设、社会保障和公共服务之中，鼓励支持劳动密集型产业向中西部转移，推动县域和小城镇经济发展，加大农民工特别是新生代农民工的技能培训力度，把县城和小城镇建设成新生代农民的美好家园。杨风（2011）在抽样调查的基础上，分析了四川成都市农民工生活方式的状况，认为城市化不能等同于城镇数目的增加和面积的扩大，也不意味着城市化率的快速提高，其实质是生活方式的城市化，而劳动就业方式是影响农民工生活方式的主要因素。杨风进一步指出要实现农民工生活方式城市化，应扫除农民市民化进程中的制度障碍，提升农民工的人力资本，积极构建和谐的社区环境。张玮（2012）以成都新生代农民工为对象，研究了农民工市民化过程中的城市定居问题，认为新生代农民工有较高的受教育水平、较强的市民化意愿以及长期的城市生活经历，市民化阻碍相对较小，是最可能实现市民化的农民工群体。但是工资收入偏低、人力资本积累不足、工作流动性较强、户籍等制度性障碍较多、社会资本缺失、社会关系网络狭窄等是制约新生代农民工在城市定居的重要因素。其中，现行土地制度是阻碍新生代农民工不愿退出农民身份不愿放弃土地权益的根本原因。应注意保护农民工的劳动权益，提高农民工的收入；整合培训资源，规范培训市场；加大职业技能培训投入力度，鼓励企业进行职业技能培训，支持自主创业；积极推进户籍制度改革，稳妥推行农村土地制度改革，切实改善劳动就业与社会保障制度；将新生代农民工纳入城市住房保障体系，解决其在城市定居的住房来源问题，同时加强社区管理，有效帮助新生代农民工融入城市社会。李凌（2012）在对成都新生代农民工调查基础上，基于民生的角度研究了新生代农民工城市融入问题，认为新生代农民工的城市融入存在住房、婚姻、教育权、医疗服务、社会保险等障碍，并受到城乡二元结构、法律法规不健全以及社会保障制度不完善的阻隔与影响，严重制约和限制了新生代农民工在城市的生存和发展。需要继续深化二元户籍制度改革，改变双规制管理方式；需要健全法律体系，构建立体化多元化的法律保护体系；需要加强对新生代农民工的教育投入，提高其自身文化素质，走具有中国特色的工会维权体制，建立强大的农民工维权组织；需要加强社会保障工作，为新生代农民工就业创造良好条件。农民工群体特别是新生代农民工群体的城市融入问题才能得到有效解决。袁薇（2012）认为农民工市民化是四川新型城镇化建设的关键，劳动力、劳动者、劳动者家庭"三分离"① 是四川农民工市民化困境的核心，农民工市民化主要面临制度、心理、城市承接力和经济能力等障碍。在农民工市民化的制度构建方面，应实行居住证制度或身份证制度，加快农村产权和土地财产制度改革，完善农民工进入城市和农业现代化能力的教育培训制度，建立城乡统一公平的无歧视的就业制度；在农民工市民化的体系设计方面，应建立和完善农民工的社会保障体系、住房保障体系和子女受教育体系；在农民工市民化的城市布局方面，应构建合理的城镇等级体系，划分不同的主体功能区，并在农村大力建设农民集中居住区或定居点；在农民工市民化的人口控制方面，应重点优先考虑举家转移的农村人口、已融入城市的农民工群体和新生代农民工的市民化，并鼓励四川农民工在省外市民化。吴文峰和王建琼（2012）认为农民工是城市化进程中的一个特殊的社会群体，其收入支出习惯与城市居民有较大差异，储蓄行为深受我国现行的户籍、教育、医疗和养老制度的影响。他们在对成都地区农民工的储蓄及消费行为进行了调查分析，发现农民工的消费行为特征与消费生命周期理论基本一致，农民工异地储蓄主要用于子女教育和赡养老人，农民工的边际储蓄倾向随着年龄增加而增加、边际消费倾向随着年龄增加而减少。年龄偏长的农民工承担了更多的家庭责任和负担，其储蓄倾向更高；而年龄年

---

① 劳动力、劳动者、劳动者家庭"三分离"：一是农民工作为劳动者，基本以劳动力作为唯一商品交换工资，而自身没有得到相应的社会权利和福利待遇，致使劳动力与劳动者分离；二是农民工个体在城市就业，而其家庭依然在农村，致使劳动者与劳动者家庭分离。

轻的农民工的可支配资金增多，其消费倾向普遍更高。任佳（2013）认为农民工城市融入问题是中国经济社会转型时期各种不和谐因素与矛盾的集中体现，推进农民工融入城市对于构建和谐社会具有现实意义。任佳认为农民工群体一直被城市排斥在社会边缘，工作上不能受到平等的待遇，生活上不能享有平等的保障，心理上不能排解承受的压力，严重影响了城市化进程。政府、企业和农民工应各尽所能、各得其所，让全部社会群体都能享受到社会经济发展的成果。李霞等（2013）通过对成都农村人口向城市转移的根本因素及其影响进行了分析，认为制度变迁是决定成都市农村人口转移的因素，农村人口实现自由迁徙和向城镇转移是成都完善统筹城乡发展体制和构建和谐社会的必然要求，对成都加快城乡一体化进程、建设世界现代田园城市具有重要意义。应进一步完善农民工住房、社保、子女教育等方面的保障，通过创新市民化举措的方式使他们真正转变为市民；对于在城镇就业不稳定的农民工群体，应通过加强职业培训和就业服务等形式提升他们的素质，让他们拥有美好的发展预期。李长鑫（2013）运用层次分析法，以经济条件、政治参与、文化素质、社会关系和心理认同为指标，测度和评价了成都市新生代农民工的市民化水平，认为成都市的新生代农民工整体市民化程度处于中等市民化阶段，各个维度的市民化水平分布不均衡，经济条件有较大改善，政治参与需求较高，人力资本有较大提高，社会关系结构有所改变，社会网络宽度有所拓展，市民化能力逐步提高，但城市心理认同度偏低，市民化意愿处于较低水平。应加快户籍制度改革，降低市民化门槛，优先推进经济维度的市民化水平；积极改变政治生态环境，拓宽政治参与渠道，提高政治参与市民化水平；构建新型社会网络，增加农民工的社会资本；加强职业教育和就业技能培训，提升人力资本水平，应营造良好社会环境，提升城市心理认同和市民化水平。吴耀宏等（2014）认为新型城镇化是党和政府在经济发展方式转变与社会结构转型时期推行改善民生、造福百姓的重大举措，其核心是人口城镇化。他们研究认为，成都市的人口城镇化慢于土地城镇化、半城镇化现象仍然存在、新生代农民工持续增加，其主要原因是要素结构失衡与工业化、城镇化、信息化和农业现代化的发展不协调，附着在二元户籍制度之上的社会管理和公共服务存在差异，存在农民工自身固有观念与文化素质的限制。成都应以推进农业转移人口市民化为抓手，着力营造良好的经济就业环境、公共服务环境与社会文化环境，大力促进人口城镇化目标的实现。刘传辉（2014）认为认识并有效化解工业文明与农业文明、新型工业化与新型城镇化、管理文化与新生代农民工特质、打工文化与市民文化、第二、第三产业发展失衡、政府职责有限化与企业市场化等方面的冲突，对于农民工有序实现市民化具有重要意义。应加强舆论引导，建立健全工作机制，形成合力；做好城市建设规划，促进服务业发展，加快推进第二、第三产业融合；建立省市县三级联动机制，规划协调有关政策，保障落实相关措施；找准角色定位，转变政府职能，打造有限责任政府。辜毅和李学军（2014）研究了四川农民工融入城镇的制度障碍，认为户籍制度、土地制度、社会保障制度、教育制度和就业制度是四川农民工融入城镇的主要障碍因素。要改变这种现状，一应还原户籍制度的基本职能，将户籍与福利脱钩，建立城乡统一的户口登记制度；二应明确土地权利界定，保障农民的财产权利，建立城乡土地流转市场，提高农村土地流转效益，整合城乡土地资源，优化土地占补平衡政策；三应构建与城乡社会保障制度有效衔接的长效机制，合理设计制度缴费模式，积极创新社保基金筹资渠道，强化农民工的社会保护措施，促进农民工人力资源的恢复和再生；四应建立城乡统一的劳动力市场，实现劳动力的有序流动，建立城乡统一的用工制度，健全劳动权益保障机制，加大就业培训力度，大力扶持农民工自主创业；五应重视农民工成人教育和职业教育，提升融入城镇的软实力，强化农民工子女教育体系，促使获取平等的教育权利。李鹏和王庆华（2014）对成都和嘉兴的农民工市民化的户籍政策设计进行了比较研究，认为成都充分利用了全国统筹城乡综合配套改革试验区的政策红利，采用"中心辐射"方式实施区域内城乡户籍统筹平衡，推动城镇公共就业服务政策向城市周边农民延伸，将农村劳动者向城镇集中，是一种就地市民化的户籍改革模式；而嘉兴由于财政基础良好、产业较为发达，因而采用"海纳百川"的方式，将外来农民工统一作为城市新居民，做好服务管理，按照贡献年限而不是户籍有无追加公共服务，吸收高素质技术工人全面融入，是一种落地居民化的户籍改革模式。二者均具有实践意义。李鹏和王庆华还认为，各地在新型城镇化过程中应尊重农民工的主观意愿，关注城市间的禀赋和发展阶段差异，应结合农村转移人口的流动趋势和本地区经济产业的实际特点，选择、探索、设计符合市场化运作和本地区发展的模式。眭海霞和陈俊江（2015）认为新型城镇化背景下有序推进农业转移人口市民化的关键是构建由中央和地方政府、企业、农民工个人三方共同参与承担的成本分担机制。农业转移人口市民化成本主要包括保障住房成本、教育培训成本、社会保障成本、基础设施建设增加成本和私人增加的生活成本。眭海霞和陈俊江测算出成都市农业转移人口市民化的人均总成本约为 28.6 万元，由政府承担约 60%，企业和农民工个人分别承担约 20%。他们认为应建立健全农业转移人口市民化成本分担机制中的各级政府分担机制，建立和完善多元化的农业转移人口市民化的财政筹资渠道，开拓和创新多样化的农业转移人口市民化的收入渠道。姚毅和明亮（2015）认为市民化是"提高城镇化质量"的关键，其根本问题在于让农民工享有与城镇户籍人口均等的公共服务待遇，并采用统计年鉴的相关数据构造时间序列数据库。姚毅和明亮借助 OLS 模型计量分析和比较了四川、重庆、成都、乐山农民工的市民化成本（全口径财政支出成本），同时进一步考察了如何在分税制体制下构建以政府、个人和企业为主体的多元成本分担机制。他们分析认为，四川、重庆、成都、乐山的农民工市民化成本存在差异。其中，成都的市民化成本最高，每增加 1 个城镇户籍人口所需的财政支出增量约为 16.5 万元，四川的市民化成本相对较高，乐山次之，重庆最小，后三者之间的差距较小。李俊霞（2016）基于推拉理论，在对成都、德阳、绵阳、攀枝花、自贡、宜宾、内江、南充、达州等地农民工的抽样调查的基础上，分析了影响农民工落户城镇决策的推力和拉力因素，认为农民工适应城镇生活，但在城镇落户的有效意愿偏低。农民不愿放弃农村户籍的顾虑主要有二：一是对城镇生活缺乏足够的信心与安全感，二是难以舍弃农村承包地和宅基地等既得利益。其对策建议是完善社会保障体系、提供市民待遇的公共服务、促进农民工个人素质与能力的提高、建立农村承包地和宅基地的有偿退出机制、鼓励农民工及其家庭同步城镇化，这样才能进一步推动我国城镇化健康持续发展。

综上所述，四川农民工市民化问题存在较多的障碍和问题，需要在政策制度、财政支持、保障体系、公共服务、教育培训、基础建设等方面进行大胆创新，才能更好地提高农民工城市定居的意愿，才能有效提升四川的户籍人口城镇化率、常住人口城镇化率和人口城镇化质量。

总体来看，省内现有关于农民工问题的研究成果比较丰富，不仅具有理论价值，也对部分解决农民工家庭收入和城市融入问题起到了积极作用。随着农村新增劳动力的减少以及"举家迁移"成为农民工外出务工的主要形式,农村新生代农民工和城市新生代农民工两个农民工亚群体的规模会越来越大,并可能由此引发一系列全新的社会问题。但目前还没有直接研究农民工家庭城市融入促进机制的论述,特别是对经济、社会、资源多系统角度的研究较少。因此,本研究拟在前人研究基础上,以农民工就业多样、家庭收入持续增长、城市融入程度不断提高为目标,采用多元线性回归分析、协整分析和 VAR 模型量化制约因素及关键变量对农民工家庭收入及城市融入的影响,从而提出现实可行的促进机制,进而切实增进农民工家庭城市归属的情感,有力加快四川的农民工市民化和新型城镇化建设的进程。

第三章 农民工家庭城市融入的相关理论

一、刘易斯模型

刘易斯模型是关于人力资源优化配置和农业剩余劳动力转移的区域经济理论，由英国经济学家刘易斯（W. A. Lewis, 1915—1991）于 1954 年首先提出。该理论认为，城市现代工业部门和农村传统农业部门之间的收入差距使得农村剩余劳动力不断向城市、现代工业部门迁移。

刘易斯最早认识到欠发达国家的经济发展条件不同于发达经济体，而是类似于发达国家工业化初期阶段。刘易斯于 1954 年在他的论文《劳动无限供给条件下的经济发展》中提出了劳动力无限供给条件下的两部门模型，学术界将这一著名的模型称为刘易斯模型。这一模型假设欠发达国家存在着传统农业部门和现代工业部门并存的二元异质结构。边际劳动生产率为零的剩余劳动力在农业部门的大量存在，决定了其工资只能是维持最低生活水平的生存工资。由于劳动力可以在两部门之间完全流动，从而欠发达国家的二元经济转换包括两个阶段。

第一阶段为劳动力无限供给阶段。高于传统农业部门的工资水平吸引了剩余劳动力向城市工业部门转移，因现代城市工业部门不断扩大生产规模时可以按现行不变工资水平雇佣到所需要的劳动力，刘易斯故而将现代工业部门的劳动力供给看作是无限的。在利润驱动下，这一阶段城市工业资本家将持续增雇工人来扩大生产规模。城市工业部门对劳动需求的增加进一步吸引农村人口向城市流动，由于农村中剩余劳动力规模巨大，劳动力供给几乎是无限的，工业工资水平将保持不变。这个农村人口持续向城市转移的过程一直要进行到农村剩余劳动力全部被工业部门吸收完为止。

第二阶段为劳动力有限供给阶段。当剩余劳动力全部转移到现代工业部门后，劳动力成为稀缺生产要素，劳动力的竞争性使用使得两个部门的工资水平不再外生给定，而是由劳动的边际生产率决定。在这种情况下，城市工业部门要想雇佣更多的农村劳动力，就不得不提高工资水平，以与农业部门相竞争，此时的工业部门的劳动力供给就不是无限的了，而是像资本一样变为相对稀缺了。于是，农业部门就会如工业部门一样现代化了，从而二元经济也就变为一元经济，发展中国家从此进入现代工业化阶段。

刘易斯在《劳动无限供给条件下的经济发展》一文中，阐述了"两个部门结构发展模型"的概念，揭示了发展中国家并存着两种不同的经济体系，一是农村区域的传统农业经济体系，二是城市区域的现代工业经济体系。这两种体系构成发展中国家的"二元经济结构"，即发展中国家的经济结构大多为典型的"二元经济"，由传统农业部门和现代工业部门构成，它们是两类性质不同的部门，传统农业部门以农业劳动生产为核心，现代工业部门以制造业为主。在农村区域的传统农业部门中，具有较多的人口数量和劳动力资源，但是资金总量、科技力量和耕地数量等相对有限，这使得农业的生产产量在达到一定数量和程度之后，很难有突破性的增加，出现每增加一个劳动力所产生的增加值几乎为零，即农业部门的劳动边际生产率趋于零，甚至为负增长的情况，从而造成农业劳动力严重过剩，这部分"多余"的农业劳动力也被称为"零值劳动人口"。也正是由于农业中存在大量的"零值劳动人口"，使得每个劳动力的平均收入很低，造成城乡差距拉大，导致发展中国家的经济发展长期处于低水平状况。而在城市区域的现代工业部门中，生产资料具有可再生性，生产规模不断扩大，生产速度不断提高，每增加一个劳动力所产生的增加值相应增长，即工业部门的劳动边际生产率高于农业，劳动力的工资水平也略高于农业，因此可以从农业部门中吸收部分农业剩余劳动力。只要工业部门所支付的劳动力价格比农业部门的收入略高，农业剩余劳动力就会选择到工业部门去工作。因此也可以说农村劳动力是廉价的，工业部门通过支付农村劳动力较少的劳动报酬，把剩余资本投入到扩大再生产过程中，这样一来又可以吸收更多的农村劳动力到工业部门中来工作，从而形成一个良性运行过程，吸引大量农业剩余劳动力涌向城市，进行非农转移。这既是一种生产部门间的人力资源优化配置，也是促使二元经济结构矛盾逐步得到消减的有效途径。

总体来看，刘易斯认为，发展中国家存在农业（传统）和工业（现代）两个部门，农业部门有大量边际劳动生产率为零的剩余劳动力，收入水平很低，而工业部门的发展需要大量廉价的劳动力。劳动力如果可以在两部门之间完全自由地流动，那么在现代部门相对较高工资的吸引下，就会从传统部门不断地流向现代部门，由农村转移到城市，直到二者之间的工资差异为零。

刘易斯模型的政策含义主要有两点：一是两部门的结构差异性把经济增长、工业化和人口流动三者紧密结合在一起，对于发展中国家选择和制定经济发展的战略思路提供了理论依据；二是把工业化与城市化联系在一起，强调了二者同步协调推进的必要性和重要性，对于发展中国家的改革发展具有重要指导作用。但该模型的应用存在很大的局限性，在我国不太适用。原因在于我国的城乡劳动力不能自由流动，工业化与城市化进程也不是同步协调发展的。

二、费-拉模型

费景汉（John C. H. Fei）和拉尼斯（Gustav. Ranis）于1961年在其论文《一个经济发展理论》中认为，刘易斯模型没有足够重视农业在促进工业经济增长中的作用，没有注意农业生产率提高产生剩余产品是农业多余劳动力向工业流动的先决条件，进而对刘易斯模型进行了系统阐述和进一步的模型化，即以经济发展的三个阶段（农业经济、二元经济、成熟经济）为基础形成了著名的费-拉模型。与刘易斯一样，费景汉和拉尼斯也认为农业剩余劳动力流入工业部门的先决条件是农业生产率的提高使得农业有多余的劳动力和充分的农产品供给，并对刘易斯理论进行了一定的弥补。首先，费-拉模型考虑了农业劳动生产率提高和剩余产品增加时，只有农产品供给充分才能使得剩余劳动力转移到工业部门，如果农业产品的生产无法满足工业扩张的需求，劳动力转移就会停止；其次，模型也弥补了刘易斯理论忽视技术进步的缺陷，并认为农业劳动生产率的提高是剩余劳动力转移和产生大规模城乡人口迁移的条件，迁移的规模主要取决于农业生产相对于人口的水平。同时，费-拉模型将刘易斯模式向前大大推进了一步：一是考虑了技术进步的作用，认为技术进步相较其他因素对于生产率提高更为重要，是经济发展的源泉；二是重视农业部门的贡献，认为农业部门不仅向工业部门提供劳动力和农业剩余，而且支撑了工业部门的扩张；三是强调人口增长影响劳动力转移，为发展中国家控制人口增长提供了理论依据。也正由于费-拉模型对于刘易斯模型的修正与发展，人们常常把二者合并称作刘易斯-费景汉-拉尼斯模型（简称刘-费-拉模型），它是分析二元经济问题的经典模型。虽然经过改进后的模型能更准确地反映二元经济发展中工农业平衡增长的重要性，能更准确地反映劳动力转移取决于农业劳动生产率的提高，但是其得出的经济发展源于农业剩余劳动力向工业部门转移的结论相对过于简单。

在我国，农民工及其家庭较长时期工作、居住和生活在城市，受到的影响较深，对城市生活方式更加熟悉，更容易接受和适应城市生活，并能从心理上认同城市社会，比一般农民更具市民素质，更加容易转化为市民。他们能否顺利融入城市，对新型城镇化进程、城乡二元社会经济结构转变的程度都有重要影响。目前，除了强调农业向工业、城市提供廉价劳动力和农业剩余的同时，更应该考虑工业和城市对"三农"的帮扶，促使城乡和工农之间平衡、协调、统筹发展。

三、托达罗模型

托达罗模型（Todaro Model）由美国经济学家哈里斯（J. R. Harris）和托达罗（M. P. Todaro）在修正刘易斯二元结构理论的基础上于1970年提出，是关于城乡预期收入差异和就业概率影响农业劳动力向城市迁移决策和就业概率的人口流动行为模型，通常称为Harris-Todaro Model、H-T模型或托达罗模型。哈里斯和托达罗在《人口流动、失业和发展：两部门分析》一文中指出，农业劳动力向工业部门流动的根本原因是为了谋求高收入，需要比较工业部门（或称为城市部门）的预期工资与农村部门的实际工资的差异大小；由于城市部门本身已经存在很多失业人员，农业劳动力流向城市未必一定能找到工作，需要权衡机会成本；农业劳动力在做出是否流向城市的决策时，一要考虑城乡实际工资的差异水平，二要考虑在城市找到工作的概率大小；只要城市的预期工资高于农村，即使城市已经存在很多失业人员，农业劳动力仍然会继续流向城市。

托达罗模型有6个假设前提：①农村人口向城市的迁移率与就业概率成正相关关系，城市的就业机会越多，流向城市的农业劳动力数量就越多；②农业劳动力做出的迁移决策是根据自己对城市就业机会的了解，盲目性很大；③农业劳动力进入城市后，并非全部立即进入现代工业部门，一般先是在城市传统部门中找工作，后再到现代工业部门中找工作；④农业劳动力流向城市受到预期收入、就业概率、城市人口增长三个因素的影响；⑤农业部门不存在剩余劳动力，而城市部门有大量失业人员；⑥农业劳动力迁入城市的动机主要取决于城乡预期收入的差异，差异越大，流入城市的人口越多。可见，哈里斯-托达罗模型并不强调农业劳动力流动对经济发展的积极影响，而是着重研究如何放慢农业劳动力流动速度，以缓和城市的失业问题。其基本思想是，人口迁移的主因是城乡预期收入的差异，不是城乡实际收入的差异；只有当城市预期收入高于农村时，农业劳动力才会流向城市。因此，哈里斯和托达罗认为：发展中国家城市移民人数猛增的原因主要在于城乡预期收入差异的扩大。城市就业机会越多，城乡预期收入差异越大，迁移到城市的人口越多，城市失业水平越高，而开创城市就业机会无助于解决城市就业问题；发展中国家应控制农村人口流向城市，这既可解决城市的失业问题，促进城市经济发展和社会稳定，也能保证农业经济发展有足够的劳动力。哈里斯-托达罗模型的政策含义包括：发展中国家应注意减轻城乡经济机会不均等现象，缩小城乡就业之间的不平衡；适当控制工资补贴和政府雇佣人员的数量，避免更多的人失业；不宜不恰当地过分扩大对教育事业特别是中高等教育事业的投资，降低农村居民向城市转移的预期收入；政府干预城市的最低工资水平，会引致更多的农业劳动力进入城市，使得城市的失业率更高；应重视农业和农村的发展，改善农民的生活条件，缩小城乡的差距，减缓农村人口流向城市。哈里斯-托达罗模型的基本结论是：农业劳动者迁入城市的动机主要取决于城乡预期收入的差异，二者的差异越大，农村流入城市的人口越多；只要城市预期收入高于农村实际收入，劳动力就会持续由农村向城市流动；只有当城市预期收入与农村实际收入相等时，农业劳动力迁移才会停止。总之，哈里斯和托达罗的关注焦点不是农业剩余对二元结构转换的作用，而是二元结构转换过程中城市失业问题的解决。

在我国，农民工及其家庭之所以愿意到城市特别是大中型城市打工和生活，其根本原因在于大中型城市的就业机会较多、预期收入较高，而且对子女的成长也有益。依据哈里斯-托达罗模型，农民工及其家庭外出务工和生活源于城乡预期收益差距。这种差距越大，农村迁入城市的人口越多，从而导致城市更多的失业。要有效解决城市失业的问题，单纯依靠限制农民工及其家庭在大中型城市就业或落户等做法是难以收到良好效果的。一是城市现代工业的扩张并不能真正解决城市失业的问题，现代工业扩张得越快，创造的就业机会越多，对农业劳动力的吸引力就越大，进入城市的劳动力越多，城市失业率就越高；二是过于注重城市发展，会导致城市工资收入水平增长过快，进一步拉大城乡收入的差距，使得更多农业劳动力大规模涌向城市，这既会增加城市就业竞争的压力，不利于解决城市失业问题，也会造成农业劳动力短缺，影响农业和农村的发展。因此，既要注重工业和城市的发展，促进农民工及其家庭的城市融入，加快新型城镇化的推进，又要注重农村经济的发展，特别应注意城乡统筹发展，缩小城乡之间的差距，这样才更有利于我国经济发展方式的转变与经济结构的调整。

四、推拉理论

推拉理论（Push and Pull Theory）是关于人口流动与人口迁移影响因素的宏观理论，是二元经济结构理论的重要分支。推拉理论最早源于英国地理学家列文斯坦（E. G. Revenstein）于1885年发表的《人口迁移之规律》。他在论文中提出了人口流动与人口迁移的7条规律：一是人口迁移的空间间距主要是近距离，流动方向是工商业相对发达的城市；二是人口迁移首先移居城市周边近郊，然后移居城市中心地带；三是人口迁移的主流是农村流向城市；四是每次大的人口迁移之后都会伴随有人口逆向流动；五是长距离迁移的目的地几乎都是大城市；六是城市居民的流动率比农村居民的流动率低很多；七是女性居民的流动率比男性居民的流动率高。赫伯拉（Herberla，1938）和米切尔（Mitchell，1946）分别提出了人口迁移的推拉理论，他们认为人口迁移是原住地的外推力（如农村收入水平低下、基本生活设施缺乏、教育条件差距较大、农业生产成本增高、自然灾害应对能力不足等）与迁入地的内拉力（如有较多的就业机会、较高的劳动工资、较好的基础设施等）共同作用的结果。20世纪50年代末，巴格内（D. J. Bagne）对推拉理论进行了系统化，把影响迁移的因素划分为推力（Push Factors）和拉力（Pull Factors）两大类，并增加了个人因素的考量，解释了在推力和拉力相同条件下，为什么有的人会选择流出原住地，有的人则选择留在原住地。巴格内认为原住地不利于生活条件改善的因素构成推力，流入地有利于生活条件改善的因素形成拉力，两种力量前拉后推，共同决定人口流动的决策，人们选择流出原住地的目的在于通过流动就业来改善生活条件。该理论后来还得到了迈德尔（G. Mydal）、索瓦尼（Sovani）、贝斯（Base）、特里瓦撒（Trewartha）、李（E. S. Lee）等学者的修正。其中美国学者李（E. S. Lee）认为流出地和流入地都存在拉力因素（积极因素）和推力因素（消极因素），即"每一个地方都有其值得留下的因素，也有其值得离开的因素"，并且存在第三因素①——阻力因素。因此，人口流动是拉力、推力和阻力三种因素综合作用的结果。综合来看，古典的推拉理论认为迁出地与迁入地的工资差别决定人口迁移的方向与数量；现代的推拉理论则认为引起人口流动与迁移的影响因素除工资差别之外，还有从事职业、生活条件、教育机会、社会环境等因素的差异。

推拉理论比较全面地解释了人口由农村向城市迁移的动因，也适用于研究我国农民工流向城市的现象和问题。在我国，按照推拉理论的观点，农村的收入水平低、挣钱机会少、基础设施差、教育条件劣等因素构成推力，城市的收入水平高、挣钱机会多、基础设施好、教育条件优等因素构成拉力。农民工由农村向城市流动的过程，是农民工重新选择就业的过程，也是劳动力资源优化配置的过程，既取决于农民工自身的价值选择，也取决于劳动力资源的逐利性。也就是说，我国农村总体的生产效率和收入水平较低，剩余劳动力过多，形成促使农村劳动

---

① 第三因素包括中间障碍因素和个人因素，如距离远近、物质障碍、语言不同、文化互异以及个人对这些因素的价值判断差异等。

力转移的推力，而劳动力转移带来的家庭分割、对城市环境的不熟悉以及激烈的就业竞争等形成阻碍农村劳动力转移的推力，但农村的推力起主导作用；城市工资收入和生活水平较高，教育机会和生活环境良好，形成吸引农村劳动力迁入的拉力，而农村熟悉的生活环境、深厚的人际关系、广泛的社交网络、温暖的家庭因素等形成阻碍农村劳动力转移的拉力，但城市的拉力起主导作用。农村的推力和城市的拉力共同作用，形成我国二元经济结构中特殊的农民工群体。因此，农民工的价值选择过程、家庭决策过程、流动就业过程是推力因素和拉力因素共同作用的结果，这有利于分析并消除农民工及其家庭向城市流动的制约因素，构建农民工家庭城市融入的促进机制，提高我国的城镇化水平。

五、社会融合理论

社会融合理论（Social Integration Theory）是一种关于迁移人口逐步接受和适应迁入地的社会文化，最终形成相互交往、相互适应、相互认可、相互渗透的一种人口迁移理论。社会融合的概念由社会学家涂尔干（Durkheim）提出，有社会凝聚或社会聚合（Social Cohesion）和社会结合或社会综合（Social Integration）的意思，目前还没有统一的定义，大致主要有 4 种流行的观点。一是欧洲联盟委员会（2004）在《社会融合联合报告》中认为，社会融合是具有风险和社会排斥的群体能够获得必要的机会和资源，能够全面参与经济、社会和文化生活，能够享受正常生活和社会福利，能够参与基本生活和权利获得决策的过程。二是加拿大莱德劳基金获得者弗赖勒（2002）认为，社会融合不单纯是对社会排斥的反应，更是取消限制、达成理解、促进人类社会福利发展的一种积极方式，包含过程和目标两个层面，包括受到重视和认同、人类发展、参与和介入、亲近、物质丰足五个维度，旨在确保所有人都能够参与一个值得重视、尊敬和奉献的社会，它不仅需要消除壁垒或风险，还需要对融合环境进行投资和行动。三是美国学者森（2000）认为，社会融合是一个积极过程，确保每个人不会错失机会，超出了缺点的补正和风险的减少，推动了人类发展，这需要社会政策来改善能力，保护合法人权，确保所有人有机会和能力被融合，避免将焦点放在救助生活贫困的个人上，避免对受难者的谴责；同时认为共融社会或融合社会是一个社会成员积极参与、享受平等、共享社会经历、获得基本社会福利的社会。四是北京大学人口学博士周皓（2012）认为，社会融合是迁入人口在迁入地逐步接受与适应迁入地的社会文化，并以此构建良性的互动交往，最终形成相互认可，相互"渗透、交融、互惠、互补"的过程。由此可见，社会融合是迁移人口逐步接受和适应迁入地的经济、政治、社会、制度、文化、心理等多领域多维度多界限的跨越、模糊与重构，并与当地人口相互交往、相互适应、相互认可、相互渗透的过程。

　　社会融合理论比较纷杂，目前在国内外还没有形成统一的理论体系。从现有研究成果来看，社会融合理论大体可以划分为一个基础理论和三个层次理论。社会融合的基础理论包括脆弱群体理论、社会分层理论、社会距离理论和社会排斥理论。脆弱群体理论认为，保护脆弱群体是一个社会的基本伦理，不能因为实现完美而淘汰所有的脆弱性（如痛苦、变态或伤残），应该尊敬和保护人类的脆弱性。社会分层理论包括马克思的阶级分层论、韦伯的阶层分层论和涂尔干的分工分层论三大基本理论。社会分层理论认为，社会结构中的阶级或阶层差异以及这种差异会导致社会分裂或社会排斥。一是每个阶层都可能形成一个共同体，拥有自己的阶层意识，使得一个社会存在多个阶层意识，不仅增加社会融合的难度，而且可能造成阶层间的对抗或冲突；二是社会的分层结构必然存在以富人为代表的上层和以穷人为代表的底层，这两个阶层不仅可能存在剥削关系，而且可能造成贫富悬殊，从而引发社会动荡，因此不仅应关注阶层之间的社会融合，更应关注底层阶层的社会融合。社会距离理论强调不同群体之间的客观差异，认为人与人之间存在内在屏障，有亲近程度和亲密等级之分，并设计了一种测量这些等级和程度的社会距离量表。社会排斥理论认为社会排斥是个人或群体被全部或部分排除在充分的社会参与之外的过程（European Foundation，1995），其形成原因主要有自身行为与态度、社会结构本身不平等、劳动过程分化、社会政策积累、意识形态认可、社会流动率、权利不足和机会缺乏；其不良后果主要表现为：导致贫困、不利于社会整合、造成社会焦虑或心理压力、违背社会公正原则等。社会融合的层次理论包括社会融合的宏观、中观和微观理论三个层次。第一层次的宏观理论强调社会融合的宏大叙事，起源于迪尔凯姆的社会团结理论和马克思的社会共产思想，后被帕森斯、洛克伍德、哈贝马斯和吉登斯等演化为社会整合理论；第二层次的中观理论注重社会融合的族群模式，主要研究外来群体与当地居民之间的社会关系，包括克雷夫科尔的熔炉论、帕克的族群关系循环论和戈登的同化过程理论以及多元化模式；第三层次的微观理论关注社会融合的心理建构，主要从微观个体的心理层面研究社会融入和社会接纳，包括社会认同理论、自我认同理论和社会接纳理论。总体来看，社会融合理论主要有同化论和多元论两种流派。同化论认为，同化是弱势群体不断抛弃自己原有文化和行为模式，逐渐适应主流社会的文化和行为，并最终获取与主流人群一样的机会和权利的自然过程；同化过程具有不可逆性，弱势群体被迫接受主流或强势的文化、价值观和生活方式。多元论认为各种文化和价值观会相互适应，即不同社会群体相互作用、相互适应，不以牺牲文化多样性为代价，最终使得所有社会参与者都享有平等的权利。

农民工及其家庭的城市融入过程是一个社会融合的过程，包括经济、身份、语言、文化、习俗和心理等的融合。这种融合过程既是农民工及其家庭的一种城市适应过程，也是农民工与城市居民之间的一种互动过程。虽然农民工及其家庭在城市社会处于弱势和被动地位，但是主动同城市人交流，自觉适应城市社会的生活方式，逐步提升自身的社会经济地位十分重要，这是消减城乡差异和融入城市的渐进过程。农民工及其家庭进城就业和生活的过程体现了经济融合的过程，其在城市生活的过程体现了社会适应的过程，其进城工作和生活的过程也是身份认同、文化接纳和心理适应的过程。这三个过程是一种递进关系，既是农民工自身对城市文明的适应，也是城市文化对农民工群体的包容与接纳，这对于提高农民工市民化的质量有重要促进作用。

六、社会资本理论

社会资本理论（Social Capital Theory）是关于人际关系互动和社会结构网络化的社会关系理论。社会资本是一种资源形式，是指个体或团体之间的关联，包括社会网络、互惠性规范和由此产生的信任，是人们在社会结构中所处的位置给他们带来的资源，同物质资本、人力资本共同构成人生重要的三种资源类型。社会资本广泛存在于个人、家庭、群体和社会组织之中，一般是指个人在社会结构中所处位置的价值或获利能力的总和，包括个人拥有的社会网络、社会联系、社会资源、社会信任等社会结构关系，体现为共享的隐含资源、信任关系、信誉度、义务与期望、合作规范（规则、程序）等形式。一个人从这些关系中获取的利益越高，那么他的社会资本就越多。社会资本理论认为社会资本是一种资源，可以创造价值，可以让各种资源要素增值；社会资本也是经济活动可行性和生产力提高的一个重要决定因素，人与人之间的关系、规范和信任都有助于协调和合作的产生，从而大大提高资源的配置效率。从社会学角度看，人与人之间的互动关系网络对经济和社会发展具有重要作用，如果一个人拥有良好的社会资本，那么他在需要时就能获得各种资源。从经济学角度看，社会资本是人与人之间互相信赖并恩恩相报的一种经济资源，社会资本的高低与经济的发展呈正相关关系。从管理学角度看，个人、群体或组织所在的关系网络不同，占据的网络节点不同，相互间的关系密切程度和信任程度不同，管理关系网络的能力不同，因而其拥有的网络资源或关系资源不同，对网络资源或关系资源的利用效率和整合能力各异，最终的行为和绩效也不相同。按照交往时间、情感密切性、熟识程度、互惠服务等指标，可将人们之间的各种社会关系分为强关系和弱关系两种类型。强关系是指人与人之间的关系紧密，个人的社会网络同质性较强，即交往的人群、从事的工作、掌握的信息等关系资源趋同；弱关系是指人与人之间的关系不紧密，个人的社会网络异质性较强，即交往面广大、交往对象广泛、获取信息广博。弱关系是最有益处的社会资本，可能比强关系更有效，对于求职者的意义更大。真正有意义的不是弱关系本身，而是弱关系所连接的社会资源，人们通过弱关系可以摄取到更多的社会资源，弱关系越丰富，所能拥有的社会资源就越多。

农民工及其家庭在城市社会有强关系和弱关系并存的社会

关系网络，亲戚、同学等强关系可以使农民工家庭获得更多的社会支持，这种社会支持对于农民工家庭融入城市至关重要。因为这种强关系不仅在资源共享上能提供强大的社会支持，而且在就业机会上能提供其他渠道不能比拟的作用。工友、老乡等弱关系在农民工初次就业、工作更换、生活帮助、困难解决等活动和行为中扮演了非常重要的向导作用，能帮助他们建构大量的社会关系以适应城市的社会生产和生活。这种强关系和弱关系并存的社会关系，无疑是农民工及其家庭进入城市、留在城市、融入城市的一种重要的社会资本。同时，农民工及其家庭要想更好地融入城市社会，就必须建构与城市居民的社会交往网络，加强与城市居民的交流互动，改善与流入地市民的社会关系，建立和谐的邻里关系。因此，农民工及其家庭应注意社会资本的累积、管理与利用，因为社会资本是其在城市生活的一层保护膜，可以有效规避一些风险，增添一些资源，加快城市融入的进程。

七、社会认同理论

社会认同理论（Social Identity Theory）是关于群体和成员关系的社会心理理论，由泰费尔和特纳（Tajfel & Turner）等人于1986年提出。社会认同是指个体认识到自己所属的特定社会群体以及群体成员带来的情感和价值意义。社会认同理论认为：个体对群体的认同是群体行为的基础，个体通过社会分类认同自己的群体并产生内群体偏好和外群体偏见，个体通过实现或维持积极的社会认同提高自尊，个体在社会认同受到威胁时会采用各种策略提高自尊，个体过分热衷自己的群体会引发群体间偏见和群体间冲突。社会认同理论认为成员身份由所属群体塑造，并且影响群体成员的社会态度和行为，促使群体成员有目的地改善所属群体的形象和地位。因此，人们在社会交往中总是努力获得或维持积极的社会认同，从而提升自身的自尊。类化、认同和比较①是社会认同的三个必然过程和递进阶段，一是把自己归类于某个群体，二是认为自己拥有所属群体的普遍特征，三是评价所属群体有别于其他群体的优势、地位和声誉。

农民工及其家庭的社会认同大致包括乡土认同、社区认同、身份认同、职业认同、组织认同、管理认同和未来认同7个方面。农民工及其家庭融入城市社会的首要条件是农民工及其家庭要认同城市社会，必要条件是得到城市制度与城市社会的认同，重要条件是需要农民工及其家庭把自己归类于城市人群，以城市人为参照群体，以城市人的普遍特征为评价标准，经历由农民到农民工再到市民的冲击、吸收、接纳与适应，完成由认识城市到理解城市再到热爱城市的比较过程。这样才能认可和赞同城市的生活内容、生活环境、生活方式、生活习俗、工作方式、文化精神和价值观念等，才能获得城市自尊感和城市归属感，才能长期居留城市，才能更好地城市中生活下去，才会在城市中寻找发展机会，才会更好地认同城市社会，才会不断地融入城市社会。

八、文化冲突论

文化冲突论（Culture Conflict Theory）是关于多元文化相互竞争与对抗的理论，最早由索尔斯坦·塞林（Thorsten Seilin）

---

① 类化是指把自己归类于某群体。认同是指认为自己拥有所属群体的普遍特征。比较是指评价所属群体有别于其他群体的优势、地位和声誉。

于 1938 年在《文化冲突与犯罪》（*Culture Conflic and Crime*）一书中提出。文化冲突论认为不同的人群具有不同的文化，具有刻画精神气质、塑造价值取向、铸造社会规范等作用，不同类型、不同模式的文化的价值观念相差很大，常常发生"文化震惊"① 现象。文化冲突是指不同形态的文化或文化要素之间相互竞争相互对抗的状态和过程，它是社会变迁过程的自然结果，社会变迁产生无数的社会群体，每个社会群体对于生活情景有自己的定义，对于社会关系有不同的解释，对于其他群体的价值观念可能存在误解或偏见，容易造成对立、排斥和摩擦，引发群体冲突。文化冲突是文化发展过程中不可避免的一种必然现象，其结果是相互吸收或者相互融合或者替代对方，从而产生新的文化模式或类型。也就是说，不同形态的文化或文化要素之间的相互竞争与相互对抗可以通过相互融合创造出新的文化。

农民、农民工、农民工家庭和市民分属不同的社会群体，具有不同的文化特质，存在各自的感受、认知、习惯、逻辑和思维方式，因而农民工及其家庭在城市社会中存在文化堕距②，容易产生不适应，形成文化冲突。虽然农民工及其家庭在城市工作生活的过程中，可能存在文化不适应现象，但是多数农民工及其家庭在经历文化震惊、文化磨合、文化同化的过程之后，能够适应所在城市的文化氛围。因为城市社会本身就是一个大

---

① 文化震惊是指生活在某一种文化中的人，在初次接触到另一种文化时所产生的思想混乱与心理压力。

② 文化堕距（Culture Lag）又称文化滞后或文化落后，由美国社会学家 W. F. 奥格本在 1923 年出版的《社会变迁》一书中首先提出，是指社会变迁过程中，文化集丛中的一部分落后于其他部分而呈现呆滞的现象，即在社会变迁中由社会各部分变化的速度不同而产生的种种问题。文化集丛（Cultural Complex）是指功能上互相整合的一组文化特质，其中每个特质都围绕中心特质发挥功用。

熔炉，具有强大的融合能力，能把不同文化背景的人群连接在一起，形成一种新的城市文化。这个过程是农民工"洗脚离田"到"换脑进城"的过程，是农民工生活方式转变、价值观念转换、文化心理适应的过程，同时也是城市人接纳、认同农民工的过程，更是城市文化与农村文化相互碰撞、磨合融汇与创造的过程。

九、新劳动力迁移经济理论

新劳动力迁移经济理论（The New Economics of Labor Migration）是关于家庭决策与劳动力迁移行为关系的人口迁移理论，是对托达罗模型的扩展与完善。新劳动力迁移经济理论主要由于 20 世纪 80 年代中期以后逐渐构筑（Stark & Bloom, 1985; Stark & Taylor, 1991; Taylor & Martin, 2001），其假设前提是家庭福利最大化，在迁移因素分析中引入了社会特征和社会网络等因素，在劳动力迁移决策分析中强调家庭和家庭决策对劳动力迁移行为的影响，因而被称为新劳动力迁移经济理论。该理论认为，发展中国家的劳动力要素流动市场是缺失的或不完全的；劳动力迁移决策是迁移个人与留守家庭成员之间的一种互利合约，不是个人的意愿，而是家庭决策的结果；劳动力迁移决策不仅追求家庭收益最大化，同时考量收入风险最小化；劳动力迁移决策的基本动机是克服农村多种要素市场的缺失和不完善；劳动力迁移决策不仅取决于城乡预期收入差距，还取决于整个家庭在迁移地感受到的相对贫困度①。

---

① 相对贫困度即劳动力迁移家庭自身感受到的与其他农户之间的差距的大小。

在我国，虽然农民工的流动行为表现为个体形式，但这并不意味外出务工者全部都是为了追求个体利益最大化，大多数外出务工者是受到家庭和家庭决策的影响，外出务工行为实际上是对家庭决策结果的执行，外出务工者同留守家庭保持着密切的联系。农民工家庭之所以决策部分或全部劳动力外出务工，原因在于农业生产存在不稳定性，劳动力在农村的务农收入相对较少并且处于变动中，会导致整个家庭的总收入出现波动性，这同人们的长期平稳性消费偏好是矛盾的。为了抵御农业生产的不稳定性，保持家庭收入的平稳性，就需要采用多种组合方式重新配置家庭的劳动力资源。对于我国现阶段来说，外出务工是农村劳动力资源重新配置的一种有效途径。虽然部分或全部家庭劳动力外出务工可能存在工资收入不稳定的风险，但是只要务工收入比务农收入高，务工收入与务工收入之间的波动性不大或者不同步，整个家庭的总收入就能保持一定的稳定性，那么劳动力迁移决策就具有可行性。同时，外出务工者与家庭其他成员之间存在一种共同选择的契约安排，这种契约安排对于家庭中的每个成员都具有一定的约束作用。其中，外出务工者向家庭提供汇款的行为是家庭契约安排的关键前提，也是外出务工者与家庭保持密切联系的重要环节，这种家庭契约安排形式既可让每个家庭成员获得各自的利益，又能促使整个家庭的整体利益趋向最大化。因此，劳动力外出务工既是家庭和家庭决策的投资组合选择，又是家庭预期收益最大化获得的契约安排形式，也只有风险共担、利益共享，劳动力外出务工行为才能不断继续下去。

总体来看，关于农民工家庭城市融入的相关理论非常多，经典理论大多是人类学、社会学、政治学、经济学等学科领域的相互交叉与融合，这些相关理论既是农民工家庭城市融入促进机制研究必要的铺垫和承启，同时对于农民工家庭城市融入促进机制研究具有重要的指导作用和参考价值。但是这些理论主要集中在劳动力的迁移动机、迁移特征、迁移贡献、迁移模式、迁移因素、相关措施等的研究上，研究对象以劳动力迁移的个体层面为多，而对于劳动力迁移的家庭层面的研究较少，需要特别重视劳动力迁移的家庭层面的行为特征以及经济发展、制度设计等方面的综合研究，这样才能更加贴合中国社会经济发展的实际。也只有理论联系实际，才能有效探索解决农民工问题的途径，才能更好把新型城镇化同城乡统筹发展与和谐社会建立紧密联系。

第四章　四川农民工的基本特征

一、数量规模巨大，家庭外出趋势明显

四川地处中国西部，辖区面积48.6万平方千米，是中国重要的资源、人口、经济大省①。四川2016年的地区生产总值为32 680.5亿元，全国排名第6位②，其中第二、第三产业保持着较好的发展增速，农村居民人均可支配收入持续增长（见表4-1）；常住人口为8 262万人，在全国位居第4位，其中城镇人口4 065.7万人，常住人口城镇化率49.21%，比2015年提高1.52%。四川2016年的乡村人口4 196.3万人，农民工总量为2 491.5万人，占全国农民工总量的8.84%，占四川乡村人口的59.37%，比2015年提高0.51%。其中，省外就业农民工为1 133.9万人，比2015年降低0.2%；省内就业农民工1 354.7万人，比2015年提高1.12%（见表4-2）。

四川人口总量众多，农民工规模庞大，农民工流动出现了

---

① 据四川省人民政府官网统计的数据，http://www.sc.gov.cn/10462/wza2012/scgk/scgk.shtml。

② 据四川省人民政府官网统计的数据，http://www.sc.gov.cn/10462/12771/2016/1/28/10366862.shtml。

两个新趋向：一是农民工省内就业持续增加。这说明四川的地区经济发展、新型城镇化建设和城乡统筹推进保持着良好态势，对本省农民工的吸收能力越来越强大，促使部分农民工开始由省外转向省内就业。调查显示62%的外出务工人员表示愿意留川就业，虽然"工资待遇"因素仍然高居73.6%，较2011年降低了22.2%，但是"离家远近"因素比例较2011年的35.5%提高了25.4个百分点（见图4-1）。二是农民工家庭式外出务工情况继续增多。在2014年，举家外出农民工573.9万人，约占四川农民工总量的23.1%，比2013年增加3.9万人，增速提高0.7%①。而在2015年的受访农民工中，与配偶、子女生活共同在务工地生活的家庭式外出务工农民工占49.8%，夫妻生活在务工地而子女、老人留守农村老家的家庭式外出务工农民工占12.2%②。这些数据也表明四川农民工近年来家庭式外出务工特别是举家外出务工的趋势在逐渐加强。

四川农民工之所以规模巨大、持续增长，其主要原因是四川的农村地区人多地少、农业生产绩效较差、农业富余劳动人口较多，因此大量农村劳动力选择外出进城务工。虽然四川农民工的增长速度受到全国整体经济发展降速转型和产业结构调整升级的影响呈现逐年减缓现象，但是农民工总体的数量仍然保持年年增加的态势，这种增长趋势可能在短期内不会有实质性改变。

---

① 据国家统计局四川调查总队发布的《2014年四川农民工情况调查报告》数据。

② 据四川省统计局发布的《四川农民工市民化影响因素探究》数据。

表 4-1　四川 2010—2016 年常住人口数量、地区生产总值及农村居民人均可支配收入

年份	2010	2011	2012	2013	2014	2015	2016
常住人口数量（万人）	8 041.8	8 050.0	8 076.2	8 107.0	8 140.2	8 204.0	8 262
地区生产总值（亿元）	16 898.6	21 026.7	23 849.8	26 260.8	28 536.7	30 103.1	32 680.5
地区生产总值可比价格增速（%）	15.1	15.0	12.6	10.0	8.5	7.9	7.7
第一产业增加值（亿元）	2 483.0	2 983.5	3 297.2	3 425.6	3 531.1	3 677.3	3 924.1
第一产业增加值增速（%）	4.4	4.5	4.5	3.6	3.8	3.7	3.8
第二产业增加值（亿元）	8 595.2	11 027.9	12 587.8	13 579	14 519.4	14 293.2	13 924.7
第二产业增加值增速（%）	22.0	20.7	15.4	11.5	9.3	7.8	7.5
第三产业增加值（亿元）	5 850.4	7 015.3	7 964.8	9 256.1	10 486.2	12 132.6	14 831.7
第三产业增加值增速（%）	10.0	10.9	11.2	9.9	8.8	9.4	9.1
农村居民人均可支配收入（元）	5 140.0	6 128.6	7 001.4	7 895.0	8 803.0	10 247.0	11 203
农村居民人均可支配收入增速（%）	15.1	20.5	12.8	12.8	11.5	9.6	9.3

资料来源：四川省第六次全国人口普查主要数据公报，四川省国民经济和社会发展统计公报。在 2010 年的第六次全国人口普查中，四川省的常住人口数量与户籍人口数量约相差 956 万人。

表4-2

四川省 2011—2016 年农民工数量及构成

年份	2011	2012	2013	2014	2015	2016
①农民工总量（万人）	2 300.5	2 414.6	2 455	2 472.2	2 478.9	2 491.5
农民工总量增速（%）	—	4.96	1.67	0.70	0.27	0.51
②省内就业（万人）	1 091.7	1 291.9	1 246.8	1 313.1	1 339.7	1 354.7
省内就业增速（%）	—	18.34	-3.49	5.32	2.03	1.12
③省外就业（万人）	1 205.2	1 117.3	1 200.1	1 154.6	1 136.2	1 133.9
省外就业增速（%）	—	-7.29	7.41	-3.79	-1.59	-0.20
④外派劳务（万人）	3.6	5.4	8.1	4.5	3	2.9
外派劳务增速（%）	—	50.00	50.00	-44.44	-33.33	-3.33

数据来源：四川省人力资源和社会保障事业发展统计公报。其中，①=②+③+④。

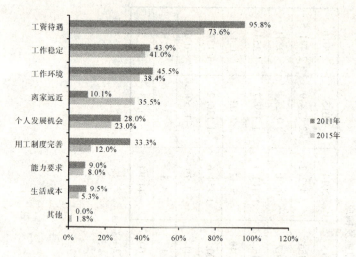

图 4-1　四川农民工 2011 年、2015 年外出务工优先考虑因素

数据来源：四川省统计局公布数据①。

二、男性占比较多，平均年龄不断提高

四川转移输出的农民工当中，2014 年的男性农民工占59.09%，女性农民工占40.91%，男女之比为1.44∶1（见表4-3），同2008 年男性农民工占63.0%、男女之比1.7∶1进行比较，女性农民工占比明显大幅增长，同时也说明外出务工农民工仍然以提供繁重体力劳动为主，他们所承担的主要是劳动强度大、工作时间长、危险性高的工作。女性农民工增多的原因

①　来源于四川省统计局发布的《2011 年四川外出务工人员就业意向专项调查报告》（http：//125. 64. 4. 186/t. aspx？i = 20110301092820 - 201533 - 00 - 000）和《2015 年四川外出务工人员就业意向专项调查报告》（http://www.sc. gov.cn/10462/10771/10795/12401/2015/3/20/10331637. shtml）数据。

总体来看有两个：一是本地农民工在农民工总量中的数量迅速增加，而女性农民工在本地农民工中所占的比例较多；二是轻工业和服务业等社会服务业的快速发展能够吸纳更多的女性从业人员。

在农民工当中，青壮年农民工所占比重持续下降，16～50岁及以下农民工由 2011 年的 85.7%下降到 2015 年的 82.1%，下降 3.6 个百分点；50 岁以上农民工由 2011 年的 14.3%上升为 2015 年的 17.9%。平均年龄持续增大，由 2008 年的 34 岁到 2015 年的 38.6 岁，提高 4.6 岁①。虽然青壮年农民工占比持续下降，但仍然以青壮年为主，其主要原因有三方面：一是虽然农村每年新增加的劳动人口主要成为了外出进城务工的农民工，但农民工在数量上没有限度的供给状况已经不复存在，至少在年龄上有增大的趋势；二是我国的人口结构受到人口政策和社会经济发展的影响，人口少子化和老龄化现象明显，劳动适龄人口总量有加速下滑势头；三是年龄和家庭成了农民工外出进城务工的重要影响因素，已经结婚和年纪较大的农民工不太愿意单独出远门，而是更加愿意就近就地务工；特别是年纪较大农民工自身的文化程度较低，承受重体力劳动的能力开始下降，使得他们的就业竞争能力逐渐减弱，并且照顾老人、照看小孩、兼顾家庭的责任较大。因此已婚和年纪较大的农民工选择举家外出、家庭式外出或者就近就地务工的情形日益增多。

---

① 数据来源于国家统计局四川调查总队发布的《2008 年四川农民工情况调查报告》和《2014 年四川农民工情况调查报告》数据和国家统计局发布的《2015 年农民工监测调查报告》数据。

表 4-3　　　　　四川农民工性别情况

年份	2011	2012	2013	2014
农民工总量（万人）	2 300.5	2 414.6	2 455.0	2 472.3
男性农民工（万人）	1 326.9	1 414.7	1 441.5	1 457.9
女性农民工（万人）	973.6	999.9	1 013.5	1 014.4
男性占比（%）	57.68	58.59	58.72	58.97
男女之比	1.36	1.41	1.42	1.44

数据来源：四川省统计局人口处统计数据，见 http://www.sc.stats.gov.cn/tjxx/tjfx/qs/201601/t20160108_199074.html。

三、技能来源广泛，就业信息来源有限

工作技能是衡量从业者能否胜任某项工作的基本条件，也是促进农民工就业、改善工作环境、提高工资收入、改善生活条件的重要砝码，既包括专业知识，也包括专业技能。调查数据显示，四川农民工所受的学历教育时间普遍较短，文化程度总体偏低，但是外出务工为农民工提供了较多的技能锻炼的"冲浪空间"。农民工外出务工的经历，不仅是提供劳动、收获工资的过程，也是一种学习经营管理方法、锻炼技能的过程，更是开阔视野、更新观念的过程。他们经过务工的洗礼，大多得到了锻炼和成长，掌握了许多业务技能和知识。从工作技能要求来看，84.9%的农民工认为找工作不需要专门工作技能（见表4-4），说明农民工务工的门槛很低，没有特殊要求，也不需要一技之长，只要愿意做，总能找到一份工作。从工作技能来源来看，61.9%的农民工认为只需要边干边学即可，但也有超过1/3的农民工认为通过专门培训有利于找到工作，并且能增加工资收入。从工作技能培训来看，93.7%的农民工在上岗之前或工作过程中接受过相应工作技能的培训，但是免费接受过政府组织的基本职业技能培训的情况并不乐观，只有11.2%，说明农民工外出务工需要基本职业技能培训，并且农民工拥有一些专门工作技能既可以帮助他们更快更好找到工作，达到转移就业目的，同时又可以减少企业用工的培训时间，提高企业的经济效率。虽然农民工基本职业技能培训是一项既利于农民工就业又利于企业用工的双赢举措，也是解决农民工转移就业和企业用工紧缺矛盾的一剂良药，但是各级政府职能部门为此加大投入力度、增加培训项目的务实做法并不太受欢迎，其主要原因有三个：一是农民工需要的职业技能与政府服务部门提供的培训项目存在差距，有脱离现实需求现象；二是农民工当前的观念认识停留在先工作挣钱，解决基本生活问题；三是政府服务部门提供的培训内容不能及时跟上形势，也不能解决就业问题。三者叠加的结果使得农民工不看重职业技能培训的现象十分普遍。从从业资格证书获得情况来看，有相应从业资格证书的农民工占21.7%，说明农民工的从业领域在不断拓宽，并不局限于体力劳动提供，还有大量生产活动需要专业工作技能，并且一些工作的专业技术"含金量"要求比较高，需要具备专门的从业资格能力才能做好工作。总体来看，农民工的工作技能来源十分广泛，有职业技校学习、职业技能培训、跟师学艺、边干边学等途径，但是农民工本身文化程度不高，要让他们专门花时间去学习有点枯燥无味的工作技能，的确是件比上班干活要困难得多的事情。因此更多农民工的实用主义色彩浓厚，认为用人单位针对具体岗位进行的岗前岗中培训更有实用性，既不抽象、笼统、迷糊，又能现学现用，并且他们认为"干中学"方式的成本很低，不需要投入较多的学习成本，不需要耗费大量的学习时间，在生产和提供服务的同时也在积累经验、获得知识。这样更有助于创造更多的工资收入，提高学与干的经济效率。

表 4-4　　　　四川农民工的工作技能情况

类别	项目	数量（人）	百分比（%）
是否需要工作技能	是	565	15.1
	否	3 179	84.9
工作技能来源	边干边学	2 318	61.9
	跟师学艺	887	23.7
	职业技校	359	9.6
	职业培训	180	4.8
是否参加过岗前岗中培训	是	3 508	93.7
	否	236	6.3
是否接受过政府组织的免费基本职业技能培训	曾经接受过	419	11.2
	没有接受过	2 565	68.5
	从未听说过	760	20.3
从业资格证书获得情况	不需要	1 295	34.6
	没有获得	1 636	43.7
	已经获得	812	21.7

数据来源：根据课题组 2015 年调查资料整理。

就业是从业者获取劳动报酬或收入的基础，对于外出务工农民工来说，找到工作是获得劳动收入并在务工地生活下去的前提。外出务工农民工要想在流入地尽快找到合适的工作，其中就业途径十分重要，直接影响农民工对就业信息的捕捉。农民工的就业途径和方式相对没有竞争力，他们的就业信息大多来源于亲戚朋友的介绍，就业渠道比较狭窄，就业瓶颈突破能力十分有限。从四川农民工的就业途径构成来看，亲朋好友介绍的有2 044人，占54.6%；自发外出的有1 434人，占38.3%；中介机构的有172人，占4.6%；政府部门或单位组织的有94人，占2.5%（见图4-2）。这同2008年通过亲朋好友介绍61.7%、自发外出32.3%、中介组织2.4%、政府部门仅占1.5%的状况相比有较大改善。但是亲朋好友介绍的主渠道作用并没有大改观，这说明政府部门和中介机构在劳务输出中的作用和效果十分有限，农民工外出务工的就业途径仍旧主要依靠传统的血缘关系、亲缘关系和地缘关系，大部分是通过亲人、同学、老乡和熟人的推荐与介绍来实现就业，或者通过网络、招贴、电视、报纸等渠道进行自我选择就业的，而通过政府组织、劳动部门和中介机构介绍获得就业机会的情况非常少。因此，农民工外出务工不可避免会出现一定的盲目性，但这属于市场需求与选择的正常现象和合理结果，政府部门无须过多调控，只需做好信息发布和保障服务即可。可见，工作技能和就业途径是农民工外出务工找到工作的基础，也是农民工获得工资收入并在经济上逐渐融入城市的基础。

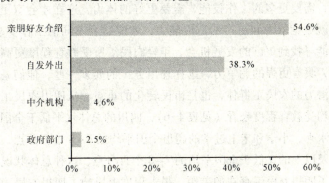

图4-2 四川农民工的就业途径构成

数据来源：根据课题组2015年调查资料整理。

四、文化程度偏低，务工收入逐年增加

农民工的文化程度普遍较低，学历以初中为主。从全国农民工的文化程度的构成情况来看（见表 4-5），一是农民工大多数为初中文化程度，大约占到 60%，高中及以上文化程度的仅占 24%。虽然新生代农民工所受教育程度有很大提高，但农民工的职业技能水平总体上没有明显提升。这既会影响农民工的就业机会和工资收入，也会影响农民工的城市适应与城市融入。二是农民工的受教育水平有所提升，初中以下文化程度由 2011 年的 15.9% 下降到 2015 年的 15.1%，初中及以上文化程度由 2011 年的 84.1% 上升为 2015 年的 84.9%。虽然总体的提升幅度不大，但正是这种细微的文化程度变化使得农民工近年来的就业行业发生了一些变化，务工收入也有较大幅度的增长。三是外出农民工所受教育程度高于本地农民工，年轻农民工所受教育程度高于年老农民工，说明外出务工可能需要更高的文化程度，需要更多的工作技能，需要更好的体力，这样才会有更强的就业竞争力和更广的适应能力，才能适合不同的工作要求，才能寻找到更广的发展机会。年轻农民工所受教育程度更高一些，具有更强的竞争力，选择外出务工的要多一些，他们是最具潜力的农民工群体，也是市民转化的重点。从四川农民工的平均受教育程度来看（见表 4-6），四川的总体水平低于全国平均水平，小学和未上过学的高出全国平均的 7~8 个百分点，初中及以上的又低于全国平均的 7~8 个百分点，这种总体状况决定了四川农民工存在的差距，很大程度上影响了四川农民工的就业选择面和工资收入水平。从农民工技能培训情况来看，全国平均的接受技能培训（含农业和非农业职业技能）占比大约为 35%（见表 4-7），而四川农民工免费接受政府组织的基本职业技能培训占比只有 10.9%（见图 4-3），89.1% 的受访者表示"从未听说过"或"没有接受过"基本职业技能培训，69.7% 的农民工只有选择从事如制造、建筑、运输、仓储、餐饮等环境条件较差、劳动时间较长、工资收入较低的重体力工作（见图 4-4）。

从务工收入来看，四川农民工 2011—2016 年的年收入总量持续增长，在 2016 年达到 3 833.4 亿元，并且 77.6% 的外出务工收入通过银行或邮局进行了汇兑①（见表 4-8），既是农民工家庭经济收入的重要来源，也为家乡经济繁荣做出了贡献。从平均月工资来看，四川农民工外出务工的工资收入有稳步增长趋势，月工资收入几乎每年都在增加，2014 年的平均月工资为 3 017 元，比 2013 年增加 227 元。其中 3 000 元以下收入占 45.5%，比 2013 年同期下降 11.5%；3 000 元及以上的中高收入占 54.5%，比 2013 年同期增加了 13.9%②。其主要原因是劳动力成本和用工成本持续上升使得工资低收入群体比重减少而中高收入群体比重增加，加之四川农民工勤劳肯干、不惜体力、愿意加班的特质，以致务工收入稳步增长，但是农民工的工作十分不稳定，有工作干时月收入可以超过 1 万元，没工作干时只有花积蓄。

---

① 四川省统计局人口处发布的《农民工市民化影响因素及路径探索——基于 2015 年四川省进城务工人员市民化现状调查》（http://www.sc.stats.gov.cn/tjxx/tjfx/qs/201601/t20160108_ 199074.html）中的数据。

② 数据来源：国家统计局四川调查总队发布的《2014 年四川农民工情况调查报告》。

表4-5　　　　　全国农民工的文化程度构成

单位:%

年份	2011			2012			2013			2014			2015		
农民工	整体	本地	外出	整体	本地	外出	整体	本地	外出	整体	本地	外出	整体	本地	外出
未上过学	1.5	2.1	0.9	1.5	2.0	1.0	1.2	1.6	0.9	1.1	1.6	0.9	1.1	1.4	0.8
小学	14.4	18.4	10.7	14.3	18.4	10.5	15.4	18.9	11.9	14.8	18.1	11.5	14.0	17.1	10.9
初中	61.1	59.0	62.9	60.5	58.9	62.0	60.6	58.4	62.8	60.3	58.9	61.6	59.7	58.9	60.5
高中	17.7	17.1	18.5	18.0	17.1	18.7	16.1	16.0	16.2	16.5	16.2	16.7	16.9	16.6	17.2
大专及以上	5.3	3.4	7.0	5.7	3.6	7.8	6.7	5.1	8.2	7.3	5.2	9.3	8.3	6.0	10.6

数据来源：国家统计局发布的《全国农民工监测调查报告》。

表 4-6　　　　四川流动人口的平均受教育程度　　　单位:%

年份	2010	2013	2014
未上过学	2.9	2.4	2.3
小学	20.7	21.8	21.2
初中	34.9	42.3	47.5
高中	23.8	21.7	20.6
大专及以上	17.7	11.8	8.4

数据来源:2010 年数据来源于四川省统计局发布的《四川流动人口现状及其影响研究》。2013—2014 年数据来源于四川省统计局发布的《四川流动人口规模和流向变动分析》。

表 4-7　　　　全国农民工技能培训与就业行业　　　单位:%

年份	2008	2009	2010	2011	2012	2013	2014	2015
接受技能培训	—	48.9	47.6	36.7	30.8	32.7	34.8	—
制造业	37.2	36.1	36.7	36.0	35.7	31.4	31.3	31.1
建筑业	13.8	15.2	16.1	17.7	18.4	22.2	22.3	21.1
批发和零售业	9.0	10.0	10.0	10.1	9.8	11.3	11.4	11.9
交通运输、仓储和邮政业	6.4	6.8	6.9	6.6	6.6	6.3	6.5	6.4
住宿和餐饮业	5.5	6.0	6.0	5.7	5.2	5.9	6.0	5.8
居民服务、修理和其他服务业	12.2	12.7	12.7	12.2	12.2	10.6	10.2	10.6
其他行业	15.9	13.2	11.6	12.1	12.1	12.3	12.3	13.1

数据来源:国家统计局发布的《全国农民工监测调查报告》①。

---

① 国家统计局于 2008 年年底建立农民工统计监测调查制度,2008 年数据来源于国家统计局发布的《2012 年全国农民工监测调查报告》。

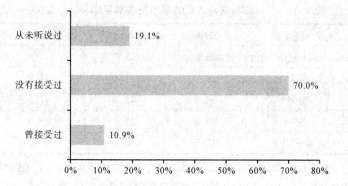

图 4-3　2015 年四川农民工免费接受政府组织的基本职业技能培训情况

数据来源：四川省统计局人口处①。

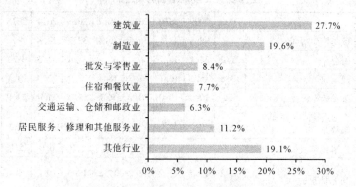

图 4-4　2014 年四川农民工从事的行业分布情况

数据来源：国家统计局四川调查总队发布的《2014 年四川农民工情况调查报告》。

———————————

①　四川省统计局人口处发布的《农民工市民化影响因素及路径探索——基于 2015 年四川省进城务工人员市民化现状调查》（http://www.sc.stats.gov.cn/tjxx/tjfx/qs/201601/t20160108_199074.html）。

表 4-8　四川农村劳动力转移劳务收入情况

年份	2011	2012	2013	2014	2015	2016
农民工总量（万人）	2 300.5	2 414.6	2 455	2 472.3	2 478.9	2 491.5
劳务收入（亿元）	2 035.8	2 389.3	2 873.6	3 252.4	3 577	3 833.4
劳务收入同比增长（%）	15.8	17.4	20.3	13.2	10.0	7.2
人均劳务收入（元）	8 849	9 895	11 705	13 155	14 430	15 386
人均劳务收入同比增长（%）	13.1	11.8	18.3	12.4	9.7	6.6
劳务收入增加（亿元）	277.9	353.5	484.3	378.8	324.6	256.4
劳务收入增加同比（%）	15.8	27.2	37.0	-21.8	-14.3	-21.0
人均劳务收入增加（元）	1 208	1 464	1 973	1 532	1 309	1 029
人均劳务收入增加同比增长（%）	13.1	21.2	34.8	-22.4	-14.6	-21.4

数据来源：历年《四川省人力资源和社会保障事业发展统计公报》。

五、从业行业广布，居住条件有所改善

从业行业分布在很大程度上能反映农民工本身的知识技能状况和经济收入水平。从四川农民工的从业行业来看，调查数据显示，农民工外出务工的行业分布十分宽广，几乎涵盖第一、第二、第三产业的所有领域，但主要集中在社会服务、建筑、批发与零售、制造、住宿和餐饮 5 个行业。其中，社会服务业981 人，占 26.2%；建筑业 753 人，占 20.1%；批发与零售业659 人，占 17.6%；制造业 502 人，占 13.4%；住宿和餐饮业348 人，占 9.3%；交通运输、仓储和邮政业 198 人，占 5.3%；其他行业 303 人，占 8.1%（见图 4-5）。同 2011 年四川农民工从业行业排在前四位的社会服务业 23.5%、建筑业 23.3%、制造业 22.2%、批发和零售业 15.3%①相比较，建筑业、制造业从业人数下降 12%，社会服务业、批发与零售业从业人数上升5%。调查数据说明四川农民工群体的从业行业以第三产业的行业门类为主，主要从事体力要求较高、工作时间较长、劳动强度较大的建筑工、操作工、维修工、装修工、搬运工、环卫工、保洁工及厨师、保安、保姆、快递员、驾驶员、服务员等苦、累、脏、险的工种。这也侧面反映出四川农民工群体的适应能力非常强，适合多种多样的工作，符合四川农民工群体吃苦耐劳、勤奋肯干的基本特质。

居住条件是反映生活质量状况的一个客观指标，也是人们对生活品质提升的一种重要追求。农民工在务工城市的居住条

---

① 数据来源于《2011 年四川外出务工人员就业意向专项调查报告》（http://www.sc.stats.gov.cn/tjxx/tjfx/qs/201403/t20140312_16981.html）。

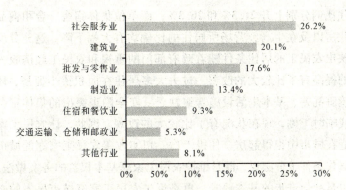

图 4-5　四川农民工 2015 年的从业行业分布情况

数据来源：根据课题组 2015 年调查资料整理。

件改善，不仅体现农民工的生存现状，也彰显城市社会的文明与进步。国务院前任总理温家宝和现任总理李克强一直十分关注农民工的住房问题。[①] 因此，多种途径多种方式为农民工供给公益的、廉价的、卫生的、安全的栖身场所十分重要，既是逐步改善农民工住房条件的主要内容，也是务实满足农民工基本居住需求的有效办法，更是覆盖面十分宽广的重要的基本民生问题，对于保障农民工平等享受城市公共服务、加快新型城镇化进程、促进社会和谐稳定具有重要意义。调查显示，2015 年四川农民工的居住条件以单独租房和务工地自购房居住的比例较高，其比例分别为 35.6% 和 27.0%（见图 4-6）。同 2011 年全国农民工的平均居住条件相比，单独租房和务工地自购房居

---

① 温家宝在 2007 年访问新加坡时指出："政府的职责最重要的是要搞好廉租房，让那些买不起房或者进城打工的农民工能够租得起房、住得上房。"（中国共产党新闻网，http://cpc.people.com.cn/GB/64093/64103/6567283.html）；李克强在 2012 年到江西九江调研时强调指出："建保障房有利于抑制房价过快上涨，防止抬高城镇化门槛，这样农民变市民才有希望。"（新浪网，http://finance.sina.com.cn/china/20121227/231514137861.shtml）。

住比例分别上升 21.3% 和 26.3%；而单位集体宿舍、合租商品住房以及在生产经营场所居住的比例均有大幅下降。这充分反映出农民工的居住条件随着政府部门的重视和农民工经济收入的提高有了比较大的改善，过去大多居住在面积狭小拥挤、环境脏乱差、基本生活设施普遍缺乏、安全隐患突出的集体宿舍或临时工棚，现在状况有了比较大的改观。因此，让农民工家庭在城市中租得起房、住得上房，切实改善农民工家庭的城市居住条件十分必要，既是维护农民工家庭基本权益的务实做法，也是社会进步的基本要求，更是促进农民工家庭城市融入的必要条件之一。

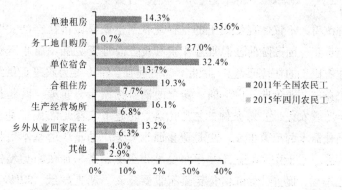

图 4-6　2015 年四川农民工与 2011 年全国农民工居住条件比较

数据来源：课题组及国家统计局①。

---

① 2015 年四川农民工数据源于课题组调查资料，2011 年全国农民工数据源于国家统计局发布的《2011 年我国农民工调查监测报告》。单独租房含廉租房，务工地自购房含自有商品房、保障房、安置房、经济适用房，生产经营场所含工地、工棚。

六、满意城市生活，市民转化愿望偏低

在 20 世纪 80 年代初期，改革开放使得沿海地区制造业兴起，对劳动力需求巨大，于是在四川开启了席卷全省的"离土离乡"的"民工潮"。其中的典型便是仁寿县 1984 年出现的成规模劳务输出和金堂县竹蒿镇于 1986 年成立劳务输出办公室。农民工外出务工至今已有 30 多年，他们为推动中国的城市建设和经济发展做出了重要贡献。从第一代农民工①来看，他们的文化程度偏低、年龄跨度较大，一般从事劳动强度大、技术含量低的工种，目前占外出务工人口的 35.6%，仍然是农民工重要的组成部分。他们在外打工的累计时间大多超过 20 年，由于照顾家庭（63.49%）、落叶归根（48.41%）、四川农村发展前景好（38.89%）、在外没有竞争力（27.78%）等因素影响，有42.71% 的年长农民工已经返乡或考虑返乡，但是近六成农民工习惯城市生活（59.17%），对城市生活的满意度达到 3.69 分（0~5 分）。这说明部分第一代农民工对城市的基础设施、公共配套、生活方式等较为适应满意，即便回到家乡，也会就近居住在镇或中小城市。从第二代农民来看，他们的文化程度较高，大多对农村不熟悉，基本没有务农常识和经验，习惯城市生活，想继续在城市工作的比例达到 62.4%，高出全国平均水平 6.5个百分点，也高于老一代农民工。这说明新生代农民工希望在城市中有比较长久、稳固、安定的工作，有较多的收入和保障，

---

① 第一代农民工一般指 1980 年以前出生的农村劳动力人群（也称老一代农民工），第二代农民工一般指 1980 年及以后出生的农村劳动力人群（也称新生代农民工）。

他们已经习惯城市生活，市民化意愿比较强烈。从农民工外出务工月均收入情况来看，2015年同2011年的对比情况是，2 000元以下的减少28.1%，2 001~3 000元的减少12.7%，3 001~4 000元的增加6%，4 001~5 000元的增加12.6%，5 000元以上的增加22.2%。其中3 000元以上的达到68%，较2011年提高40.8%（见图4-7）。这说明农民工的务工收入得到了大幅提升，在城市中具有较好的经济维度的融入条件。从农民工外出务工累计时长来看，2015年同2011年的对比情况是，务工1年以内的降低4.5%，1~3年的降低5.4%，4~6年的降低8.2%，7~9年的提高2.8%，10年及以上的提高17.2%（见图4-8）。农民工进城务工累计时间平均为6.6年，习惯城市生活的有93.7%[①]，对城市生活感到满意和基本满意为84.3%（见图4-9），并且在城市工作生活中没有感觉不受尊重或偶尔有不受尊重经历的达到96.4%[②]。这说明农民工新增数量在逐年减少，老龄化现象逐年增大，同时随着进城务工累计时间的增长，农民工对城市社会的适应能力不断增加，城市生活习惯不断增多，城市居留意愿不断增强，城市融入水平不断增高；加之城市居民对于农民工认可、接纳和包容的态度变得比较友善和平和，因而新型城镇化的基础良好。

[①] 四川省统计局发布的《2014年四川省进城务工人员现状调查报告》（http://www.sc.gov.cn/10462/10464/10465/10574/2014/7/23/10308156. shtml）。
[②] 四川省统计局发布的《2015年四川进城务工人员市民化现状调查报告》（http://www.sc.gov.cn/10462/10771/10795/12401/2015/11/9/10358137. shtml）。

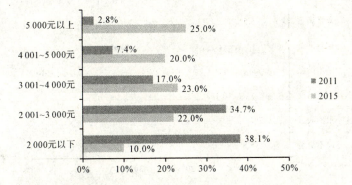

图 4-7　四川农民工 2011 年、2015 年外出务工月均收入情况对比

　　数据来源：四川省统计局①。

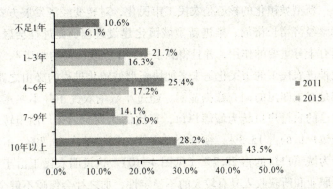

图 4-8　四川农民工 2011、2015 年外出务工累计时长分布对比

　　数据来源：四川省统计局②。

---

　　① 《2015 年四川外出务工人员就业意向专项调查报告》（http://www.sc.gov.cn/10462/10464/10465/10574/2015/3/20/ 10330214. shtml）。

　　② 《2011 年四川外出务工人员就业意向专项调查报告》（http://govinfo.nlc.gov.cn/scsfz/xxgk/scstjj/201209/t20120912_2623427. shtml）。《2014 年四川省进城务工人员现状调查报告》（http://www.sc.gov.cn/10462/10464/10465/10574/2014/7/23/10308156. shtml）。《2015 年四川外出务工人员就业意向专项调查报告》（http://www. sc. gov. cn/10462/10464/10465/10574/2015/3/20/10330214. shtml）。

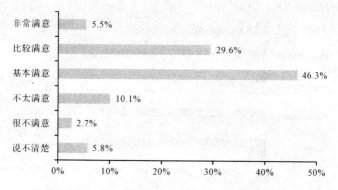

图 4-9　四川农民工对城市生活的满意情况（2015 年）

数据来源：四川省统计局①。

　　新型城镇化的核心是农民工市民化，对转变经济发展方式、调整经济增长格局、推进新型城镇化建设进程、促进社会融合具有十分重要的作用，并且得到了中共中央政治局的承诺②，因此推进农民工的市民化是未来加快新型城镇化进程的必由之路。但是对于四川的调查数据显示，超过半数的农民工并不愿意将自己的农村户口转为城镇户口，其比例达到 55.1%，期望转为城镇户口的占 15.3%，视形势发展变化而定的占 28.7%，不愿转为城镇户口的占 28.7%（见图 4-10）。这说明农民工由于从事职业和所获收入具有较大的不稳定性，加之社会保障不健全，他们害怕失去土地依靠，担心转化为市民之后没有生计，对未来的不确定方面有很多顾虑和担忧。

----

　　①　《2015 年四川进城务工人员市民化现状调查报告》（http://www.sc.gov.cn/10462/10771/10795/12401/2015/11/9/10358137.shtml）。

　　②　中共中央政治局承诺：要推进农民工市民化，加快提高户籍人口城镇化率。

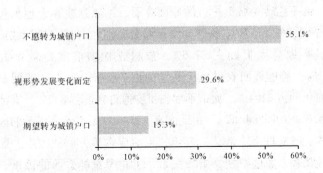

图 13　四川农民工转为城镇户口的意愿

数据来源：根据课题组 2015 年调查资料整理。

　　从期望转为城镇户口的首选城市来看，他们偏向选择大中型城市，选择大中型城市的占到 81.7%，选择区县中心城镇的占 13.7%，选择其他小城镇的仅占 3.4%（见图 4-11）。这说明农民工对外出务工城市和落户地有特别偏好，因为大中城市的就业机会、信息获取、设施配套等更多、更好，既便于找到工作岗位，也非常适合生活，虽然一线、二线城市是农民工心目中最理想的落户地方，但是一线、二线城市的落户政策限制了许多农民工，他们只好退而求其次看好省内的大中型城市。

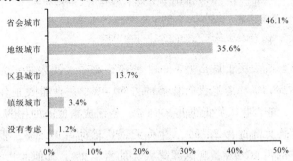

图 4-11　四川农民工转为城镇户口的首选城市

数据来源：根据课题组 2015 年调查资料整理。

从不愿转为城镇户口的原因来看，不愿意放弃土地承包权的占 52.8%，认为城乡户口没有太大差别的占 46.1%，城市生活成本太高太贵的占 37.6%，农村土地增值潜力较大的占 31.7%，挣够钱回农村盖房养老的占 29.0%，家人亲戚朋友都在农村的占 21.4%，城市不如农村安逸自在的占 8.2%，其他的占 4.3%（见图 4-12）。由此看来，影响农民工落户城镇的因素很多，既有职业、收入、环境、生活成本等方面的因素，还有土地依赖、家庭牵挂、亲缘关系、退路考量等方面的因素，这些因素都弱化农民工落户城市的意愿。

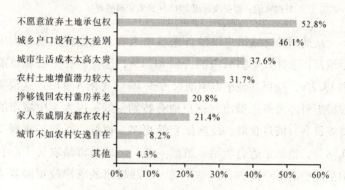

图 4-12　四川农民工不愿转为城镇户口的原因

数据来源：根据课题组 2015 年调查资料整理。

注：本题为多选，故加总结果不为 100%。

从影响农民工城市融入的主要障碍来看，认为住房无法解决的占 58.5%，养老没有保障的占 50.4%，失业难找工作的占 48.3%，务工收入太低的占 39.1%，生活成本太高的占 37.6%，落户门槛太高的占 22.3%，生病无钱医治的占 19.5%，子女就读困难的占 18.9%，观念差异太大的占 7.2%，其他的占 6.7%（见图 4-13）。由此可见，住房价格、养老保障、就业稳定性、收入水平、生活成本是影响农民工的主要障碍，这些因素在一定程度上都会影响了农民工的城市融入程度。农民工离开农村来到城市寻找希望，用自己的劳动为城市经济发展做出了巨大贡献，虽然他们多数人的城市居留意愿强烈，但是更多农民工转化为市民的意愿并不迫切。即便很多在城市买房的农民工也不愿意落户城市，他们在城市购房主要原因是用来居住，让家庭的生活质量有较大的转变和提升，他们仍然徘徊在城市的边缘。

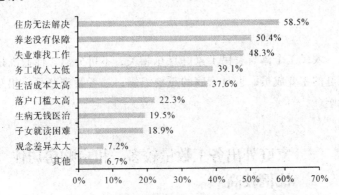

图 4-13　影响四川农民工城市融入的主要障碍

数据来源：根据课题组 2015 年调查资料整理。

注：本题为多选，故加总结果不为 100%。

第五章 四川农民工家庭城市融入的现状

农民工个体与农民工家庭息息相关，不可分离。他们既是家庭的主要成员，也是家庭的重要缩影，二者紧密联系、相互影响。

一、家庭外出务工数量较多，租房购房居住比例较高

农民工家庭式外出务工的目的是希望家庭获得更多的经济收入，不断改善家庭的生活条件。农民工外出务工的方式主要有单人独行、兄弟姐妹同行、父（母）子（女）同行、夫妻同行、夫妻携子女同行等类型。调查结果显示，单人独行的仍然占到48.3%，有家人同行的已经达到受访总人数的51.7%。在有家人同行的农民中，夫妻携带子女同行的占49.6%，夫妻同行子女留守的占21.1%，父（母）子（女）同行的占12.7%，兄弟姐妹同行同住的占8.4%，其他（如目前没有子女或子女已独立成家等）的占8.2%（见图5-1）。这说明农民工家庭小型化趋势明显，外出务工以家庭式为主，特别是与配偶、子女一起在务工城市生活的情形日益增多。这反映出农民工在注重经

济收入增加的同时，更加重视正常的家庭情感生活，也说明农民工转移已由"离土不离乡"向"离土离乡"和"举家迁移"方式转变。

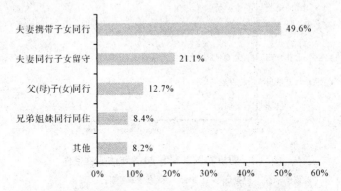

图 5-1　四川农民工 2015 年家庭式外出务工的方式
数据来源：根据课题组 2015 年调查资料整理。

随着时代的发展和进城务工时间的增加，农民工对于城市工作和生活有了更多的认识与认同，部分农民工已经不再认为多挣钱用以改变原来的生活条件就足够了，而是以一种新的价值观念和行为规范，在城市寻找更好的发展机会，追求个人梦想的实现，他们的生活观念逐渐城市化、消费方式日趋多样化。从调查情况来看，多数农民工已经不太愿意认可雇主或单位分配的又挤又乱又差的生产经营场所或集体宿舍，有 64.7% 的人选择自行租住住房，15.3% 的人在务工城市自购房，6.6% 的人选择合租住房（见图 5-2）。虽然租房或购房会增加家庭的生活成本，但意味着农民工家庭在城市中有家庭共同居住的场所，有情感陪伴的依托，有家庭团聚的感觉，能够过上正常的家庭情感生活。夫妻同行的希望同配偶住在一起，相互照顾，夫妻携子女同行的更希望子女能在城市中接受良好的教育。但是受经济条件的限制，他们大多租住在城乡接合部区域价格便宜、设施简陋、质量较差、面积狭小、环境较乱的平房。

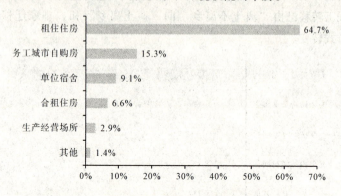

图 5-2　四川农民工家庭 2015 年的居住条件

数据来源：根据课题组 2015 年调查资料整理。

注：单独租房含廉租房，务工城市自购房含自有商品房、保障房、安置房、经济适用房，生产经营场所含工地工棚。

二、个体工资提升较快，家庭人均收入水平较低

经济收入状况直接影响农民工在城市中的生活境况与水平，是衡量农民工在经济层面融入城市最重要的指标之一。从务工收入来看，数据显示，超过 60% 的四川农民工的平均月收入（含工资、奖金、补贴、保险等）为 2 000~4 000 元，其中 2 000 元以下的有 348 人，占 9.3%；2 001~3 000 元的 925 人，占 24.7%；3 001~4 000 元的 1 325 人，占 35.4%；4 001~5 000 元的 655 人，占 17.5%；5 000 元以上的 490 人，占 13.1%（见图 5-3）。调查数据显示四川农民工的平均月收入约为 3 449 元，相较于四川省统计局 2014 年发布的平均月工资 3 017 元，大约

有 300 多元的涨幅，这同访谈中农民工自身的对比感受比较一致。同时，3 000 元以上的达到 66.0%，与 2011 年四川农民工 71.6%主要集中在 1 000~3 000 元①的状况比较，说明农民工平均月工资的中高收入群体逐渐增多。虽然农民工的务工收入同他们的付出并不成比例，但是体现了社会的发展与进步。农民工的从业领域随着产业结构调整和社会经济发展同步拓展，在城市中有相对稳定的工作，其务工收入也相应得到提升。这是社会发展、文明提升的重要体现，更是农民工在经济上融入城市的基本条件。

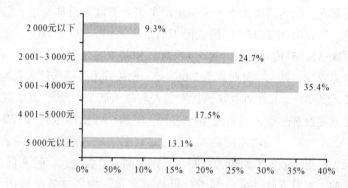

图 5-3　四川农民工 2015 年的平均月收入情况
数据来源：根据课题组 2015 年调查资料整理。

经济维度的融入是农民工家庭城市融入的基础。一般来说，就业越稳定，农民工家庭的收入越多，其城市认同感、归属感越高。在我国，由于长期实施城乡二元结构体制，农民工的文化程度通常比较低，在学历文凭和技能技术方面处于弱势地位，从业行业偏重于体力劳动的工种，大多承担技术要求不高或者

---

① 数据来源于《2011 年四川外出务工人员就业意向专项调查报告》（http://www.sc.stats.gov.cn/tjxx/tjfx/qs/201403/t20140312_16981.html）。

传统体力付出的工作，他们对新兴产业的技能技术掌握甚少，甚至计算机的基本操作技能也十分缺乏。农民工普遍无法满足劳务市场对于产业工人的技能技术需求，大多只能停留在低端劳务市场当中，务工工资收入难以大幅提高。这严重影响和限制了农民工家庭的经济来源，使得处于城镇中的农民工家庭的经济收入水平难于明显提高。从从业行业来看，三大产业均有分布，主要承担制造、矿业、建筑、装修、运输、物流、快递、仓储、餐饮、家政、商业等体力付出较多、工作时间较长、劳动强度较高、技能要求较低的工作。从农民工家庭人均收入情况来看，虽然四川农民工近年来的务工工资收入总体呈上升趋势，在 2015 年有 66.0% 的农民工的月收入在 3 000 元以上（见图 5-3），平均月收入约为 3 449 元。但是农民工家庭人均收入普遍较少，其人均月收入为 2 081 元，比成都市城镇居民的人均收入低 709 元，比四川城镇居民的人均收入低 103 元①。从农民工家庭经济总收入满意度情况来看，不满意的比例达到 61.7%（见图 5-4）。同时不同地区、行业、工种、岗位和年龄组的农民工的务工收入差距较大，并且工作时间长、强度大、待遇低。因此，多数农民工家庭属于较低收入群体，加之"省吃俭用、节衣缩食、高积累、低消费"的生存方式，其实际生活状况离小康水平还有相当大的差距。另外，受农民工总量多、技能素质低、同质性竞争大、工作稳定性差等因素的影响，农民工家庭的经济收入来源极为不稳定，他们对务工收入的满意度较低，加之城市生活成本高，使得他们的抗风险能力十分脆弱，在城市融入中的经济基础比较薄弱。

---

① 按国家统计局（2011 年全国农民工月均收入为 2 049 元，农民工家庭平均月总收入为 2 563 元，农民工家庭人均月收入为 1 236 元）、成都市统计局（2015 年城镇居民人均可支配收入为 2 790 元）和四川省统计局（2015 年城镇居民人均可支配收入为 2 184 元）数据推算。

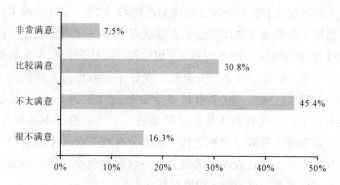

图 5-4　四川农民工家庭 2015 年经济总收入满意度情况

数据来源：根据课题组 2015 年调查资料整理。

三、社会保障覆盖拓宽，基本权益保障问题较多

　　社会保障是国家强制的、具有福利性的生活保障和社会稳定作用的一项民生基本制度。社会保障制度突出以人为本，是一个社会文明进步的重要标志，其功能在于保障劳动者的基本生活状况在年老、失业、工伤、患病、生育、灾害及丧失劳动等时能够得到一些补偿或补助，免受或摆脱各种疾病、意外、养老、困难等带来的经济压力，使得基本生活水平免受太大的影响。从参保总体情况来看，四川农民工的社会保险、社会福利和社会救助的覆盖面有不断延伸和扩大的趋势，参加新型农村合作医疗保险的比例超过 70%（见图 5-5），雇主或单位为农

民工购买保险和住房公积金的比例占到47.2%①。从雇主或单位为农民工购买保险和住房公积金情况看，2015年四川农民工同2011年全国农民工的平均状况②相比较，除住房公积金无数据外，工伤、医疗、养老、失业和生育等保险的比例分别提高了12.8、25.0、14.0、10.7和11.5个百分点（见图5-6）。这说明农民工的公共福利水平在不断增进，生活质量在不断提高，在一定程度上解除了后顾之忧。这十分有利于农民工在城市中生存与发展，并且农民工的社会保障状况越健全，他们的城市居留意愿更强，城市融入程度更好。

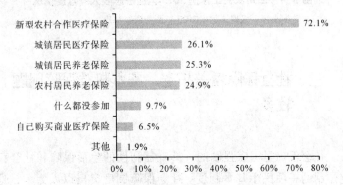

图5-5　四川农民工2015年参加社会保险情况

数据来源：四川省统计局③。

---

① 四川省统计局发布的《2015年四川进城务工人员市民化现状调查报告》（http://www.sc.gov.cn/10462/10771/10795/12401/2015/11/9/10358137.shtml）。

① 四川省统计局发布的《2015年四川进城务工人员市民化现状调查报告》（http://www.sc.gov.cn/10462/10771/10795/12401/2015/11/9/10358137.shtml）。

② 国家统计局发布的《2011年我国农民工调查监测报告》。

③ 四川省统计局发布的《2015年四川进城务工人员市民化现状调查报告》（http://www.sc.gov.cn/10462/10771/10795/12401/2015/11/9/10358137.shtml）。

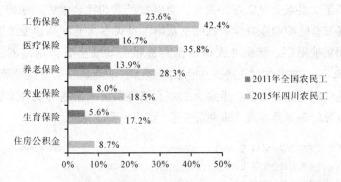

图 5-6　雇主或单位为四川农民工购买保险和住房公积金情况

数据来源：课题组及国家统计局①。

农民工所受教育程度普遍较低，就业能力不高，从业技能单一，工作选择面窄，在城市中处于弱势地位，加之户籍、医疗、养老、社保、教育等制度设计的弊端和不平等，使得农民工家庭的基本权益保障问题比较突出。一是劳动关系不规范，劳动合同签订率低，用工单位或雇主不予签订劳动合同的比例达到 61.9%（见图 5-7，下同）；二是社会保障参保率低，雇主或单位未给农民工购买社会保险占到 52.8%，这使得农民工在工伤、患病、失业、年老时没有基本保障；三是农民工维权途径不畅通，有 41.9% 的农民工认为遭到不公正待遇或合法权益受到侵害时维权无门，存在加班不给或少给加班工资、拖欠甚至拒付工资或福利待遇、休息休假权利得不到保障等现象，说明公权力存在缺位和扭曲，也反映出农民工的维权意识和能力不足；四是子女上学难问题没有得到根本性改善，39.6% 的农民工认为子女上学难，加重了农民工家庭的负担，也使得农民

---

① 2015 年四川农民工数据源于课题组调查资料，2011 年全国农民工数据源于国家统计局发布的《2011 年我国农民工调查监测报告》。

工子女很难受到良好的教育，会引发严重的社会矛盾；五是工作安全防护措施缺少，农民工从事工种大多需要配备必要的劳动防护用品，但雇主或单位没有提供劳动安全防护用品的占32.2%，导致农民工务工中伤亡事故多、职业病发病率高等等。这些问题的叠加会产生放大效应，使得农民工家庭对城市工作生活的满意度不高，缺少安全感、满足感和幸福感。

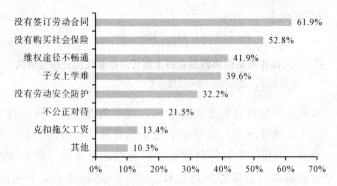

图 5-7　四川农民工家庭 2015 年基本权益保障情况

数据来源：根据课题组 2015 年调查资料整理。

四、社交圈子较为狭窄，社会不公对待感受减弱

社会交往情况是考量农民工城市融入程度的主要指标之一。与城里人交往是农民工融入城市的主要途径。社会交往是基本生存以外更高层次的行为，是农民工接触、观察、模仿城市居民的过程，也是农民工市民素质培养的过程。调查数据显示，四川农民工的社交范围十分狭窄，自娱自乐成分较多，农民工闲暇时间主要的娱乐玩耍伙伴中，自娱自乐的占 41.3%，同其

他农民工或老乡的占 37.7%，同城里朋友娱乐的占 12.6%，同家人一起娱乐的占 8.4%（见图 5-8）。从交往范围看，受文化背景、经济地位、生活习俗等因素影响，农民工的交往范围比较窄，其社交圈子主要集中在工作地、居住地和家乡；从交往对象看，日常交往对象主要是工友、老乡和以前的同学、朋友；从交往深度看，农民工在困难或需要帮助时的求助对象主要是亲戚、同学、老乡和工友，很少有人求助于市民朋友或当地居民，其重要原因在于农民工工作不稳定，流动性很强，他们很难平等享受社区服务，很难取得城市居民的信任，很难构建相互接纳、相互理解、相互帮助的关系；从活动项目看，主要局限在家庭、工友、老乡等熟人群体，主要娱乐内容为打麻将、玩扑克、看电视等活动，占 60.3%（见图 5-9）。同时由于时间和财力有限，较少参与城市社区的文化娱乐活动，很少涉足城市里丰富多彩的娱乐休闲项目。虽然农民工工作、居住、生活在城市环境当中，他们很难平等地享受城市的各项公共服务和福利，他们在城市中的社会资源贫乏，社会网络简单，社会关系类型单调，信息获取渠道狭窄，业余生活较为封闭，社交圈子窄，与外界交往少，特别与城市居民的交往较少，严重限制了农民工城市认同感和归属感的提升，使得农民工的城市观念、城市文化和市民素质培养不多，总体融入城市的程度不高。但是城市社会这个"大熔炉"是农民工观察城市人、自觉和不自觉与城市人进行交流的重要平台，这种近距离的观察、亲近和模仿不是一种简单的"邯郸学步"，更是一个能够进行社会文化素养和社会心理素养陶冶的观察窗口，长期积累的结果是缩小差距和走向融合。

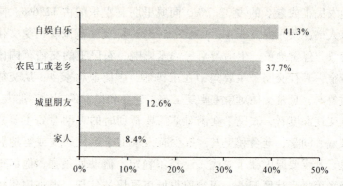

图 5-8　2015 年四川农民工家庭闲暇时间主要的娱乐伙伴

数据来源：根据课题组 2015 年调查资料整理。

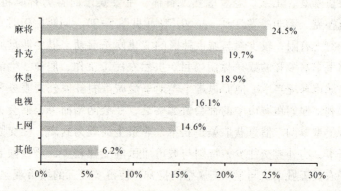

图 5-9　2015 年四川农民工家庭闲暇时间主要的娱乐活动

数据来源：根据课题组 2015 年调查资料整理。

　　不公对待感受是一种主观感觉，也是一种心态表现，侧面反映生活态度是否积极向上。农民工的不公对待感受反映的是城市社会对农民工的排斥与包容，更是城乡居民融合程度的表达，它在一定程度上影响农民工市民化的意愿。一般来说，市民的态度友善、排斥心理弱，则农民工市民化意愿增强；反之，若市民的态度冷漠、不公平对待，则农民工市民化的意愿降低。

从社会公平感来看，62.1%的农民工认为当前的中国社会状况总体上是"不公平"和"很不公平"（见表5-1，下同），他们认为没有享受到城市户籍同等的福利待遇，多种基本权益没有保障。从市民态度来看，62.2%的农民工认为市民对待农民工的态度是比较友好的，仅有13.3%的市民讨厌、看不起农民工，整体上能够增强农民工市民化的意愿。从不公对待感来看，78.5%的农民工认为没有遇到过，这个比例比2014年的73.2%[1]上升了近5个百分点，这说明城市居民对农民工的排斥心理有减弱趋势，包容心态有提升趋向，同时也说明农民工的主观感觉比较积极向上。从遇到不公对待的情况来看，"加班少给甚至不给报酬"和"克扣、拖欠或拒发工资"是主要问题，分别占70.7%和61.9%，其次是雇主或单位不提供"基本劳动安全防护"和工商、税务、城管等政府的"职能部门人员故意刁难"，分别占32.2%和30.2%，这些情况的存在在一定程度上会降低农民工市民化的意愿。从遇到不公对待的处理方式来看，近六成农民工选择"忍气吞声自认倒霉"和"辞掉工作另谋出路"，选择积极维权的不到1/3，这反映出多数农民工依法维权的意识不强，利益维护的能力不强，也反映出政府部门和社会力量的支持力度不足。总体来看，农民工的不公对待感受有减弱趋势，对于提升农民工市民化的意愿是有利的。

---

① 四川省统计局《2014年四川省进城务工人员现状调查报告》（http://www.sc.gov.cn/10462/10464/10465/10574/2014/7/23/10308156.shtml）。

表 5-1   2015 年四川农民工家庭的主观感觉情况

类别	项目	数量（人）	百分比（%）
社会公平感	很公平	434	11.6
	比较公平	985	26.3
	不公平	1 513	40.4
	很不公平	812	21.7
市民态度	友善	1 378	36.8
	一般	951	25.4
	冷漠	771	20.6
	排斥	498	13.3
	说不清楚	146	3.9
不公对待感	没有遇到过	2 977	78.5
	偶尔遇到	348	9.3
	经常遇到	457	12.2
遇到不公对待的情况 *	加班少给甚至不给报酬	569	70.7
	克扣、拖欠或拒发工资	498	61.9
	没有基本劳动安全防护	259	32.2
	职能部门人员故意刁难	243	30.2
	因公受伤不予医治	60	7.5
	其他	139	17.3

表5-1(续)

类别	项目	数量(人)	百分比(%)
遇到不公对待的处理方式	忍气吞声自认倒霉	388	48.2
	向有关政府部门投诉	143	17.7
	辞掉工作另谋出路	91	11.3
	寻求法律援助	77	9.6
	找老乡亲朋帮助解决	34	4.2
	通过媒体进行曝光	43	5.4
	其他	29	3.6

数据来源：根据课题组2015年调查资料整理。

注：*为多选项目，加总结果不为100%；遇到不公对待的情况与遇到不公对待处理方式为遇到过此类情况的农民工的统计数据。

五、城市居留意愿强烈，城市归属情感层次较低

居留意愿是指外来人口进入并在该地工作生活一段时期之后对未来迁居安排的愿望和想法。居留意愿决定居留行为，受到经济（职业、收入、居住条件、土地等）、社会（生活方式、社会融合、家乡联系等）、制度（社会管理、公共服务等）和个人特征（性别、年龄、文化程度、家庭构成等）等因素的影响。农民工是否愿意长期居留城市，不仅关系农民工自身及其家庭的发展，而且关系新型城镇化发展目标的推进，更会作用于整个社会经济的发展。调查表明，农民工对城市的向往大于对农村的留恋，大多期望通过自身努力来改变命运。从家乡联系来

看，经济方面和情感方面仍然同老家家庭成员之间保持着较为紧密的联系，"寄钱次数多"的占62.8%，"经常回去"的占51.2%，但是"很久未回去"和"不想回去"的占到35.3%（见表5-2）。这说明近1/3的农民工外出打工后不想再回到家乡。从工作收入来看，"非常满意"和"比较满意"的比例为60.9%，说明多数农民工对于当前的务工工资收入状况较为满足。从工作环境来看，"非常满意"和"比较满意"的比例为75.3%，"很不满意"的仅占5.1%，说明多数农民工适应目前的工作环境。从工作压力来看，"没有压力"和"没有太大压力"的比例为66.5%，只有6.1%的受访者认为压力很大，说明多数农民工的抗压能力较强。从生活方式来看，"非常习惯""比较习惯"和"基本习惯"城市生活的比例为93.1%，说明多数农民工的衣、食、住、行、乐方式因为长年在城市中工作、生活和居住，使得他们的生活习惯逐渐远离农村，日趋接近城市，表现为更加习惯城市生活，甚至出现不太适应农村生活的现象。从生活状况来看，"非常满意""比较满意"和"基本满意"城市生活的比例为79.7%，说明多数农民工比较满意当前的城市生活状况，心理上更加习惯城市生活，甚至有近一成的农民工在大城市生活习惯了，不想再回老家。从社会融合来看，"会讲务工地的方言"的占61.9%，"参加社区或单位的集体活动"的占43.7%，"有务工地本地朋友"的占9.6%，"有不受尊重的经历或感觉"的占4.5%，显示出城乡居民身份差异在明显缩小，也说明农民工的适应能力较强，社会融合程度较好。从当前最主要的目标来看，"希望找到一份较好工作""希望掌握一门专业技术"和"希望自主创业当老板"的总比例为88.9%，表明农民工的目标明确，态度积极，大多希望通过外出务工积累更多的竞争资本。从居留意愿来看，期望长期居留的占55.1%，期望短期居留的占20.8%，无明确居留意愿的占

24.1%，农民工在城市总体的居留意愿比较强烈。从居留准备来看，"认真工作努力赚钱"是他们的第一要务，占比达到99.2%；其次是"已经或准备携带家人"，占比为37.5%；最后是"已购房或准备购房"，占比36.8%；而"争取获得务工城市户口"并不是他们的最爱，仅占26.7%。综合来看，农民工外出务工最看重的是城市的就业环境和机会，把工资待遇放在第一位的达到73.6%[①]，加之城市各种良好的基础设施、公共配套、就业机会、生活环境、交通条件、教育条件和医疗卫生条件等对农民工有较大的吸引力，因而使得多数农民工的城市居留愿望的强度比较高。

表 5-2　2015 年四川农民工家庭的城市居留意愿情况

类别	项目	数量（人）	百分比（%）
经济联系	寄钱次数多	2 351	62.8
	寄钱次数少	783	20.9
	不确定	610	16.3
情感联系	经常回去	1 917	51.2
	偶尔回去	505	13.5
	很久未回去	509	13.6
	不想回去	813	21.7

---

① 四川省统计局发布的《2015 年四川外出务工人员就业意向专项调查报告》。

表5-2(续)

类别	项目	数量(人)	百分比(%)
工作收入	非常满意	505	13.5
	比较满意	1 775	47.4
	不太满意	1 251	33.4
	很不满意	213	5.7
工作环境	非常满意	816	21.8
	比较满意	2 003	53.5
	不太满意	734	19.6
	很不满意	191	5.1
工作压力	没有压力	438	11.7
	没有太大压力	2 052	54.8
	压力较大	1 026	27.4
	压力很大	228	6.1
生活方式	非常习惯城市生活	891	23.8
	比较习惯城市生活	1 400	37.4
	基本习惯城市生活	1 194	31.9
	不太习惯城市生活	214	5.7
	很不习惯城市生活	45	1.2

表5-2(续)

类别	项目	数量 (人)	百分比 (%)
生活状况	非常满意	285	7.6
	比较满意	947	25.3
	基本满意	1 752	46.8
	不太满意	356	9.5
	很不满意	135	3.6
	说不清楚	269	7.2
社会融合*	会讲务工地的方言	2 318	61.9
	参加社区或单位的集体活动	1 636	43.7
	有务工地本地朋友	359	9.6
	有不受尊重的经历或感觉	168	4.5
当前目标	希望找到一份较好工作	1 322	35.3
	希望掌握一门专业技术	1 224	32.7
	希望自主创业当老板	782	20.9
	其他	416	11.1
居留意愿	非常喜欢居住城市	988	24.4
	比较喜欢居住城市	1 075	30.7
	挣够钱回农村	779	20.8
	一定会回农村	307	8.2
	不好说	595	15.9

表5-2(续)

类别	项目	数量（人）	百分比（%）
居留准备*	已购房或准备购房	759	36.8
	认真工作努力赚钱	2 046	99.2
	和当地人搞好关系	730	35.4
	已经或准备携带家人	774	37.5
	争取获得务工城市户口	551	26.7
	其他	532	25.8

数据来源：根据课题组2015年调查资料整理。

注：*为多选项目，加总结果不为100%；居留准备指有居留意愿的农民工的统计数据。

城市归属情感是人们对自己所生活城市的认同、关联和依赖程度。农民工家庭的城市归属情感可以通过农民工的乡土眷恋、城市适应、交往愿望、沟通意愿、人际关系、自我认同等方面进行考察。从乡土眷恋来看，"非常想念家乡"和"比较想念家乡"的占30.1%（见表5-3），说明有近1/3外出务工农民工的乡土情结仍然比较浓厚，其中对家乡亲戚朋友的挂念和农村承包土地的牵挂是主要原因。从城市适应看，"不大适应城市"和"说不清楚"的占35.7%，说明有超三成的农民工在职业转换、生活方式和城市认同等方面有不适应的现象。从信息交流情况来看，沟通意愿方面"不大喜欢同别人交流"和"说不清楚"的占33.0%，交往愿望方面"不大喜欢同城里人交往"和"说不清楚"的占34.7%，说明有1/3的农民工的思想观念仍然受到封闭乡村意识的束缚，在人际沟通方面存在障碍，人际交往意识比较淡化，信息获取途径和方式比较狭窄，因而有31.7%的农民工人际关系不太融洽。从自我认同来看，"仍然是农村人"和"说不清楚"的占 63.5%，说明农民工对自己农民身份认同程度较高，虽然在城市中工作和生活，对城市环境、生活方式比较熟悉，但对城市文化、价值观念的理解不够深透，更多认为自己还是农村人，城市"主人"感觉较少，城市"暂居"心态较多，城市"过客"心理明显，城市归属情感层次较低。

表 5-3　2015 年四川农民工家庭的城市归属感情况

类别	项目	百分比（%）
乡土眷恋	非常想念家乡	8.7
	比较想念家乡	21.4
	不大想念家乡	43.5
	说不清楚	26.4
城市适应	非常适应城市	20.7
	比较适应城市	43.6
	不大适应城市	16.8
	说不清楚	18.9
沟通意愿	非常喜欢同别人交流	25.4
	比较喜欢同别人交流	41.6
	不大喜欢同别人交流	13.3
	说不清楚	19.7
交往愿望	非常喜欢同城里人交往	24.6
	比较喜欢同城里人交往	40.7
	不大喜欢同城里人交往	13.9
	说不清楚	20.8

表5-3(续)

类别	项目	百分比（%）
人际关系	总是很融洽	30.2
	比较融洽	38.1
	偶有隔阂	7.9
	说不清楚	23.8
自我认同	同市民没有差别	4.7
	半个城市市民	31.8
	仍然是农村人	48.1
	说不清楚	15.4

数据来源：根据课题组 2015 年调查资料整理。

总体来看，农民工家庭经济收入低微，居住条件简陋，生活压力巨大，城市融入程度较低。一是农民工从事的职业具有不稳定性，二是农民工的工资收入水平处于较低层次，三是家庭经济来源比较单一和有限，四是居住地点大多位于房租低廉的城乡接合部，五是医疗、养老、教育、失业等基本社会保障缺失，六是土地牵制效应明显。另外，农民工家庭受户籍、就业、维权、就医、参保、养老、收入分配、子女教育等多方面政策制度的影响，不能与城镇户籍居民平等享受权利、机会、公共服务和社会福利，特别当他们碰到疾病、伤残、失业、养老、贫困、意外等问题和困境时，更是没有办法获得城镇社会保障体系的保护、救济和补助。虽然部分城镇近年开始关注和援助农民工及其家庭的就业、教育等民生问题，但是农民工的生老病死伤残等问题在城镇社会保障体系中几乎没有任何保障性的福利和补贴体现。这些问题使得农民工对城市很难产生根本性依赖，在城市中缺少"家"的感觉和心理，多数农民工家庭只是暂时寄居城市。加之农民工家庭在城市中"生根"的一系列政策和制度的支撑不足，使得农民工家庭在经济层面缺少立足城市社会的基础，直接导致他们在社会生活层面与城市居民的接触交往较少，在心理层面对城市的社会文化缺少认同感，更多的打算和想法是挣够钱后回到农村去修房养老。但是，家庭式外出务工到城市中一起工作、居住和生活为农民工家庭提供了就业岗位和多元劳动创收的选择机会，提供了技能锻炼和竞争资本积聚的冲浪空间，提供了社会文化心理素养陶冶的观察窗口，提供了自觉接受城市文化侵染的天然平台。他们能够更好适应城市生活，更多认同城市社会，更深培养城市归属感，更快转化为城市市民。因此，农民工家庭城市融入是中国新型城镇化的一条特殊的、不可忽视的途径。

第六章 四川农民工家庭城市融入的制约因素

一、制约因素分析

(一) 从业技能

从业技能是人们从事某项职业必需的知识、技术和能力的基本要求，主要通过工作能力和工作经验表现出来，对于工作岗位选择、薪酬待遇提高、发展机会增加有重要影响作用。从业技能，即基本职业技能，主要通过专门培训提高素质与能力，通过专项鉴定评价职业知识、操作技能和职业道德等方面的水平。农民工及其家庭成员能否在城市定居并顺利转化为市民，很大程度上取决于农民工及其家庭成员自身的从业技能状况。从业技能是农民工的一种"本钱"，直接影响农民工家庭在城市中是否能找到工作，找到什么样的工作，获得什么样的务工工资，是否有长期居留城市的收入基础，是否有长久立足城市的技能支撑。对于基本职业技能较多或水平较高的农民工家庭来说，一是能够让他们获得相对较多的就业机会，找到比较满意的工作，取得比较稳定的收入；二是能够让他们拥有比较厚实的经济基础，过上比较舒适的城市生活，培养比较宽广的市民素质，从而流畅融入城市社会，提升落户城市的意愿。2008年金融危机之后全国出现"民工荒"现象，这并不是农民工绝对数量上的短缺，其主要矛盾是"技工荒"，更多的问题是产业调整升级及高端产业打造对劳动力提出了更高的要求。也就是说，产业越向高级和高端发展，对于劳动力的吸纳能力就越小，特别对于低技能劳动者的需求量就越少。例如，成都市在确定走新型工业化道路以来，以进一步做强工业、壮大产业、打造国际高端产业基地为目标，旨在推进天府新区建设，实现"两化"互动、产城一体，努力再造一个"产业成都"。其着眼点在于发挥交通枢纽优势、产业基础优势和科教人才优势，虽然其发展创造了大量就业岗位，需要大量从业人员，但是对于农民工的需求数量十分有限，这对于大量的低技能农民工来说并不是一个能找更好工作的机遇。如果农民工在城市中找不到工作，务工工资不增加，公共服务不改善，平等对待不改观，即使敞开"城门"，他们也不会蜂拥入城，更不愿意进城务工、居住和生活。一般来说，就业能力与学历教育密切相关，所受教育程度越高，素质和能力相对较高，在就业选择中获得的机会就较大，找到的工作就较好，取得的工资也较多。总体来看，农民工所受教育程度普遍较低，虽然第二代、第三代农民工的受教育程度状况相比第一代农民工有明显变化和提升，但是仍然以初中和高中文化程度为主，并且缺乏基本从业技能。因此，他们在外出务工中主要从事体力付出较多的工种，劳动时间较长，工作强度较大，没有更多的时间、精力和兴趣去提升文化程度。应把重点放在从业技能培训上，让他们培养起更多更好的基本从业技能。当前，农民工从业技能培训的状况堪忧。一是从业技能简单，主要通过用工单位的简单培训和跟师傅学的方式获得，这种培养模式虽然针对性强、用时短、耗资少，但存在工种限制性大、岗位转换性差等缺点；二是从业技能单一，由于现有培训方式要么缺少技术含量，要么专指性和针对性较强，农民工获得的从业技能相对单独，工种限制性较大、普适性较差，当更换工作之后，需要再次进行从业技能培训才能上岗；三是从业技能雷同性大，由于农民工从业技能获得的渠道集中在用工单位培训、跟师傅学、边干边学等方面，其从业技能雷同性较大，差异性不明显，有很大的可替换性。因而农民工之间的竞争较大，失去工作的概率较高，工资待遇较低。正由于广大农民工的文化程度较低、就业能力不高、从业技能简单单一，这就使得他们在劳动力市场上能够跨越的门槛不高，严重制约着农民工向城市的转移与融入。如果能够通过从业技能培训让农民工拥有一技之长，那么农民工在城市中就拥有了立身之本，就能找到合适的工作岗位，就可以为农民工家庭的城市融入奠定良好的经济支撑基础。

（二）工作稳定性

工作稳定性是工资收入状况的重要影响因素，它对于工资收入差距存在必然的关联关系，特别对于低工资收入人群的影响作用明显。农民工的务工收入是影响农民工家庭城市融入的重要因素。一般来讲，稳定的就业工作意味着工资收入来源安稳持续，避免了找工作的成本、保证了工作的连续、增加了薪酬提升的机会、消除了没有工资收入的时段。对于农民工家庭来说，他们在城市中总体属于低收入人群，其就业工作的稳定性对于他们的影响作用巨大，直接决定家庭经济总收入的多少，直接制约农民工家庭是否能够在城市中生活下去，更是影响他们居留城市、认同城市、归属城市的意愿和情感的重要因素。因此，农民工家庭只有工作比较稳定，工资收入比较平稳，基本生活得到保障，他们才会长期居留城市、认同城市、归属城市，才会逐渐融入城市并转化为市民。调查数据显示，农民工在外出务工过程中，多数人没有长时期找不到工作的经历，其中从来没有找不到工作的情况占 65.7%，有过找不到工作的情况占 29.6%，并且 68.2% 的农民工表示曾经换过几次工作，一份工作能够干 1~2 年已经很不错了。这说明外出务工农民工一般都能找到工作，但是换工作的频率较高，就业的不稳定性明显。农民工就业工作的稳定性差主要表现在三方面：一是工作地点不稳定，常有被拖欠工资情况。例如，建筑工人的流动性较大，常常需要从一个工地搬迁到另一个工地，虽然工资较高，但一般不能按时拿到工资。二是找工作的渠道单一，主要以血缘、亲缘、地缘的关系网络介绍为主。虽然党和政府非常关心农民工的就业问题，有关就业服务机构对农民工的就业也有很大的帮助作用，但是农民工就业信息来源主要还是局限在传统的血缘关系、亲缘关系和地缘关系。这也反映出农民工找工作的能力低下，获取就业信息的渠道有限，因而大多数的农民工的就业工作是由亲朋好友推介的，其次是劳务市场的介绍。三是农民工的就业工作十分不稳定，更换工作的频率较高，工作不稳定是农民工就业的一个突出特征。农民工在就业信息获取方面没有优势，就业能力比较弱小，途径比较单一，渠道比较窄小，工作变动频率比较高，无工作时间比较长，工资收入没有保障。这均使得农民工家庭对于城市的依存度、满意度和融入度没有明显提高。

（三）城市生活成本

城市生活成本是指在城市工作和生活过程中所发生的吃、住、穿、行、用等各种费用的总和。物价的高低直接影响生活成本的大小。城市的物价水平一般都高于农村，大城市的物价水平一般都高于中小城市，并且城市居民消费价格指数①涨幅长期高居不下，大有一路攀升趋势，加之工资待遇提高与物价飞涨并不成正比，使得城市生活成本高昂，农民工家庭在城市中的生活压力越来越大。农民工家庭要想在务工城市特别是大城市当中居留和生活，面临的一个现实而具体的问题就是城市的生活成本一般都很高。城市较高的生活成本与大多数农民工较低的工资收入之间的矛盾严重制约着广大农民工家庭进入城市居住和生活，严重影响了广大农民工家庭在城市的居留意愿，严重降低了广大农民工家庭的城市融入水平。从收入方面看，大多数农民工家庭的平均月收入以基本生存消费为主，剩余的家庭收入不多甚至没有，难以承受高额的生活成本。对于农民工家庭来说，进城定居生活需要面对的生活成本包括住房、日常生活、子女教育等，几乎所有方面均需要出钱支付才能应对。从调查情况来看，农民工几乎遍及全国各地，第一、第二、第三产业均有，从事职业有建筑工、操作工、维修工、装修工、搬运工、环卫工、保洁工及厨师、保安、保姆、快递员、驾驶员、服务员等，绝大多数农民工处于较低收入群体。虽然近年农民工外出务工的工资收入在总体上呈上升趋势，但是不同地区、不同工种、不同年龄组的工资收入差距较大，月均工资主要集中在 2 000~4 000 元。而且很多农民工每天工作 12 小时左右，月休时间少于 4 天，工作时间长，工作强度大，工资水平相对较低。同时受农民工总量多、技能素质低、持有从业资格证书的少、同质性竞争大等因素的影响，有的农民工在失去工作后需要耗费 2~3 个月的时间去寻找新的工作。农民工在城市

---

① 城市居民消费价格指数（Urban Consumer Price Index）是反映城市居民家庭所购买的生活消费品价格和服务项目价格变动趋势和程度的相对数，主要用于观察和分析一定时期内城市居民消费领域的通货膨胀程度或通货紧缩程度。

中找不到工作的期间意味着就没有工资收入，就没有生活经济来源，只靠"吃老本"度日。特别是夫妻同行和夫妻携子女同行的农民工，家庭人均月收入只有 2 000 元左右，如果其中一方需要更换工作，会受到原租住地产业和经济发展的影响与限制，要想在原租住地附近区域找到一份合适的工作更难，极大影响了农民工及其家庭经济收入的平稳性和持续性。只要农民工家庭在城市中居留一天，相关的吃、住、行、水、电、气等费用就会不断产生，生活成本就会不断增加。如果不能尽快找到工作，获得工资收入，就会难以维持在城市中的生计，使得他们的城市生活缺乏持久性。因此，农民工家庭的工作生活地点流动性大，加之他们还需要面临疾病、失业、养老等实际问题，抗风险能力十分脆弱，在城市中的居留意愿较小，融入难度较大。

（四）家庭住房条件

住房是指供人居住、生活或工作的房屋，是人们最基本的物质生活条件。住房条件不仅是衡量一个地区居民生活水平和质量的重要指标，也是展现经济社会发展和文明程度的重要标志。家庭住房条件是指家庭居住、生活使用房屋的总面积、人均面积、住房质量、住房来源、住房支出等的状况。农民工及其家庭的住房包括有务工城市自购住房、单租住房、合租住房、单位宿舍、生产经营场所、工地工棚以及其他住房等，由于经济条件的限制，他们大多租住在城乡接合部区域中的价格便宜、设施简陋、质量较差、面积狭小、环境较乱的平房。家庭住房条件对于在城市中务工的农民工及其家庭来说非常重要，拥有属于自己的住房意味着在城市中拥有立足之地，意味着生活的安稳。农民工家庭的务工收入一般都比较低，能在城镇中买房的人群主要是从事建筑、运输、装修、加工、餐饮等行业的老板或包工头，而更多的农民工家庭面对城市商品房的高价格是无能为力的。虽然在城市中是否拥有自购房不是农民工家庭城市融入的决定性因素，但是随着年龄的增长以及结婚、抚养孩子、赡养老人等事项的增加，在城市中是否有住房是他们考虑的主要因素，而城市中对经济适用房、廉租房、公租房等的申报条件限制多、供给量小，他们只有选择暂时寄居城市或城乡漂移。从调查来看，农民工家庭在社会、文化、心理等层面不能很好地融入城市，其主要影响因素是住房问题。如果农民工家庭在城市中拥有比较好的居住条件，他们就会有"家"的感觉，对城市的认同感、归属感都会大大提升。

（五）社会交往圈子

社会交往，简称"社交"，是指个体之间在物质或精神层面相互交换、相互往来和相互联系的各种各样的社会活动。社会交往有利于个体成长，是文化传播的重要手段，也是社会构成与发展的基础。社会交往圈子是指具有相同爱好、兴趣，或者某种特定目的而联系在一起的人群的范围界限。社会交往状况是考量农民工家庭城市融入程度的主要指标之一。从交往范围来看，受文化背景、经济地位、生活习俗等因素影响，农民工家庭的交往范围比较窄，主要集中在工作地、居住地和家乡；从交往对象看，日常交往对象主要是工友、老乡、同学和朋友，同当地城市居民经常交流沟通往来的很少；从交往深度来看，农民工家庭在遇到困难或问题时的求助对象主要停留在血缘、亲缘和地缘关系中的亲朋好友，一般不向政府部门或市民求助，其主要原因是农民工家庭具有很大的流动性，他们一般认为向政府部门求助不能很快解决问题，向市民朋友求助不好开口；从生活方式来看，不同区域人群的衣、食、住、行、劳动工作、休息娱乐、社会交往、待人接物等物质生活和精神生活的价值观、道德观、审美观以及相关方面存在一些差异，他们的思维方式和行为方式因而有所不同，在一些外来务工人员大量涌入的地区，由于文化层次、生活习惯等方面的差异，农民工与当地市民之间、不同省份农民工之间矛盾纠纷频发，加之外来务工人员在务工地没有比较顺畅的利益诉求和权益维护渠道，甚至缺乏必要的尊重、救济和帮助，容易产生反抗对立的消极情绪甚至破坏性报复的不当行为，严重约束和影响了农民工定居城市、融入城市的认同感和归属感；从业余活动圈子来看，主要局限在家庭、工友、老乡等人群当中，娱乐内容大多是打扑克、打麻将等，参与城市社区文化活动的很少。对于农民工家庭来说，受工作生活场所的影响，有很多时间同工友和老乡在一起，他们有更多的共同语言和习惯，交流起来更加容易，特别是工友中的老乡，自然有更多乡土情结，相互间也更加信任，影响也更大，形成的交往关系和友情相对牢固、长久。对于来自其他地域的工友和当地居民来说，由于农民工家庭的流动性大，语言和习惯各异，相互间交往时间短，因而交往关系不密切，相互间的影响相对较小。从访谈结果来看，多数农民工十分愿意同其他人和城市居民往来，认为能扩大交往面、增加就业信息，但由于大家各忙各的，交往频率不高，主要是工作事务层面的沟通，几乎没有情感的交流。可见，农民工家庭虽然居住、生活在城市当中，但与城市居民的交流往来较少，社会交往圈子受到很大局限，受到的感染和影响较小，对城市文化、价值、观念的接触和理解不多，对城市的认同感和归属感较低。

（六）城市接纳心态

城市接纳心态是指城市的管理者和户籍人口对于外来流动人口所持友善态度和欢迎行为的心理状态。随着我国城市流动人口数量的增多和流动速度的加快，城市管理者和户籍人口对于外来流动人口的接纳和包容问题越来越多，应当以开放、接纳、包容的心态敞开胸怀迎接各种人群，让城市"海纳百川，有容乃大"。2015年出炉的《中国超大城市认同感调查报告》，从文化认同、身份认同、地位认同、地域认同4个方面调查分析了北京、上海、天津、重庆、广州、深圳、武汉7个超大城市的接纳度和认同感。其中广州、深圳的城市接纳度较高，重庆的整体认同度最高，上海的地域认同度最高，重庆的文化认同度和身份认同度最高，广州的地位认同度最高，不同年龄段的调查者对各自城市的认同感有所不同，2000年后出生的人的认同感最强，1960—1970年出生的人的认同感最低，并且收入越高对城市认同感越强。可见，大城市对于外来流动人口的接纳心态要更好一些，人才吸引力要更高一些，因而农民工更愿意到一些比较大的城市去务工和发展。从城市的承载能力来看，当前的城市建设还远未达到新型城市化的要求，大中城市对农民工市民化的消化能力普遍较小。近年来，虽然全国各地的经济发展获得了较高的增长速度，城市基础设施建设日新月异，但城市建设和公共服务方面也存在一些让人哭笑不得的不务实的"政绩工程""形象工程"和"面子工程"。由于不同的领导有不同的目的和利益，换届之后大多各搞一套，基本不顾群众需要，不切当地实际，不惜劳民伤财，不管工程项目的连续性，因而城市建设和公共服务的总体水平和质量仍然不高，城区建设缺乏科学合理的空间布局规划，城市发展仍然以无序规模扩大为主，严重影响了城市容量的增长和可持续发展。成都市的城市发展以中心向外围扩散的方式为主，因而近几年加大了工业外迁集中发展的力度，主要把工业企业迁往新都、邛崃、眉山、简阳等地，但由于这些城市发展缺乏超前的科学的城市规划和公共服务设施建设，其承载能力十分有限。当前的城市发展主要存在5个方面的问题：一是城市人口难以有效分散分布到不同层级的城市；二是交通、水电等城市基础设施比较脆弱，经常出现断电缺水、交通拥堵等问题；三是社会管理水平较差，缺乏有效手段和方式，潜在的社会不稳定因素较多；四是第二、第三产业特别是第三产业的发展水平较低，无法提供足够的就业容量和空间；五是城市政府缺乏可靠的财政税收渠道，过多依赖土地财政的短期效应，而改善农民工进城的基本公共服务的财力支撑不可持续。这些问题的存在严重限制了农民工及其家庭落户城镇，使得农民工大量转化成为市民的阻力重重，也严重影响了城镇化质量和水平的提升。从城市管理者和城市居民的接纳心态来看，其态度和行为还没有达到完全敞开胸怀容纳农民工及其家庭的水平。

长期以来，人们在思想观念上受城乡对立、在体制上受城乡分治的影响很深，无论是城市管理者还是城市居民，他们对农民工进城就业、农民工市民化的认识是不深的，远未从战略高度认清农民工市民化的必然趋势和长远意义，以致城市管理者和城市居民都不太情愿接纳农民工在城市中工作、生活和市民化。部分城市管理者对农民工进城存在两种担忧：一是担忧"城市病"问题，害怕农民工进城会引致城市住房紧张、交通拥挤、社会治安恶化等乱象。二是担忧农民工挤占城市职工就业岗位问题，害怕农民工进城务工经商，会加剧城市劳动力供求矛盾，影响城市职工的就业。部分城市居民对农民工进城也表现出矛盾心态：一方面有接纳心态，因为进城农民是很好的廉价劳动力，可以分担城市居民不愿做，又不能不做的累活、脏活、险活；另一方面又有拒绝心态，因为农民工进城加剧了城市劳动力市场竞争，抢占了部分城里人工作和就业的机会，让城里人失去了安全感。种种思想观念的束缚和制约使得农民工及其家庭进城工作生活之路变得十分艰难和困苦，也严重影响了农民工及其家庭城市认同感的提升。

二、多元线性回归分析

多元线性回归分析（Multivariate Linear Regression），也称复线性回归分析（Multiple Linear Regression Analysis）或单变量线性回归分析（Univariate Linear Regression Analysis），它研究一个因变量的变化如何直接与另一组自变量的变化有关。事实上，一种事物的产生或现象的出现常常与多个因素存在相关关系，是多个因素的组合共同影响和作用的结果。农民工家庭城市融入程度的变化往往受到人力资本、社会资本、心理资本、个体特征等多方面因素的组合的影响和作用，因而适合采用多元线性回归分析。

根据现有的研究成果，可以将多元线性回归模型确定为下列矩阵形式：

$$Y = \beta X + U$$

其中，Y 为被解释变量矩阵，是指非独立的、受其他变量影响的变量，即因变量（Dependent Variable），表示农民工家庭的城市融入程度，包括经济、社会、身份、文化、心理 5 个维度；X 为解释变量矩阵，是指独立自由变量的变量，即自变量（Independent Variable），是农民工家庭城市融入影响因素的向量组合，可从人力资本、社会资本、心理资本、个体特征 4 个方面分别进行考察；β 为偏回归系数（Partial Regression Coefficient）矩阵，表示各自变量对因变量的影响程度，即在其他自变量保持不变的条件下，某个自变量 X 改变一个单位时因变量 Y 的平均改变量；U 表示随机误差（又称残差，Residual）矩阵，包含实证分析中一些被忽略的非重要的影响因素，即因变量 Y 的变化中不能由自变量 X 解释的部分。本研究运用 Eviews7.2 软件分别建立农民工家庭城市融入的影响因素对城市融入程度（含经济、社会、身份、文化、心理5个维度）的多元线性回归模型，并进行具体数据分析和相关检验。

　　四川农民工家庭具有规模大、数量多、从业领域广、地域分布宽等特点，他们从农村来到城市务工挣钱，为城市建设和经济发展做出了很大贡献，但是受到一系列的政策、制度、条件和障碍的限制，大多数农民工仍然是城市的"边缘人"，没有真正融入城市。农民工家庭市民化是一项复杂的庞大的系统工程，需要有效改变农民工群体的社会弱势地位，才能促进农民工群体更好融入城市，因此应从经济、社会、身份、文化、心理等维度着手（见图6-1），深层次剖析人力资本、社会资本、心理资本、个人特征等方面的制约因素，厘清作用力比较大的主要阻碍问题，从而创造出更加宽松更加有利于农民工家庭城市融入的环境和条件。

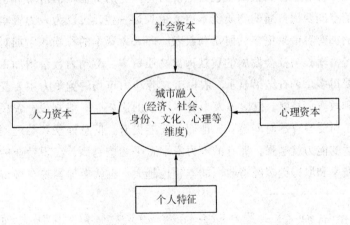

图6-1　农民工家庭城市融入制约因素分析框架

（一）解释变量

1. 人力资本

人力资本是指劳动者通过教育、培训、实践、迁移、保健等方面的投资，使得自身的知识、技能和体力等质量因素得到改善、提高或增加，又称非物质资本。也就是说，人力资本是存在于人体之中的具有经济价值的智力、知识、经验、技能和体力（健康状况）等人类能力①的总和。人力资本是一种稀缺性的人力资源，主要依靠教育投资积累和形成，具有多种经济价值。人力资本投资是指投资者为在未来获取劳动产出、个人收入或其他收益的价值增值，通过一定量的货币资本或实物资本投入，从而使得被投资者增加技能或提升素质的一种投资行为。人力资本投资直接改善、提高或增加人的劳动生产能力，是一种有积极回报或收益的经济行为。它的价值增值潜力和增值空间要比普通的物质资本更大更长远一些，可以为人力资本的拥有者带来更多的财富和收获，即人力资本的积累和增加对经济增长与社会发展的贡献远比物质资本、劳动力数量增加重要得多。调查结果显示，农民工在劳动力市场的竞争力主要受到教育、技能、健康等人力资本因素的影响。一般来说，农民工所受教育的时间越长，他们的技能提升、信息捕获和心理调适的能力就越强，拥有的人力资本水平相应越高，实现就业的概率和取得更多经济收入的本领也越大，也就更加容易在城市

---

① 美国学者T·W. 舒尔茨在《应付非均衡能力的价值》一文中认为具有经济价值的人类能力分为5种，分别为：学习能力、完成有意义工作的能力、进行各项文娱体育活动的能力、创造力和应付非均衡的能力。国内学者李忠民在此基础上将人类能力分为4种：基础性能力、完成特定工作的能力、组织管理能力和资源配置能力，同时将人力资本分为一般型、技能型、管理型和专家型4种类型。

环境中生存发展下去。因此，可以认为低水平的人力资本是导致农民工就业呈现不稳定性和非正规性的重要原因之一，这也是农民工在城市中难于达成外出务工预期，在经济上难于实现立足城市愿望的一个主要原因。并且，不同的职业技能水平会导致农民工在经济层面出现明显差别，随着务工时间的延长，高技能水平的农民工在经济收入上能够逐渐追赶上一般的城市居民，而技能水平较低的农民工很难改变经济收入上的劣势。这反映出人力资本的积累对于农民工家庭城市融入的经济维度具有基础性的重要影响，可以具体从教育程度、职业培训、专业证书和健康状况等方面来定量分析人力资本因素对于农民工家庭城市融入水平的影响程度和显著性。

2. 社会资本

社会资本是指个人在社会结构中所处位置的价值或获利能力，包括个人拥有的社会网络、联系、资源、信任等结构关系。社会资本存在于人际关系结构之中，是一种无形的资源形式，通过人与人之间的相互合作提高社会效率和社会融合度。社会资本与物质资本和人力资本一样，都可以为其拥有者带来相应的未来收益。农民工家庭在城市中总体上处于弱势地位，其原因在于农民工家庭的城市融入程度同他们的社会资本状况之间存在着密切关联关系，他们在社会结构中所处的位置给他们带来的资源相对较少。农民工家庭的社会资本资源主要集中在家乡的农村区域中，他们在务工城市中的社会关系网络相对简单贫乏，主要有市民亲属关系和非亲属关系两种社会关系网络，二者均会显著影响农民工家庭的城市融入状况和水平。从强关系与弱关系理论①来看，强关系和弱关系对于农民工家庭城市融入各维度的影响是不相同的。一般来讲，农民工家庭的市民亲属关系属于强关系，这种强连接关系可能使得这些亲属乐意主动帮助他们在城市中求职和就业，故市民亲属关系会显著正向影响农民工家庭在经济上融入城市。农民工家庭的市民非亲属关系属于弱关系，这种弱连接关系对于农民工家庭在城市中获得比较满意的就业工作和取得比较稳定的工资收入的帮助作用并不明显，不会直接显著影响农民工家庭城市融入经济维度的水平。虽然这种社会网络的弱关系对于农民工家庭城市融入各维度的影响是不均衡的，可能导致农民工及其家庭成员长时间处于城市社会底层，但是其总体影响是正向的，功用是不容忽视的，有重要的旁侧效应。原因在于农民工家庭成员一般都会模仿学习市民非亲属朋友们的言谈、行为和习惯，能够在沟通交流往来过程中获取一些有用的知识和信息，故市民非亲属关系会显著影响农民工家庭城市融入文化维度和心理维度的水平。因此，社会资本是影响农民工家庭城市融入程度非常重要的因素，可以从社会参与和社会关系来考察社会资本因素对农民工

---

① 强关系与弱关系理论由美国学者马克·格兰诺维特（Mark Granovetter）于1973年在《弱关系的力量》一文中提出。强关系（强连接关系）是指和频繁交流的人的关系，存在于亲密度高、接触频繁的个体之间，他们之间容易建立信任，有利于隐性信息和经验知识的传播，但交流信息存在同质化。弱关系（弱连接关系）是指和不频繁联系的人的关系，存在于亲密度低、联系较少的个体之间，他们之间的社会经济特征差异较大，有利于异质信息的传播。在国外，弱关系能够为求职者提供更多关键的异质信息，有利于求职者获得更多的就业机会。在我国，求职者虽然可以通过弱关系获取更多关键的异质信息，但是如果没有最终决策人物的支持和帮助，那么也是很难获得工作机会的，因而强关系在我国的求职中具有更重要的作用。在注重礼尚往来、看重人情交换、讲究人脉关系的社会里，将弱关系转化为强关系的最好方法便是把"不怎么熟的人"变成"熟人"，这样就可以在获得更多新信息的同时，也能获得最大限度的帮助。

家庭城市融入程度的影响，具体可以从社会交往、社会参与、朋友关系网络、亲属关系网络等方面来定量分析社会资本因素对农民工家庭城市融入水平的影响大小和方向。

3. 心理资本

心理资本是指个体在成长、发展与提升过程中表现出来的一种积极心态，是超越人力资本和社会资本的一种核心要素，也是促进个人成长和绩效提升的一种重要资源。心理资本是物质资本、人力资本和社会资本之外的第四大资本，包含自信、希望、乐观、坚韧等要素，对于个体的社会能力、抗挫能力和适应能力的增强和提升具有重要作用。强大的心理资本能给人顽强持久的精神和坚忍不拔的意志，能让人迅速从冲突、压力、逆境和失败中恢复起来。历史是勇敢者创造的。当遇到困难时，具有强大心理资本的人不会埋怨自己，不会指责他人，不会放弃信心，不会逃避责任，而是会想办法战胜困难。如果一个人不能保持积极乐观的心态，不能有效调控自己的情绪，不能对未来充满信心和希望，那么他肯定不可能创造多大的价值。对于现代企业来说，其竞争优势来源不是财力，不是技术，而决定成败的关键是人，因为人的潜能是无限的，能创造巨大的价值，其根本就在于人具有强大的心理。对于个体来说，积极、健康、阳光的心理状态对于个人和组织未来的成长和发展十分重要，一个自信、乐观、满怀希望、保持韧性的人一般都能勇于创新，敢于创新，从而因地制宜地将知识和技能发挥到最大限度，既可以成就自己，也可以成就组织。因此，心理资本具有物质资本、人力资本和社会资本无法比拟的升值空间，能够产生决定性的竞争优势。在农民工家庭的城市融入过程中，心理资本有着重要的支撑作用。拥有良好心理资本的农民工，有较好的韧性和主观幸福感，能很好地处理失业压力，并能在与市民和谐相处的过程中获得更多的满足感，从而具有更强的城市融入动机。心理资本体现个人对未来的信心、希望、乐观和毅力，不仅能直接影响农民工家庭城市融入经济维度的水平，还能对其人力资本和社会资本的形成与提升产生一定的协整、调节和管理作用。这可以具体从对城市居民的信任程度、与城市居民交往的意愿情况、对城市生活的满意程度等方面来定量分析心理资本因素对农民工家庭城市融入水平的影响程度和显著性。

4. 个人特征

个人特征是指个体内部的和外部可以度量的相对稳定的思想和情绪方式，既影响自我认知和认同的知觉，也影响自我广延①和社会交往的能力，更是直接决定不同情况和处境的行为。对于农民工家庭的个人特征来说，主要包括年龄、性别、婚姻、务工年限、迁移方式和户籍状况等方面。个人特征因素对于农民工家庭城市融入的意愿和行为有重要影响。一般来讲，年龄较大的农民工的乡土情结要多一些，对城市的认同程度要小一些；而年轻农民工对土地的依赖和眷恋程度要小一些，对于城市的接受能力和适应能力相对更强一些，他们更愿意居留在城市之中。从性别来看，女性农民工的就业范围相对于男性农民工要广泛一些，更容易在城市中找到工作，在社会、身份、文化和心理上能够更好更快适应环境；而男性农民工虽然不容易找到工作，并且大多做重体力活，但是平均工资更高一些，他们在经济维度更加容易适应城市一些。从婚姻状况来看，家庭是农民工重要的精神寄托和正常的情感依托，因而近年来已婚农民工举家到城市工作、居住和生活的情形呈逐年增加趋势，使得农民工在心理上更容易融入城市；并且随着农民工城市工作生活能力的提升，举家迁往城市的动力也有所增强，更多的

---

① 人格心理学家高尔顿·乌伊拉德·奥尔波特指出，自我广延（扩展）能力是指有很广的活动范围，有很多爱好和朋友，能积极参与各种社会活动。

家庭成员来到务工城市一起工作、居住和生活，可能会增加整个家庭的支出费用，这对于农民工家庭经济维度的融入有一定的负面作用。从务工年限来看，农民工在城市中工作、居住和生活的时间越长，他们对城市环境、生活方式和价值观念的认知越多，对城市的接受、习惯、认同和适应的程度越高，留在城市中居住的意愿越强，留在城市中发展的愿望越大。从迁移方式来看，家庭化流动的农民工因为与配偶或子女在城市中一起居住和生活，因而情感牵挂少，能长期稳定地在城市中生活和工作，他们在心理和身份上更容易融入城市。从户籍状况来看，由于我国公民所享有的公共福利、资源和服务等一般都是以户籍为依据的，因此这种城乡二元户籍制度对于农民工家庭城市融入的各个维度的影响作用都非常显著。

（二）被解释变量

1. 经济维度

经济融入是指农民工在城市劳动就业、职业发展、工资收入、工作满意度、社会保障和居住状况等方面的融合状况。农民工家庭想要居留在城市，必定需要具备一定的物质基础，其中找到工作并具有务工工资收入是他们能够在城市中居住和生活的基本条件。也就是说，农民工家庭的城市居住和城市生活需一定数量的工资收入支撑，才能有力保障他们吃、住、穿、行、用等的基本支出，这是农民工家庭在城市中生存、立足和发展的前提条件。如果找不到工作，没有工资收入，他们根本无法在城市中生存下去，更不能融入城市转化为市民。因此，农民工在城市中找到相对稳定的工作并有一定的经济收入是农民工家庭城市融入的基础。对于农民工家庭经济维度的融入，可以从就业和福利两大方面进行探讨，具体从工资状况、工资满意度、就业状况、工作满意度、参加社保状况、居住条件等方面进行定量分析。

在表 6-1 中，从标准差来看，各个因子的标准差值较小，均在 0.5 左右，说明数据较为均匀地分布在均值附近，但是"工资对数"的差值偏离较大，说明工资收入对于农民工家庭的经济维度融入的影响程度较大。从均值来看，"是否换过工作"因子的均值为 0.682，"工作满意度"因子的均值为 0.386，说明参与问卷调查的农民工家庭中有 68.2% 是换过工作的，有 38.3% 的农民工家庭满意当前的工作，表明他们的工作存在不稳定性，超过六成的农民工不满意当前的工作；"是否参加医疗和养老保险"因子的均值为 0.721，说明参与问卷调查的农民工家庭购买社会保险的比例占到七成，表明还有近三成农民工家庭的社会保障情况堪忧；而"城里是否有自购住房"因子的均值为 0.153，说明农民工家庭在城市中有自购住房的仅有 15.3%，同时也表明购买商品房的成本对于绝大多数的农民工是承担不了的，或者购买经济适用房、保障房、安置房的条件高、机会少、难度大。

表 6-1　　　　　　经济维度因子描述性统计

因子	最大值	最小值	均值	标准差
工资对数	4.69	12.7	9.88	0.69
工资满意度	1	0	0.383	0.42
是否换过工作	1	0	0.682	0.5
工作满意度	1	0	0.386	0.49
是否参加医疗和养老保险	1	0	0.721	0.48
城里是否有自购住房	1	0	0.153	0.47

数据来源：农民工工资数据源于四川省统计局资料，其他为课题组 2015 年调查数据①。

---

① 说明：为在回归分析中能更好理解系数意义，保持量纲上的一致性，对农民工工资取对数；其他变量因是虚拟变量，取值为"0"和"1"。

2. 社会维度

社会维度的融入是指农民工在城市中有一定社会地位，具备参与城市社会生活的条件，形成同市民接近的生活方式，这是农民工家庭城市融入过程中获得有利发展机遇的进一步要求。"社会融入"是一个与"社会排斥"相对的具有道德和政治内涵的概念。也就是说，社会融入是处于弱势地位的主体能动地与特定社区中的个体与群体进行反思性、持续性互动的社会行动过程①。社会融入包括个人在政治、经济、制度、文化、心理、生产、消费以及社会互动等多维度、多层面的接纳、参与与融合。社会融入的目标是为了提高全体社会成员的福利，使人人能够平等、全面地参与经济、政治和社会生活，促进社会包容，实现社会团结，以促进人类共同的发展②。农民工家庭居留在城市之中，不能避免同其他人群进行接触、沟通、交流和往来，特别需要与城市居民和谐、友好、包容、融洽地相处和互动，这既是农民工家庭接触、模仿、适应、学习城市文化、规范、价值和观念的重要方式，也是农民工家庭认同城市、适应城市、习惯城市和融入城市的重要过程。农民工家庭只有顺应城市文化，融入城市社会之中，才能获得更好的生存发展的位置，否则就会被无情地排挤出去。因此，社会维度的融入是农民工家庭城市融入的重要条件，它同经济维度突出就业和收入有所不同，主要强调行为方式和交往关系。农民工在城市实现就业并获得一定的经济报酬后，开始寻求一种与城市居民接近的生活方式，尝试参与当地社会生活并与城市居民进行沟通、交流和往来，从而实现在社会层面上适应城市，更好地在城市

---

① 陈成文，孙嘉悦. 社会融入：一个概念的社会学意义 [J]. 湖南师范大学社会科学学报，2012，41 (6)：66-71.

② 徐丽敏. "社会融入"概念辨析 [J]. 学术界，2014，194 (7)：84-91.

中工作、居住和生活。对于农民工家庭社会维度的融入，可以通过社会活动、社区管理、工会组织、市民关系等方面的参与状况定量分析。

在表6-2中，从标准差来看，各个因子的标准差较小，均在0.5以下，说明数据比较均匀地分布在均值附近，其中"是否加入工会组织"的均值为0.252，标准差为0.32，说明是否加入工会组织对于农民工家庭社会维度的影响作用具有比较大的差异。从均值来看，"是否经常参与社会活动"因子的均值仅为0.437，说明农民工家庭在城市中的社会活动参与程度不高，他们在城市社会中受到的直接感染和影响不多；"是否接受社区管理"因子的均值为0.441，说明近半数的农民工家庭属于寄居城市，没有平等纳入城市社区的服务范围；"是否加入工会组织"因子的均值为0.252，说明多数农民工在私营企业、小微企业和雇主那里务工，没有参加工会组织，他们基本的劳动权益缺少组织保障；"在务工地是否有市民朋友和亲戚"因子的均值为0.134，说明多数农民工家庭缺少社会资本，社会交往圈子比较小，受城市社会的同化相对缓慢；而"同务工地市民关系是否融洽"因子的均值较高，达到0.683，说明了农民工家庭融入城市的愿望是强烈的，其融入途径并不仅仅局限在社会活动、社区管理、工会组织等方面的参与情况，可能工作、居住、生活的过程本身就是农民工家庭社会维度融入的过程，同时也说明了城市居民的排斥心理有减少趋势，包容心态有提升趋向，加之农民工的主观感觉比较积极向上，使得城市居民与农民工家庭之间的相互认可、理解和包容的状态达到了比较高的水平。

表 6-2　　　　　　　　社会维度因子描述性统计

因子	最大值	最小值	均值	标准差
是否经常参与社会活动	1	0	0.437	0.42
是否接受社区管理	1	0	0.441	0.49
是否加入工会组织	1	0	0.252	0.32
同务工地市民关系是否融洽	1	0	0.683	0.43
在务工地是否有市民朋友和亲戚	1	0	0.134	0.45

数据来源：课题组 2015 年调查数据。

3. 身份维度

身份维度的融入是农民工家庭城市融入的较高层次，是否认同自己属于"城里人"可以作为判断其身份维度融入水平的重要标准。农民工家庭城市身份的认同是一种自我感觉和认知，可以表征城市融入的程度情况。因此在描述性统计当中可以将身份维度当作一种虚拟变量，如果受访者认为自己同城市居民无差别就赋值为 1，否则赋值为 0。如果农民工在心理上认为自己同城市居民没有多少差别，这说明他们认可城市、适应城市、习惯城市的程度较高，愿意在城市中居留和生活的情感比较强烈，会自觉或不自觉地产生城市身份认同。因而他们也就更愿意在城市中长久定居下来，更愿意留在城市中长期发展下去。对于农民工家庭身份维度的融入，可以通过自我认同、买房意愿和未来发展意向进行定量分析。

在表 6-3 中，从标准差来看，各个因子的标准差值较小，都在 0.5 以下，说明数据较为均匀地分布在均值附近，表明农民工家庭的居留意愿与其身份维度的融入水平存在比较显著的关联关系。从均值来看，各个因子的均值都在 0.3 左右，属于中等偏下的水平，说明只有 1/3 左右的农民工家庭在心理上认为自己同城市居民没有多少差别。这可能与城市就业工作难、生活成本贵、购房价格高等因素有关，同时也表明当前的农民工家庭城市身份维度融入的总体水平还处于较低层次。

表 6-3 身份维度因子描述性统计

因子	最大值	最小值	均值	标准差
是否认为自己同市民无差别	1	0	0.365	0.49
是否考虑在城市买房	1	0	0.215	0.44
是否考虑在城市定居和发展	1	0	0.244	0.47

数据来源：课题组 2015 年调查数据。

4. 文化维度

文化维度的融入是指个体或群体在与不同文化的个体或群体的持续接触过程中出现的跨文化模仿和改变，其结果是文化相互影响使得个体和群体的原有文化模式都会发生变化，存在文化适应、文化同化、文化变化等形式，从而产生多元文化。农民工家庭与城市居民分属不同的社会群体，具有不同的文化特质，承载各自不同的感受、认知、习惯、逻辑和思维方式。因而农民工家庭在城市社会中存在文化堕距①，容易产生文化不适应，形成文化震荡②或文化冲突③。城市是人类文明自然生息

① 文化堕距（Culture lag）又称文化滞后或文化落后，由美国社会学家 W·F.奥格本在 1923 年出版的《社会变迁》一书中首先提出，是指社会变迁过程中，文化集丛中的一部分落后于其他部分而呈现呆滞的现象，即在社会变迁中由于社会各部分变化的速度不同而产生的种种问题。文化集丛（Cultural Complex）是指功能上互相整合的一组文化特质，其中每个特质都围绕中心特质发挥功用。

② 文化震荡（Culture Shock）又称"文化休克"，是指新到陌生的异域文化环境中工作、学习和生活的人，在心理上所产生的矛盾、焦躁、烦恼与痛苦的冲击或震动，通常表现为孤独、气恼、悲伤、浑身不适乃至生病等症状。

③ 文化冲突（Culture Conflict）是指两种或者两种以上的文化在接触和互动过程中由竞争或对抗状态产生的一种心理压力。

的地方，是一个有机整体，是生态、经济和文化相互作用的综合产物。也就是说，城市不单是各种物质的聚集，更是各种个人情感、礼俗、传统、思想、文化、艺术、历史和宗教等的聚合；城市社会本身就是各种民族、人群和文化互相混合、互相作用的一个大熔炉，具有强大的融合能力，在竞争、冲突、合作、同化的不断重复循环中建立起共识与共生关系，把不同文化背景的人群连接在一起，从而孕育形成新的人格、新的价值观念、新的城市文化、新的社会关系、新的社会形态。这个过程是农民工"洗脚离田"到"换脑进城"的过程，也是城市文化与农村文化相互碰撞、磨合的过程。因此，文化维度融入是农民工家庭城市融入的重要标志。对农民工家庭文化维度的融入的研究，可通过业余文化活动参与状况、对文化生活的满意度、超前消费意愿、当地方言掌握状况等指标进行定量分析。

在表6-4中，从标准差来看，各个因子的标准差值较小，均在0.5以下，说明数据较为均匀地分布在均值附近，各个因子对于农民工家庭文化维度的融入影响都有重要影响作用。从均值来看，"是否经常参与业余文化活动"因子的均值为0.442，说明超半数的农民工家庭注重业余文化生活；"是否对文化生活满意"因子的均值仅为0.156，说明绝大多数的农民工对在城市中的文化生活是不满意的，说明农民工家庭在文化维度融入的水平比较低下，也表明他们在城市中工作、居住和生活的压力较大；"是否赞同超前消费"因子的均值分别为0.327，说明近1/3的农民工家庭在活动参与、思想认识、价值观念方面比较习惯和适应城市社会，有比较良好的文化维度融入基础；"是否会当地方言"均值为0.619，说明超六成的农民工家庭会使用当地方言，掌握了同当地居民沟通往来的基本语言能力，这对于了解、认识、熟悉和习惯城市社会有重要帮助作用。

表 6-4　　　　　　　文化维度因子描述性统计

因子	最大值	最小值	均值	标准差
是否经常参与业余文化活动	1	0	0.442	0.49
是否对文化生活满意	1	0	0.156	0.42
是否赞同超前消费	1	0	0.327	0.48
是否会当地方言	1	0	0.619	0.46

数据来源：课题组 2015 年调查数据。

5. 心理维度

心理是个体与其他文化群体的接触所导致的思想与行为上的变化，心理维度反映了不同的文化在个体层面的冲突与撞击，是一种主观感受、认识、情感和意志梳理的过程与结果。心理融入也称心理适应，是指个体认可各种个性特征，接纳周围环境，并能处理好复杂、重大、危急或特殊情况的能力。农民工家庭城市心理维度的融入是指在思想和情感上对城市产生认同、适应、习惯并愿意长久居留的过程。在这个过程中，农民工及其家庭成员与城市居民频繁接触、观察、模仿与交流，逐步接受并内化形成适应城市社会的文化价值观念和生活方式，从而在心理上认同城市，在情感上愿意归宿城市。农民工家庭城市心理维度的融入情况直接影响其转化为城市居民的意愿情况。因此，心理维度融入是农民工家庭城市融入的高级层次。对于农民工家庭的心理维度，可以通过市民信任、市民交往、遭受歧视、子女就学等方面进行定量分析。

在表 6-5 中，从标准差来看，各个因子的标准差值较小，都在 0.5 以下，说明数据较为均匀地分布在均值附近，各个因子对于农民工家庭的心理维度的融入都有重要影响作用；从均值来看，"是否信任当地市民"与"是否愿意与当地市民交往"因子的均值分别为 0.545 和 0.653，说明超过半数的农民工家庭在思想情感上是信任市民的，并且在主观上也是愿意与市民沟通、交流和往来的；并且"是否在工作生活中受到歧视"因子的均值为 0.215，说明农民工家庭的自我感受有积极向上的态度，也表明城市居民对于农民工家庭的排斥在减少，接纳和认同在增加；不过，"子女就学是否难"因子的均值为 0.396，说明有近四成的农民工家庭存在子女上学困难的问题，这也是影响城市融入水平的主要障碍之一。

表 6-5　　　　　心理维度因子描述性统计

因子	最大值	最小值	均值	标准差
是否信任当地市民	1	0	0.545	0.49
是否愿意与当地市民交往	1	0	0.653	0.42
是否在工作生活中受到歧视	1	0	0.215	0.48
子女就学是否难	1	0	0.396	0.45

数据来源：课题组 2015 年调查数据。

综上，在农民工家庭城市融入维度中；经济融入是基础条件；社会融入是基本途径；身份融入反映自我评价和社会地位；文化融入标示主体认同与环境接纳；心理融入显示无意识直觉，也是农民工家庭城市融入的最高目标。五个维度分别表现农民工家庭在城市融入过程中的标度、广度、强度、幅度和深度，存在一定的逐步深入和层层递进的关系。只有当农民工及其家庭成员在文化和心理上完全认同接纳城市社会，自觉按照城市风俗习惯、生活方式、价值观念和行为规范思维、办事、生活和自律，并且具有强烈的城市归属，愿意长期居留城市时，才可以说农民工家庭全面融入了城市社会。可见，经济融入、社会融入和身份融入属于城市融入的表层；而文化融入和心理融入属于城市融入的深层，其要求更高，难度更大。

（三）多元线性回归结果及含义

农民工家庭城市融入各维度回归结果如表6-6所示。

表6-6　　农民工家庭城市融入各维度回归结果①

影响因子	经济维度	社会维度	身份维度	文化维度	心理维度	城市融入程度
性别	1.37*	-0.78*	-0.31*	-1.54**	-0.85*	-0.82*
户籍	3.21*	2.54**	3.46*	3.44**	4.47*	5.34*
年龄	2.832*	0.764	1.778*	0.439	2.753*	2.486**
培训	1.88*	0.36**	0.82**	5.77*	1.76*	5.23**
健康状况	0.75*	0.23	0.34*	2.45	6.56*	4.33*
职业证书	3.88**	0.34**	0.26*	3.67*	0.82**	6.24**
亲属网络	1.67*	0.38	0.23	0.45	4.43**	0.51*
市民关系	0.531	0.284**	0.125	3.982*	0.854	2.764**
婚姻状况	-2.132	0.167	0.362	2.341	2.876*	1.538
初中	5.217*	0.264	0.792	11.206	0.845	6.373*
高中	7.45**	8.52*	2.136*	9.631***	3.54*	9.438***
大专及以上	16.54***	11.35**	2.542**	12.483***	2.37*	18.546***
务工年限	0.56*	1.39*	5.66	2.85*	0.788	3.56*
心理感受	2.34*	0.59	0.23	0.36	5.46*	1.96*
迁移方式	4.234*	1.056	1.78	1.895	2.23*	3.382*
可决系数	0.32	0.45	0.31	0.38	0.44	0.33

数据来源：四川省统计局数据及课题组2015年调查数据。

1. 人力资本影响分析

（1）文化程度。

---

① 注：*表示10%显著性水平下显著，** 表示5%显著性水平下显著，*** 表示1%显著性水平下显著。

文化程度①通常也称受教育程度，是指接受正规国民教育的状况。文化程度是表示一个国家或民族人口素质的重要指标，它标志着一个国家的文化教育普及和发展程度。对于个人来说，一个人的素质、能力、世界观、人生观、价值观、感情观、道德观等与其所受教育程度有密不可分的关联，当然不是必然的递增或递减的关系。文化程度对一个人的人生定位、人生追求和人生道路的选择有着直接的影响，对一个人的思想境界、道德情操和行为准则的形成也有深刻的作用。从国家或地区经济发展来看，人口所受教育程度与人均国民生产总值指标存在相关关系，人口所受教育程度越高，人均国民生产总值相对较高②。

　　从表6-6的回归结果来看，文化程度与农民工家庭城市融入程度存在较高的相关关系。"初中"能显著正向影响城市融入程度，且仅在10%显著性下水平正向影响经济维度的融入，说明初中文化学历是农民工在城市中就业和立足的。这基本的条件，若所受教育为初中以下，一般情况是很难在社会、身份、文化和心理维度上融入城市。而"高中"和"大专及以上"两个因子能显著正向影响城市融入的各个维度，且正向影响的值更大。这说明文化程度是人力资本的重要组成部分，一般来说，文化程度越高，农民工就业概率和工资收入会更高，更易接受和适应城市生活节奏，从而城市融入水平就更高。另外，从回归结果可以看到，"高中"和"大专及以上"对心理维度的融入影响值分别为3.54和2.37，远小于这两个因子对城市融入其

---

　　①　根据国家文化程度代码标准（国家标准GB4658-84），文化程度从大类上可分为研究生、大学本科、大专、中专、中技、高中、初中、小学、文盲或半文盲等学历。

　　②　黄宝章，王维婷.受教育程度与经济发展的关系［J］.统计教育，2001（6）：12-13.

他维度的影响值，且"大专及以上"对心理维度的融入影响值要小于"高中"。这进一步说明了农民工由于总体社会经济地位较低，使得农民工的文化程度与其在经济收入、社会地位方面的获得之间并不相称，导致高文化程度的农民工的失落感和被掠夺感更加强烈，从而出现文化程度越高，心理维度融入水平更低的情况。不过，由于高文化程度能够显著和大幅改善农民工其他城市融入维度的影响，所以文化程度高的农民工家庭在城市融入的总体水平上还是要更高一些。

（2）职业培训与职业证书。

职业培训，亦称职业教育，是国民教育的重要组成之一，是指对需要劳动就业和已经在职劳动的人进行培养，从而提高其职业素质与能力的定向性教育和训练活动。其目的在于直接培养劳动者，促使其掌握从事某种职业的必要的专门知识和技能，用以满足社会经济发展的某种特定需要。职业证书一般指国家职业资格证书，是指通过国家法律、法令和行政条规认可的，以政府力量推行的，由政府认定或授权机构实施的，在全国范围通用的，对劳动者从业资格进行认定或鉴定的凭证。职业资格证明的获得表明劳动者已经达到从事某种职业所要求的学识和技能的必须标准。我国实行职业资格证书制度的目的在于提高劳动者素质，促进劳动者就业，增强就业管理，适应外资企业对劳动力素质的要求。从表6-6可知，职业培训和职业证书对农民工家庭各层次的城市融入都有显著的影响，说明农民工在所受教育程度普遍较低的情况下，通过职业培训与职业证书获取的方式来提升他们的从业技能水平，是一种可行的有效的重要途径和手段，既有利于为农民工家庭的城市就业提供有力支撑，也有利于帮助农民工家庭获得在城市维持基本生活的人力资本，从而提高其融入城市的可能性。

（3）健康状况。

健康状况是指一个人在躯体、心理、道德和社会适应方面的状态，有健康、亚健康、非健康的分类。健康状况是影响农民工及其家庭成员城市融入水平的一个重要因素。从表6-6可知，良好的健康状况能显著提高农民工家庭的经济维度和心理维度的融入，但不能显著改善其社会维度和文化维度的融入，这说明健康状况是农民工最基本也是最重要的人力资本之一。良好的身体状况是农民工长期、持续、稳定地工作和收入的保障，也是农民工维持良好心理状态的基础，能显著提升其经济维度和心理维度的融入水平。不过，由于健康状况对于农民工家庭的社会关系和社区活动等方面并没有直接影响，故对其社会和文化维度的融入没有显著影响。

2. 社会资本影响分析

农民工家庭的城市融入程度同他们的社会资本状况之间存在着密切关联。从回归结果看，"市民关系"对农民工家庭城市融入的社会维度和文化维度具有显著的正向影响效应，而对农民工家庭城市融入的经济维度、身份维度和心理维度的影响不明显。但市民关系对农民工家庭城市融入程度的总体回归系数为正，说明在控制其他自变量的情况下，拥有较强的市民关系有利于农民工家庭城市融入程度的提高，其原因在于与农民工家庭社会地位紧密联系的关系资源扎根于农村社会，当他们来到城市之后，这种资源就难以对他们产生明显有效的作用。"亲属网络"对农民工家庭城市融入的经济维度和心理维度具有显著的正向影响效应，而对农民工家庭城市融入的社会维度、身份维度和文化维度的影响作用不明显。这是因为农民工家庭在社会交往和文化交流方面所受到的非亲属市民关系的影响作用较大，而非亲属市民关系对于农民工家庭的就业选择和收入增长缺乏主动性和积极性。实际上，虽然已经有比较多的农民工家庭在城市中工作、居住和生活，但是他们的弱势地位没有得到根本性改变，他们的社会网络关系也没有发生实质性转变，他们的社会网络关系仍然围绕同质性强、规模性低、结构性不合理的亲缘、血缘和地缘形成的三缘关系网络当中，对于城市社会网络关系缺少渗透、交融、互惠和互补。农民工家庭的亲属网络是其初始社会资本的重要组成部分，能为农民工在求职时提供关键资源，有利于进城农民工快速就业并适应城市环境。总的来说，非亲属市民关系对于农民工家庭城市融入的影响效应是显著的，其促进作用也将越来越大，但也具有一定局限性。因此，可以这么说，农民工家庭城市社会网络关系拓展增加的过程是他们积累城市社会资本的过程，同时也是他们逐渐缩小与城市居民差距的过程，既可以增加社会联系，也可以改善社会维度的融入程度。

3. 心理资本影响分析

心理资本不仅直接影响农民工家庭城市融入经济维度的水平，还对其人力资本和社会资本的形成与提升产生一定的协整、调节和管理作用。从回归结果看，良好的"心理感受"对于农民工家庭城市融入的经济维度和心理维度具有显著的正向影响效应，而对社会、身份和文化维度的影响不显著，但是总体的回归系数为正。这说明具有良好的心理素质对于农民工家庭城市融入的程度具有重要影响作用，有助于农民工家庭乐观面对户籍、就业、医疗、养老等制度产生的不良影响，从容面对城市工作、居住和生活过程中所遇到的困境与挫折，进而在经济和心理方面更好融入城市社会。

4. 个人因素影响分析

（1）性别。

性别是指男、女两性的区别。在农村外出务工群体中，虽然男女两性都能在城市中找到适宜的就业岗位，但是农民工在城市工作和生活中有明显的性别隔离现象，不同性别的农民工所获得的资源与收益存在差异，所面临的挑战和问题也不一样，其总体情况是雇主更愿意倾向于选择男性农民工[①]，即男性农民工在就业受欢迎度上比女性农民工广泛得多。因此，出现半数以上男性农民工集中在制造、加工、建筑、采掘、运输、装修等高风险高报酬的"男性化的职业和工种"，大量女性集中于家政服务、制衣制鞋、食品加工、餐馆服务员、清洁工等压力大报酬低的"女性化的职业和工种"的景况。但是女性农民工在城市融入方面比男性农民工拥有较多的优势，从表6-6可知，男性对城市融入程度总体的影响为负，说明女性更有融入亮点和长处。其原因在于女性农民工的就业岗位覆盖面比男性农民工相对广泛一些，她们能进入更多的服务行业，甚至成为"准白领"。并且她们在人际交往方面具有更好的亲和力和沟通能力，能更快熟悉城市功能；在自我调节方面具有更强的观察、模仿和学习的能力，能更快习惯城市生活；在文化同化方面具有更多的改变自我的意愿和技能，能更快认同城市文化；在主观心理方面具有独特的气质和性格，能更快归属城市社会。因而她们在社会、身份、文化和心理维度能更快更好地融入城市。虽然男性农民工在城市中不容易找到工作，但是平均工资相对更高一些，他们在经济维度方面更加容易融入城市一些，其他维度的融入相对滞后和缓慢一些。

（2）年龄。

年龄是指一个人从出生时起到计算时止所生存的年数。一个人的年龄总是随着日月流逝而不断增长，一个社会往往由不同年龄的个人所组成，这是不可抗拒的自然规律。随着全球人

---

① 沈渝. 城市融入中的社会性别研究 [J]. 统计与决策，2010，（16）：84-87.

口平均寿命的延长和老龄化的加剧，中国农民工的平均年龄同样不断提高，青壮年农民工所占比重继续下降。不同年龄农民工在城市中的务工年限、从业工种、工资收入、适应能力、居留意愿等情况是不一样的，其经济、社会、身份、文化和心理5个维度的融入水平同样存在差异。从表6-6可知，"年龄"处于青少年时期对于农民工家庭城市融入程度的影响总体显著为正，这说明年轻农民工较年老农民工在城市融入各个维度均具有较大的优势，他们能更快更好地适应和融入城市。出现这种结果的原因主要在于年轻农民工具有年龄优势，他们所受教育时间相对更长一些，学习能力更强一些，接受能力也相应更强一些，他们思想开放、观念新潮、心态乐观、胸怀宽阔，能较快掌握生存技能、接纳新鲜事物、融入陌生环境，能迅速适应城市快节奏的生活、个性的文化和时尚的消费理念，因而更加容易在各个维度全面融入城市社会，他们的城市居留意愿强烈，城市归属情感浓厚，能够比较流畅地转化为市民。

（3）务工年限。

务工年限是指农民工外出打工年数的合计。一般来说，农民工的务工年限越长，对城市社会的认知越多，越容易接受城市文化；对城市生活的节奏越习惯，其城市居留意愿就越高。从表6-6的回归结果来看，"务工年限"较长对农民工家庭城市融入程度的影响总体显著为正，其中在身份维度和心理维度没有出现显著的正向影响，可能的原因是随着农民工在城市务工年限的增长，其社会经济地位仍然没有得到根本性改善和转变，这会使得他们的城市负面感和排斥感不断增加和积累，从而抵消部分正向影响。他们不会因为有负面感和排斥感而离开城市回到农村去，而是随着在城市中务工年限的增长，其对城市的经济依赖和环境习惯程度不断增强，也愈来愈认可城市生活，愈来愈接受城市文化，愈来愈适应城市社会，对城市的认同感和归属感会随着时间增加越来越厚重，城市居留意愿也会不断增强。

（4）户籍。

户籍，又称户口，是指记载自然人的基本信息的法律文书，即国家户政机关对公民的身份证明。本书所称的户籍是指公民的城镇户口或农村户口的状态。一般来说，城镇户口和农村户口之间存在着明显的社会地位和福利的差异。虽然当前很多地方已经取消城镇户口和农业户口的称谓，统称为居民户口，但实际上依附在户籍上的福利待遇如教育、医疗、就业、保险、住房等方面仍然存在较大差别。户籍状况与城市融入水平存在比较显著的相关关系。从表6-6可知，"户籍"为城镇户口对农民工家庭城市融入的经济、社会、身份、文化和心理维度的影响均是正向显著的，说明户籍状况是影响农民工家庭融入城市的特别重要的因素，对他们的就业、医疗、养老、社保、子女就读等公共福利、资源和服务的获得具有重要影响作用；并且，由于本地农民工处在户籍所在地，比外来农民工拥有更好的地域优势和更多的政策扶持，更加容易融入城市社会。当前，很多地方存在农民"身体进城，权益不入城"的"伪城镇化"现象，应倡导"户籍城镇化才是真实城镇化"的思想和做法。在居民制度改革中不是剥夺农民的财产，而是给予进城农民平等的身份，确保他们享受市民平等的福利待遇。应通过实际居住地登记的方式，剥离依附在城镇户籍上的福利待遇，让外来务工人员在城市中享有同等的就业、就住、就学、就医等福利待遇，这样才能更好促进农民工家庭融入城市社会。

（5）迁移方式。

迁移方式是指人口从一个地区移居到另一个地区的形式。农民工的迁移方式是指农民工从农村前往城镇务工和生活的外出方式。农民工及家庭的迁移方式主要有单人独行、兄弟姐妹同行、父（母）子（女）同行、夫妻同行、夫妻携子女同行、夫妻携父母子女同行和其他类型。农民工的迁移方式与城市融入水平之间存在相关关系。从表6-6可知，家庭式"迁移方式"对于城市融入的经济和心理维度具有显著的正向影响作用，说明农民工家庭在经济和心理上更容易融入城市。在其他条件不变的情况下，家庭式外出务工特别是举家外出务工农民工的经济和心理维度的融入程度更高一些，其原因在于家庭式迁移增添了农民工挣钱养家、改善生活条件的压力，提高了积极工作的动力；同时也降低了外出务工农民工牵挂家人的心理成本，减少了他们在居家农村与务工城市之间往返的住宿、交通等各种费用的支出，从而增加了农民工家庭在务工城市一起工作、居住和生活的意愿和情感。

（四）分位数回归结果及含义

农民工家庭城市融入影响因素的分位数回归结果如表6-7所示。

表6-7　农民工家庭城市融入影响因素的分位数回归结果①

影响因子	城市融入程度（被解释变量）				
年龄	0.414**	0.292	0.383	0.413	0.532
性别	−0.881	−1.523	−2.774	−4.343	−1.345
婚姻状况	0.094	0.341	0.636	4.421	4.786
户籍	6.546***	5.776***	4.875**	4.234**	3.976
受教育年限	0.543	1.678**	1.506**	1.327*	0.435

---

① 注：* 表示10%显著性水平下显著，** 表示5%显著性水平下显著，*** 表示1%显著性水平下显著。

表6-7(续)

影响因子	城市融入程度（被解释变量）				
职业培训	4.532 **	4.123 5 **	5.236 **	1.865	3.235
职业证书	3.324 **	3.568 **	4.152 *	4.673 **	5.632 ***
健康状况	1.765	2.445	3.452 *	5.786 **	4.564 *
工作年限	0.387 *	0.245	0.187	0.093	-0.213
市民关系	1.756	3.762 ***	2.757 **	3.568 *	3.238 *
心理状态	0.177	1.653 *	2.564 **	2.352 **	3.464 *
迁移方式	2.235 *	1.568 *	0.974 *	0.865	0.768
分位数 q	0.1	0.25	0.5	0.75	0.9

数据来源：课题组 2015 年调查数据。

在表 6-7 中，从年龄来看，年龄因素仅在 10%低分位数上显著正向影响农民工家庭的城市融入水平。这说明新生代农民工的年龄优势在低分位数上的影响作用较大，但随着分位数的提高，城市融入的年龄优势作用逐渐减弱。其原因在于随着年龄的增加和城市融入水平的提高，年轻农民工的激情、冲劲和斗志逐渐削弱，年老农民工的经验、阅历和智慧逐渐累积，二者之间的差距逐步缩小，在较高分位数上的城市融入水平没有明显的差异。从性别来看，性别因素在不同分位数上对于城市融入水平的区分作用并不明显，影响程度也不显著，说明男女性别对于城市融入的不同水平没有统计意义上的差异；但是女性相较男性具有一定的性别优势，她们的观察、模仿能力更强，在不同分位数上均能更加容易融入城市。从婚姻来看，婚姻因素在不同分位数上对于城市融入的影响作用都是不显著的。这说明婚姻因素对于城市融入的不同水平没有统计意义上的差异，但总体上有正向影响作用。其原因在于结婚意味着责任增加，做事情考虑的方面增多，挣钱养家的动力增强，从而增加城市认同感。从户籍来看，户籍因素除在90%高分位数之外，对于农民工家庭城市融入水平都有显著正向影响作用。这说明拥有城市居民户口和身份对于城市融入水平有很重要的正向的影响作用。不过，户籍因素的影响作用随着分位数的提高，影响值逐步减小，并在90%的高分位数上变得不显著。这说明户籍因素是影响农民工家庭城市融入水平的重要因素，但随着农民工家庭城市融入水平的提高，这种正向影响作用在逐步减弱。从受教育年限来看，受教育年限因素在不同分位数上的影响并不一致，呈现出先上升后下降的倒 U 形特征。在 10%和 90%分位数上，受教育年限对于农民工城市融入水平的影响作用并不显著；而在 25%、50%和 75%分位数上的影响作用是显著正向的；并且在 50%分位数上对于农民工家庭城市融入水平的影响作用达到最大值。这表明受教育年限对于农民工家庭城市融入的中等水平有显著正向影响作用，在低位和高位水平没有特别显著的影响作用。从职业培训来看，职业培训因素对农民工家庭城市融入水平的影响作用主要表现在中低分位数上，而在高位水平上的影响作用不显著。这说明职业培训对于城市融入的低水平有显著正向影响作用，而对于高水平的影响作用并不明显，也反映出农民工拥有基本职业技能十分重要，是他们立足和居留城市的重要要求。从职业证书来看，职业证书因素对于城市融入各个分位水平都有显著的正向影响作用，特别在高分位水平上有更加显著的正向影响作用。这说明职业证书的获得对于农民工家庭城市融入的影响作用十分巨大，是他们在城市中生存、立足和发展的更高要求，既有利于他们找到比较稳定的工作，选择比较满意的就业，获取比较丰厚的收入，也有利于他们在经济、社会、身份、文化和心理各个维度更好更快地融入城市。从健康状况来看，健康状况因素对农民工家庭城市融入的影响作用表现出与职业培训几乎相反的趋势，即健康状况对农民工家庭城市融入的显著影响主要表现在中高分位水平上，在10%和25%分位数上的影响不显著，而在50%、75%和90%的中高分位数上有显著正向影响作用。这表明随着农民工家庭城市融入水平的提高，健康状况的正向影响作用逐步增大。从工作年限来看，工作年限因素仅在10%低分位数上显著正向影响农民工家庭的城市融入水平。这说明以往所积累的工作经验只有在农民工家庭城市融入的初期阶段才能产生显著的促进作用，而随着农民工家庭城市融入水平的提高，工作时间长短的作用也逐渐被淡化。从市民关系来看，市民关系因素除在10%的低分位数上的影响作用不显著以外，在其他分位数上对于农民工家庭的城市融入水平都有显著的正向影响作用，其中在75%分位数上的影响作用最大。这说明社会资本积累对于他们在城市中更好工作、居住和生活有十分重要的促进作用，有助于他们在各个分位数上更好地融入城市社会。从心理状态来看，心理状态因素除在10%低分位数上的影响不显著以外，在其他分位数上都具有显著的正向影响作用，并且随着分位数的提高，心理状态的影响作用呈现上升的趋势。这说明在农民工家庭的城市融入过程中，心理资本的影响作用越来越重要，会影响农民工家庭认同城市、适应城市和习惯城市情感的形成，还会决定农民工家庭归属城市、融入城市程度的大小。从迁移方式来看，家庭式迁移能有效促进农民工家庭经济和心理维度的城市融入，但从不同分位数来考察，家庭式迁移对农民工家庭城市融入水平的影响作用逐渐减弱，在低分位数上有显著正向影响作用，而在高分位数上的影响作用并不明显。其原因在于随着城市融入水平的提高，农民工家庭需要更多的城市身份认同和文化吸纳，这样才能更好融入城市。

三、向量自回归分析

(一) 向量自回归模型

向量自回归模型（Vector Autoregression，VAR）是基于数据统计性质而建立的模型，该模型把系统中每一个内生变量作为系统中所有内生变量的滞后值的函数来构造模型，从而将单变量自回归模型推广到由多元时间序列变量组成的向量自回归模型。VAR 模型是用模型中所有当期变量对所有变量的若干滞后变量进行回归，从而估计联合内生变量的动态关系，并且不带有任何事先约束条件。VAR 模型是 AR 模型的推广，是一种常用的计量经济模型，于 1980 年由克里斯托弗·西姆斯（Christopher Sims）提出并引入到经济学中，该模型已经获得了广泛应用，成为了进行多个相关经济指标分析与预测的最容易操作的模型之一，常用于预测相互联系的时间序列系统，分析随机扰动对变量系统的动态冲击，从而解释各种经济冲击对经济变量形成的影响。

传统的经济计量方法通常用结构化模型来描述经济变量之间关系，但是在处理具有动态特性（即滞后期对当期有影响）的经济变量时，并不足以对变量之间的动态联系提供一个严密的说明。特别对于某些复杂的变量系统，更难以用一个结构化模型来描述变量之间的动态关系；而且在结构化模型中，内生变量既可以出现在方程的左端，也可以出现在方程的右端，使得参数估计和模型推断变得十分复杂。为了解决这些问题，出现了一种用非结构性方法来建立各个变量之间关系的模型，这便是 VAR 模型。VAR 模型是一种经典的非结构化模型，它有效回避了结构化模型存在的一些问题，近年越来越受到经济学者们的重视。

VAR 模型的一个重要应用便是分析经济时间序列变量之间的因果关系。为便于在农民工家庭城市融入研究中应用 VAR 模型进行实证分析，考虑到非限制性向量自回归模型（Unrestricted Vector Autoregression，UVAR）的特性，根据实际需要将模型中的解释变量设定为不含外生变量，其数学表达式为：

$$y_t = \phi_1 y_{t-1} + \cdots + \phi_p y_{t-p} + \varepsilon_t \qquad t = 1, 2, \cdots, t \qquad (1)$$

其中，y_t 是农民工家庭城市融入 5 个维度内生变量列向量，分别是经济维度（j_t）、社会维度（s_t）、身份维度（f_t）、文化维度（w_t）和心理维度（x_t）。p 是滞后阶数；T 是样本个数；ϕ_p 是待估系数矩阵；ε_t 是误差向量，他们之间可以同期相关，但不与自己的滞后值相关，并且不能与等式（1）右边所有的解释变量相关。

VAR 模型应用于农民工家庭城市融入的制约因素分析具有合理性。一般来讲，农民工家庭城市融入各个维度之间具有相互影响和作用的机制，经济维度是城市融入的主要基础，社会和身份维度是城市融入程度的进一步加深，文化与心理维度是城市融入程度的升华和归宿，并且文化与心理维度对于经济、社会和身份维度具有促进和提升作用。特别是随着时间的推移和增长，农民工家庭城市融入各个维度之间相互影响、相互作用的机制会发生交叉，有时很难界定谁是主导作用，也很难有准确的经济理论加以很好的解释和说明，这完全符合 VAR 模型的应用条件。现有文献绝大多数只在单方面探讨城市融入影响因素的影响，没有考虑到各个城市融入维度间动态的相互影响、相互作用的机制，从而会导致模型出现严重的变量内生性偏差，使得研究结果出现偏误，误导政策建议。本研究尝试采用更符合实际经济现实的 UVAR 模型进行拓展实证分析，希望能够得出更加合理的结论和政策建议。

（二）变量和数据

本研究所采用的内生变量分别是经济维度（j_t）、社会维度（s_t）、身份维度（f_t）、文化维度（w_t）和心理维度（x_t），所有变量都是虚拟变量，赋值为 0 和 1。所需数据采用资料收集和问卷调查相结合的方式获取，其中农民工工资数据源于四川省统计局资料，其他数据为课题组调查数据。并运用 Eviews7.2 软件进行具体的数据分析，为政策建议提供依据。

（三）单位根检验

单位根检验（Unit Root Test）是针对时间序列数据是否具有某种统计特性而进行的一种平稳性检验的特殊方法。单位根检验的方法有很多种，包括 ADF 检验、PP 检验、NP 检验等。单位根检验的目的在于检验序列中是否存在单位根，因为存在单位根的时间序列就是非平稳的，会使得回归分析存在伪回归。对非平稳时间序列的处理方法一般是将其转变为平稳序列，这样就可以应用有关平稳时间序列的方法来进行相应的研究。对时间序列单位根的检验就是对时间序列平稳性的检验，非平稳时间序列如果存在单位根，则一般可以通过差分的方法来消除单位根，得到平稳序列。对于存在单位根的时间序列，一般都显示出明显的记忆性和波动的持续性，因此单位根检验是有关协整关系存在性检验和序列波动持续性讨论的基础。单位根检验在经济和金融等领域的理论和实际研究中有比较广泛的应用，是协整分析和模型建立的基础。由于非平稳的时间序列可能会产生伪回归现象，因此需要对时间序列的平稳性进行检验。本书采用常见的 ADF 单位根法来检验时间序列数据的平稳水平。由表 6-8 可知，各个变量时间序列在 5% 水平均是非平稳序列，对其一阶差分后再进行 ADF 检验, 结果表明这 5 个序列在 5% 水平是平稳的。因此, 可以判定这五个序列均是一阶单整 I (1) 的。其中需要说明的是, ADF 单位根检验结论的依据是, 当"ADF 统计量"小于"ADF 临界值"时, 判定变量序列为平稳; 当"ADF 统计量"大于"ADF 临界值"时, 判定变量序列为不平稳。

表 6-8　　　城市融入各维度的 ADF 单位根检验

变量	检验类型 (C, T, K)	ADF 统计量	ADF 临界值 (5%)	结论
j_t	$(C, T, 0)$	-1.704	-3.364	不平稳
Δj_t	$(C, 0, 0)$	-4.803	-3.787	平稳
s_t	$(C, T, 0)$	-0.952	-3.567	不平稳
Δs_t	$(C, 0, 0)$	-4.486	-3.489	平稳
f_t	$(C, T, 0)$	-0.856	-2.563	不平稳
Δf_t	$(C, 0, 0)$	-3.826	-1.347	平稳
w_t	$(C, T, 0)$	-0.845	-3.649	不平稳
Δw_t	$(C, 0, 0)$	-3.921	-3.431	平稳
Δx_t	$(C, T, 0)$	-0.986	-3.564	不平稳
Δx_t	$(C, 0, 0)$	-4.568	-3.653	平稳

数据来源: 四川省统计局报告及课题组 2015 年调查数据。

(四) 协整检验

协整检验 (Cointegration Test) 就是检验变量之间是否存在一种长期稳定的关系, 通常也称之为协整关系分析或协整分析。一般在进行 Granger 因果检验之前, 都需要进行协整检验。因为非平稳序列很可能存在共同的随机性趋势而出现伪回归，这可能使得回归方程所描述的因果关系并不存在，所以协整检验的目的就是检验非平稳序列的因果关系是否具有一种长期的稳定的均衡关系，从而排除或修正单位根带来的随机性趋势。

对于非平稳但是同阶的时间序列，变量之间很可能同样包含有相同的变化趋势。虽然从长远来看，变量之间具有均衡关系，但是在短期内可能由于季节影响、随机干扰等因素使得这些变量之间的均衡关系偏离均值。如果这种偏离是暂时的，那么随着时间的推移将会回到均衡状态；如果这种偏离是长期的，那么就不能说变量之间存在均衡关系。因此，需要通过协整检验描述非平稳时间序列相互间影响作用的关系。

协整检验只能说明各个变量之间的长期关系与趋势，要分析变量间的短期动态关系，可以通过引入向量误差修正模型（VECM）来将变量的短期波动和长期均衡有机地结合起来，实现短期内变量间由非均衡向均衡调整的过程。只要变量间存在协整关系，就可以由自回归分布滞后模型导出误差修正模型。由于 VAR 模型中的每一个方程都是一个自回归分布滞后模型，因此可以认为 VECM 模型是含有协整约束的 VAR 模型，并且VECM 模型的稳定性判断方法同样可以用于非限制性 VAR 模型。

本研究在非限制性 VAR 模型一阶差分变量的滞后期的协整检验中（见表 6-9），先将最优滞后期设定为 1，协整检验的滞后期确定为 0，然后再进行 Johanson 协整检验①。迹统计量和最大特征值统计量表明在 95% 的置信水平下，农民工家庭城市融入的经济、社会、身份、文化、心理 5 个维度的变量之间均存

---

① Johanson 协整检验又称 JJ 检验，是由约翰森和尤塞（Johansen & Juselius）共同提出的基于 VAR 模型的多变量间衡关系的一种检验方法，是一种进行多变量协整检验的较好方法。

在协整关系。具体结果见表 6-9。

表 6-9　　　　标准化的协整方程系数

因变量	j_t	s_t	f_t	w_t	x_t
j_t	0	1.23**	1.54*	0.86	1.45*
s_t	1.23*	0	1.62*	1.67*	1.56*
f_t	1.54*	1.62*	0	0.95	1.38*
w_t	0.86	1.67*	0.95	0	1.21*
x_t	1.45*	1.56*	1.39	1.21*	0

数据来源：四川省统计局报告及课题组 2015 年调查数据。

（五）Granger 因果检验

Grange 因果检验即格兰杰因果关系检验，由 2003 年诺贝尔经济学奖得主克莱夫·格兰杰（Clive W·J. Granger）开创，主要用于分析经济变量之间的因果关系，用于检验内生变量是否可以作为外生变量对待。如果变量 X 有助于解释变量 Y 的将来变化，那么就可以认为变量 X 是引致变量 Y 的格兰杰原因。进行格兰杰因果关系检验的一个前提条件是时间序列必须具有平稳性，否则就可能会出现虚假回归的问题。因此在进行格兰杰因果关系检验之前，先要对各指标时间序列的平稳性进行单位根检验。

传统的基于 VAR 模型的 Granger 因果检验仅适用于非协整序列间的因果检验。若要检验协整序列间的因果关系，则需采用基于 VECM 模型的检验。也就是说，如果非平稳变量间存在协整关系，那么也需考虑使用 VECM 模型进行因果检验，即不能省去模型中的误差修正项，否则得出的结论就可能会出现偏差。本研究在 Grange 因果检验中采用 Wald 检验①的方法，对经济维度（j_t）、社会维度（s_t）、身份维度（f_t）、文化维度（w_t）和心理维度（x_t）各变量进行 Granger 因果检验。具体结果见表6-10。在表6-10中，原假设为"某个变量不是另一变量的 Granger 因果原因"，检验结论的依据是，当"P值"小于0.1时，拒绝原假设，即某个变量是另一变量的 Granger 因果原因；当"P值"大于0.1时，不能拒绝原假设，即某个变量不是另一变量的 Granger 因果原因。

表6-10　城市融入各维度的 Granger 因果检验结果

原假设	P 值	结论
j_t 不是 s_t 的 Granger 原因	0.012	拒绝原假设
s_t 不是 j_t 的 Granger 原因	0.342	不能拒绝原假设
j_t 不是 f_t 的 Granger 原因	0.043	拒绝原假设
f_t 不是 j_t 的 Granger 原因	0.525	不能拒绝原假设
j_t 不是 w_t 的 Granger 原因	0.063	拒绝原假设
w_t 不是 j_t 的 Granger 原因	0.462	不能拒绝原假设
j_t 不是 x_t 的 Granger 原因	0.004	拒绝原假设
x_t 不是 j_t 的 Granger 原因	0.247	不能拒绝原假设
s_t 不是 f_t 的 Granger 原因	0.013	拒绝原假设
f_t 不是 s_t 的 Granger 原因	0.632	不能拒绝原假设
s_t 不是 w_t 的 Granger 原因	0.071	拒绝原假设
w_t 不是 s_t 的 Granger 原因	0.069	拒绝原假设

---

① Wald 检验是用虚变量估计自变量对应变量的季节影响，适用于线性与非线性约束条件的检验，其原理是测量无约束估计量与约束估计量之间的距离。

表6-10(续)

原假设	P 值	结论
s_t 不是 x_t 的 Granger 原因	0.026	拒绝原假设
x_t 不是 s_t 的 Granger 原因	0.672	不能拒绝原假设
f_t 不是 w_t 的 Granger 原因	0.046	拒绝原假设
w_t 不是 f_t 的 Granger 原因	0.532	不能拒绝原假设
f_t 不是 x_t 的 Granger 原因	0.026	拒绝原假设
x_t 不是 f_t 的 Granger 原因	0.753	不能拒绝原假设
w_t 不是 x_t 的 Granger 原因	0.041	拒绝原假设
x_t 不是 w_t 的 Granger 原因	0.842	不能拒绝原假设

数据来源：四川省统计局报告及课题组调查数据。

（六）结果讨论

从 Granger 因果检验结果的显性关系来看（见表6-10），农民工家庭城市融入的经济维度是所有其他变量，即社会维度、身份维度、文化维度和心理维度的 Granger 原因，并且根据 P 值检验，其结果是在 10% 水平显著。这说明经济维度的融入是其他各维度融入的核心基础，也是更高层级融入的根本原因。另外，农民工家庭城市融入的心理维度不是所有其他变量即身份维度、文化维度、社会维度、经济维度的 Granger 原因，而身份维度、文化维度、社会维度、经济维度显著是农民工家庭城市融入的心理维度的 Granger 原因。这说明心理维度是农民工家庭城市融入的最高层级，只有农民工家庭充分实现经济、社会、身份和文化维度的融入，才能真正认同城市，进而在心理上全面归属城市。特别要说明的是，农民工家庭城市融入的社会维度和文化维度是相互的 Granger 原因，这表明农民工家庭社会维度和文化维度的城市融入是相互作用和交叉影响的，即农民工家庭在城市的社会维度的融入程度越高，他们在文化维度融入城市的水平越好；反之，农民工家庭在城市的文化维度的融入水平越好，能更好促进农民工家庭在城市的社会维度的融入程度。

从 Granger 因果检验结果的隐性关系来看（见表6-10），农民工家庭城市融入的经济维度、社会维度、身份维度、文化维度和心理维度 5 个层面存在着一定的逐层深入关系。经济维度的融入是农民工家庭在城市站稳脚跟的本源，是农民工家庭在城市长久生存的一种基本条件，反映农民工家庭在社会阶层方面跨越的标度；社会维度的融入是农民工家庭获得有利发展机遇的进一步要求，反映农民工家庭对城市社会认同范围的广度；身份维度的融入是农民工家庭对制度性身份①、社会性身份②、他者话语性身份③和自我感知性身份④的一种结合、定义、重构与完善，是对自身的肯定、认可和评价，反映农民工家庭城市居留情感的强度；文化维度的融入是农民工家庭对行为方式、风俗习惯、价值标准、思想观念等的认同与接纳，不仅仅是外在表面的改变，更重要的是心灵深处的转化，反映农民工家庭自觉被城市社会同化和融入的幅度；心理维度的融入属于无意识直觉，对客观事物直接迅速地做出判断、选择和把握，反映

---

① 制度性身份是指个人由国家的正式规则所赋予和形成的，或者是被国家的正式规则所接受和保护的家庭出身与社会地位。

② 社会性身份是指个人在复杂的社会关系中所处的地位。一般来说，每个人在社会中都拥有多重身份，并且会随着时间的推移发生变化。

③ "他者"是由法国著名的精神分析家、哲学家雅克·拉康（Jacques Lacan, 1901—1981）于20世纪30年代提出的相对于"自我"的概念，即指"自我"之外的一切人与事物，有"他人"的意思。"他者话语性身份"就是通过他人话语赋予的身份，意即通过他人的言说来构建和确认自己的身份。

④ 自我感知性身份是指个体对自己存在身份的自我认知或自我意识。

农民工家庭参与城市社会领域的深度。农民工家庭只有充分实现经济、社会、身份、文化和心理等维度的城市适应，才表明他们的人格（思想道德、价值观念、行为习惯、审美情趣、劳动技能和身心素质等）在城市融入这一过程中得到了全面塑造和质的提升，才能完成了由农村人转变为城市人的全过程，从而完全地融入于城市社会。但是，农民工家庭的城市融入过程是以个人社会经济地位、行为和观念为载体体现出来的复杂的社会现象，各个维度之间既不是有先后顺序的递进关系，也不是按一定顺序逐步加深，它们可能先后形成，也可能同时发生，并且有提前、滞后或者重叠现象，还可能出现不同序次之间的交融与渗透。

第七章 建立健全四川农民工家庭城市融入促进机制的建议

　　从系统论角度看，机制是实现目标的过程与方法，是使系统整体良性循环、健康发展的规则和程序的总和，是系统内部各构成要素之间有机联系、相互作用的关系及功能。从控制论角度看，机制使系统通过反馈控制、自行调节外部干扰、内部涨落以保持系统平衡稳定有序的机能。农民工家庭城市融入受到农民工自身素质、城市产业、经济结构、公共服务资源、财政能力、管理体制、文化习俗等诸多因素的制约，涉及经济、文化、社会、心理和身份等维度的融合，其促进机制的构建是一个系统工程，需要有相关政策制度和运行机制等规则和程序来促使各个要素之间相互作用、合理制约才能保障实现。因此，在农民工家庭城市融入促进机制构建中，政府部门、用人单位、农民工家庭自身以及社会热心人士（志愿者）应共同努力、相互协调、密切配合，培训农民工家庭的从业技能，培养其市民素质，提高其务工收入，增强其城市定居意愿，提升其城市融入水平。

一、转变思想观念，充分认识农民工家庭的社会功能

农民工对于我国的城乡经济发展具有十分重要的推动作用，优化了城乡劳动资源和生产力布局的配置。农民工是产业工人的重要组成部分，是城市建设不可缺少的生力军，也是我国工业化、城镇化、现代化建设和经济发展的重要力量。他们在城市中从事粗、重、脏的体力劳动，为中国经济增长提供了丰富的劳动力资源，对促进城市经济发展做出了特殊贡献；同时为家乡带回务工资金，繁荣了农村经济，也为破解"三农"问题提供了创造性答案。农民工在城市务工过程中不断学习就业技能，培养个人素质，改进生活方式，加快了新农村的建设步伐，为有效转移农村剩余劳动力，推进城市化进程打下了良好基础。农民工进城务工具有推动城乡经济，维护社会稳定；转变职业身份，促进社会融合；形成阶层流动，促进社会平等；优化社会结构，促进城乡一体化等社会功能。农民工家庭在城市中一起工作生活，共同获取多元劳动创收、锻炼就业技能、见习城市生活、接受城市文明熏陶、感受城市文化和提升市民素质，是农民中市民素质和城市融入程度较高的群体，其市民化状况直接影响着新型城镇化的进程和社会和谐发展的水平。因此，各级政府部门应充分认识到农民工家庭在社会经济发展、城市化建设、产业结构调整、加快和谐幸福社会创建进程等方面的巨大作用。在政策措施制定和公共服务提供方面，把农民工家庭城市融入促进机制的构建工作摆在重要位置，进一步创新户籍制度改革，在保障农民工家庭自由迁移的基础上，切实做好城乡统筹规划，不断完善管理职能，务实建立公平分配体系，

大力促进农民工家庭的城市融入进程。一要彻底打破城乡二元体制，完全剥离附加户籍的经济利益，特别要平等分配社会资源和生活资料，如就业、教育、收入分配、福利待遇、社会保障、医疗卫生等；二要实现城乡统筹发展，促进劳动力自由流动，允许农村人口自由到城市和经济发达地区去务工经商，允许城市居民特别是企业家和科技人员自由到农村和边远地区去承包土地进行农业种植、开发和多种经营；三要改革劳务和工资制度，推行劳务登记和指令性基本工资标准的办法，保障劳动者基本的劳保待遇，也就是说，不论是政府公务员、企业职工，还是工厂工人、临时雇员，其指令性基本工资由国家规定，奖金由用工单位或雇主确定，而基本工资不低于2/3，奖金不超过，从而消除劳动价值社会分配混乱的现象，防止消费品价格指数（CPI）猛增；四要完善社会保障体系，加大社会分配调节力度，帮助农民工家庭化解风险和克服困难，促使社会安定和谐；五要取消农村户口与城市户口的性质区分，实行统一的、平等的居民户口，特别应对放弃农村土地承包的农民工家庭给予一次性经济补助，鼓励农民工家庭向城市转移，从而加快四川的人口城市化进程，改变四川城市化速度严重落后于工业化速度的现状。

二、强化职业培训，着重提升农民工家庭的就业能力

就业能力与受教育年限之间存在正相关关系。一般来说，学历教育时间越长，工作能力相应较高。从目前的现实情况来看，农民工自身的文化程度、基本素质和就业能力在很大程度上直接决定他们找到什么样的工作、取得什么样的工资收入。

可以这么说，找到工作是农民工家庭在经济维度融入城市的基础，而提高农民工家庭的文化程度和职业技能水平的根本途径。但是由于国家在教育、文化、培训、医疗、卫生、保健等公共资源投入方面对城乡的分配并不均等，导致农民工的人力资本投资水平受到约束和限制。总体来看，农民工在学校读书的时间相对较短、文化程度普遍较低、就业能力广泛不高、从业技能大多单一，加之接受的基本职业技能培训很少，这使得他们难有一技之长，难有立身之本，难以找到比较稳定的工作岗位，难以进入工资待遇较高的部门，更难以进入金融证券、高新技术等高端领域，大多只能从事技能要求较低、工作条件较差、工资待遇较低的行业，这严重制约着农民工及其家庭向城市的转移与融入。在城镇化过程中，要提高农民工及其家庭的城市融入水平，首要任务是提高农民工的就业支撑。虽然在短时间内大幅地提高其所受教育年限的困难巨大，但是基本职业技能培训具有灵活性、针对性、实用性等特点，操作简便，收效快捷，可以迅速提高农民工的劳动技能，有效促使实现较充分、较稳定、高质量的就业。因此，强化政府部门在农民工职业培训方面的领导作用十分重要，也只有在政府部门的引导和带领下，才能有效建立起政府部门、用工单位、城市社区和培训机构相结合的农民工职业培训支持体系；也只有政府部门、用工单位、城市社区、培训机构和农民工加强协调与配合，加大农民工基本职业技能培训的力度，才能实现农民工从业技能提高、用工单位经济效益提升、培训机构持续发展、城市社区欣欣向荣、国民经济发展提速的"五赢"局面。对于政府部门来说，应创新管理理念、改进工作作风、转变服务职能，高度重视文化教育和基本职业技能培训，加大政策支持和财政投入的力度，加强农民工的就业技能培训和职业技能鉴定，切实保障农民工子女享有平等的受教育权利，还可通过给予用人单位、培训学校或职业学校等的政策优惠和财政补贴的手段，大力发展职业技术教育。特别是开展短期基本职业技能培训，同时为农民工从业技能的培养和训练提供场地、管理服务和技能培训师，切实提升他们的务工本领，增强他们的就业能力。对于用工单位来说，应增加岗前和岗中培训，并配套合理高效的管理制度，使得经过培训后有能力、有技术的农民工有更多机会加薪升职。农民工的从业技能提高了，工作效率提高了，用工单位的经济效益也会得到提升，市场竞争力也将得到增强。对于培训机构来说，根据不同的农民工的文化层次和用工单位的岗位需求，开展针对性、多样化的就业技能培训和职业技能鉴定培训，既能满足农民工和用工单位的需求，又能提高农民工职业培训的质量和水平。对于城市社区来说，支持培训机构在城市社区开展农民工职业培训，既能帮助农民工提高就业能力，找到较好的工作，获得较稳定的收入，又能促进农民工家庭尽快融入城市社区，进而提升城市社区的品质。对于农民工自身来说，应通过各种途径积极学习多种从业技能，增加人力资本积累，提高就业能力，增加经济收入，并注重社会资本培育，从而促使自己获得更多的发展机会。也只有通过基本职业技能培训，使得农民工的劳动技能有增添，职业素质有增加，就业支撑有增多，才能找到工作，有事情干，有较稳定的工资收入，农民工家庭的城市居住意愿、城市认同感和城市归属感才会有坚实的经济基础。

三、整合就业市场，不断拓宽农民工家庭的就业渠道

就业对于农民工来说十分重要，找到工作和取得工资是农

民工居留和立足城市的前提条件。目前，农民工进城务工行为基本仍然处于自发状态，组织化程度很低，其就业信息大多来源于血缘、亲缘、地缘和业缘关系的家人、亲戚、同学、朋友、同乡等熟人的介绍，缺少相关组织的引导和帮助，在进城找工作过程中面临众多的困难和问题，十分不利于农民工的就业，更不利于农民工向往城市、居留城市和融入城市。要让农民工在城市中找到工作，需要让农民工有多种途径了解就业信息。这需要政府部门整合城乡就业市场，完善城乡一体的就业机制，统筹城乡劳动力的就业，强化就业服务，拓宽就业渠道，才能更好地帮助农民工尽快找到工作岗位，获得劳动收入。在城乡就业市场整合方面，一应建立统筹城乡就业的领导机构，负责各项政策制度的制定与协调；二应推出系列的、配套的、综合的改革措施，如户籍、就业、分配、社保、医疗、养老、教育、流动人口管理、农村土地流转等制度，逐步排除约束农民工进入城市正常就业的阻碍；三应加大制度改革和财政投入力度，切实建立城乡统一的劳动力市场，大力建设和发展劳动力市场的基础设施、信息网络、组织机构与体系、劳动监察与仲裁队伍等；四应有机结合职业培训与人才市场的功能，把职业培训放在人才市场，既务实有效开展职业培训，又充分发挥人才市场的中介作用，从而减少用工欺骗行为，降低农民工找工作的成本。在就业渠道拓展方面，一是要建立公开、公平、竞争、自由的城乡就业机制，深化劳动力就业制度改革，调整和取消农民工就业的歧视性政策，允许劳动力自由流动，培育平等竞争的就业环境；二是要建立城乡公共就业服务机构，完善信息服务体系，加快用工市场信息网络建设，加强劳动力市场需求信息的分析、预测和发布，定期举办各种形式的宣讲会、双选会和招聘会，为农民工就业提供及时全面的信息引导，有效增加农民工的就业机会；三是扩大农民工在工业企业的就业，为农民工就业创造更多的高质量的机会，特别应增加农民工在劳动密集型产业的就业数量，因为这些工业企业相较于一般的低端商业和服务业，其劳动关系相对稳定、用工行为相对规范、劳动保护相对完备、社会保障相对完善，既能提升农民工的就业质量，增加农民工的工资收入，还能减少农民工与城市居民的利益摩擦；四是要增强第三方组织参与的积极性，提供更多更广的农民工供求信息，帮助农民工拓展就业空间，为农民工城市就业提供更加便利的服务；五是要创设利于农民工创业的社会环境，鼓励个体、私营非公有制经济的发展，为有创业意愿的农民工提供免费创业培训服务和小额担保贷款贴息扶持，并加强劳动监察巡查，切实维护农民工的正当权益，推动农民工家庭城市创业。国务院于2016年12月底正式批复同意在河南省兰考县设立国内首个普惠金融改革试验区，并且由中国人民银行会同有关部委和河南省政府印发了《河南省兰考县普惠金融改革试验区总体方案》。其在优化新型城镇化金融服务方面的措施值得学习和借鉴，该方案明确鼓励创新新型城镇化投融资机制，深化涉农金融服务创新，推动小微企业金融创新，积极支持农民工市民化，特别鼓励银行业金融机构创新金融产品和服务，推出多样化的信贷产品，加大对农民工创业就业、技能培训等信贷支持力度。湖南省江华县扶贫办主推的金融扶贫项目"兜底贷"和"妇女贷"，通过银行、政府、企业和农户四方签署协议，由政府和扶贫开发公司担保，约定农户从银行贷款，款项由扶贫开发公司发放给来本地落户的"新三板"企业，"新三板"企业每年按贷款金额的10%分红给农户，信贷资金由"新三板"企业统一偿还，贷款农户不承担任何风险。这种"分贷统还，固定受益"的方式，既保障了"新三板"企业的资金需求，又帮助了贫困农户脱贫，的确是实实在在的金融扶贫措施，值得在农民工家庭城市融入促进机制构建中引用和借鉴，可让农民工家庭为"新三板"企业发展的资本融资做出贡献，同时也分享"新三板"企业未来走上主板市场的巨大收益，从而增强农民工家庭对政府和城市的认同感和信任感，大大促进农民工家庭城市融入的进程。

四、改革管理模式，大幅提高农民工家庭的 经济收入

农民工对我国经济高速增长的推动作用不可小视，一是有力加快了城镇第二、第三产业的发展；二是着实增加了农民工家庭的经济收入，提高了市民素质，改进了生活方式，加快了新农村建设步伐。在农民工家庭城市融入的 5 个维度中，经济融入是本源，也是短板，更是其他几个维度融入的基础。生存先于发展，农民工家庭作为社会的组成部分，只有在满足基本物质需求的前提条件下，才能获得更高层的生存与发展权利。也就是说，农民工家庭要融入城市社会，必须先要在城市中找到比较稳定的工作，取得能够在城市中生活下去的工资收入，这样才能有在城市居住、生活的经济基础，才能有文化维度和心理维度融入城市的可能。换句话说，要让农民工家庭居留、认同、归属城市，首先必须解决吃、住、行问题，没有比较充分的就业工作，没有比较稳定的经济收入，农民工家庭城市融入便无从谈起。在当前，许多用工单位或雇主在降低经营成本、追求利润最大化方面，采用的手段和方式十分简单粗暴，首先考虑和实施的便是压低农民工的务工工资，这大大损害了农民工的基本利益，也降低了工作积极性和效率。虽然农民工承担的是劳动条件最差、劳动强度最大的体力活，但是他们的务工收入无法同城市职工比较，所得工资不仅少得多，而且欠薪现

象十分严重。虽然农民工的月工资或日工资并不太低，但是他们的工作十分不稳定，没有工作的时间就没有工资收入，只有用积蓄，他们的年收入和家庭人均收入比较低。因此，各级政府部门应充分认识到农民工家庭城市融入的重要意义，在制定政策措施和提供公共服务方面，要把农民工家庭城市融入放在重要位置，进一步转变管理理念，在工作时间、工资待遇、工作稳定性等权益保护方面加大监察巡查力度，规范雇用单位的用工时间和最低工资标准，同时加强农民工基本职业技能的培训，大幅提高农民工的就业能力和务工收入。一是改革分配制度，构建由基本保障性收入、激励性收入和效益性收入构成的农民工收入分配体系，要求用工单位或雇主必须与农民工建立正规的劳动合同关系，承担工伤、失业、医疗、养老、生育等保险费用，切实解决农民工与企业或雇主的用工关系临时、工资构成单一、收入水平低下、基本权益无保障的问题；二是建立健全土地流转制度，完善土地流转运行模式①，公开土地交易的数量、价格、成本等信息，公正保障农民工获得土地交易的租金补偿，坚决杜绝土地交易腐败和损害农民工利益；三是加大转移支付力度，清除农民工进城务工和在城市居住的政策性壁垒和障碍，将农民工纳入城市医疗、教育和住房管理体系，对进城务工农民工在劳动资料、教育培训和社会保障等购买方面给予适当补贴，对返乡创业农民工进行税费减免或税收优惠，从而减轻农民工的经济负担，提高农民工的收入水平；四是扩

---

① 农村土地流转目前有 7 种方式：转包、出租、转让、抵押、互换、信托、入股。有 4 种经典运行模式：承包地股份合作流转模式（山东东平三权分置股份合作模式、浙江农村土地股份合作社模式）、城乡建设用地增减挂钩流转模式（重庆地票制模式、成都农地确权-流转模式）、宅基地换房或承包地经营权换社保模式（天津华明模式）、农村集体建设用地直接入市模式（广东深圳模式）。

大工伤保险范围，简化工伤赔付流程，提高工伤赔偿标准，增加养老保险基本额度，切实解决农民工工伤赔偿标准低、理赔期限长、赔付流程复杂等障碍和基本养老金较低的问题，增强农民工家庭在城市工作、居住和生活的信心；五是建立农民工薪酬督查制度，提高农民工的基本工资，明确加班工资与基本工资的区分，大力强化用工单位和雇主的社会责任感，严厉查处农民工欠薪问题，有效保障农民工能够按时足额取得工资；六是创新农民工进城落户制度，促进农民工家庭城市融入，加快新型城镇化建设的进程，如广东省创造的农民工积分制入户的进城落户方式，在一定程度上探索了农民工市民化问题的解决途径和办法，激励了农民工及其家庭成员落户城市的积极性，这种改革尝试不仅有利于转变农民工的社会身份，也有利于增加农民工的经济收入。

五、完善政策法规，有效维护农民工家庭的合法权益

　　城乡二元制户籍制度是农民工城市融入的最大障碍和束缚。虽然农民工在城市中承担体力付出较多、工作时间较长、劳动强度较高的工作，但经济收入少，欠薪现象又十分严重，并且衍生附加在户籍上的医疗、卫生、保险、住房、就业、教育、社会保障等多项社会福利待遇得不到覆盖。农民工自身的文化素质较低、法律知识较少、维权意识较差，属于社会弱势群体，当权益受到侵害时很难利用法律武器维护合法权益。政府部门应以制度改革创新为突破口，加快户籍立法，实行一元化户籍管理体制，剥离附加在户籍上的各种社会福利分配功能，避免户籍管理权力滥用；同时应加快建立城乡统筹、城乡一体的劳

动人事制度及社会保障制度，化解社会矛盾，减轻社会管理压力，特别应在工作时间、工资待遇、安全防护等方面加大农民工权益保护力度。一是规范企业、单位和雇主的用工行为，在劳动合同签订、社会保险购买、最低工资保障、用工时间规范等方面加强制度设计，确保农民工的权益得到有效维护。二是不断扩大社会保险的覆盖范围，推行农民工全面参加社会保险的办法，以参加工伤和大病医保为重点，逐步扩大工伤、医疗、失业、养老、生育及住房公积金等基本社会保障的覆盖范围；同时应完善各项社保制度之间的转移持续制度，实现各种社会保障之间的互联互通，从而有效解决农民工中途退保频繁的问题，让农民和农民工成为一种职业，没有后顾之忧，也不担心跨区域流动或者身份转换时出现社会保障利益受损的情况。三是建立工作目标考核机制，将农民工家庭城市融入目标任务纳入各级政府部门的岗位职责并进行检查考核，促使各项工作落到实处。四是加大执法监察力度，严厉查处打击违规行为，提高用工单位和雇主的违法成本，有效维护农民工的合法权益。五是制定明确的法律援助政策，建立农民工法律援助体系，通过设立农民工法律援助专项基金，招募农民工法律援助志愿者，培养农民工法律援助人才等方式，为农民工免费提供法律援助，帮助农民工维护合法权益。如成都天府新区直管区保障农民工合法权益方面的一些做法借得借鉴和推广，在大型建设领域的农民工工资支付保障工作方面建立员工考勤表、农民工工资发放记录和农民工安全施工公告等管理制度，并在工地现场设立农民工工资发放公示牌、农民工工资监察告示牌和农民工维权公示牌，这些制度和措施的设计与实施切实维护了农民工的合法权益和福利。同时，应尊重农民工意愿，保障其农村的土地承包权，既不能强迫他们放弃土地，也不能让他们花钱买户口进城，应通过法律完善和土地市场培育流转土地。这样才能有力促使农民工平等享受企业职工待遇和"同城同待遇",增加农民工家庭在城市工作、居住和生活的安全感、认同感和归属感,才能促使更多的农民工家庭离开农村,脱离土地,成为城里人,大大推进农民工市民化和新型城镇化建设的进程。

六、拓展社区功能,切实增进农民工家庭的社会适应

社会适应是考察农民工家庭城市融入程度的重要指标之一。农民工是城市建设与发展的重要力量,也是城市社会的重要组成部分。只有让农民工在城市中找到工作,有较稳定的务工收入,维持日常的基本生活消费,他们才有居留和适应城市的良好基础。但是,日常基本生活消费的维持仅仅是农民工家庭在城市的经济维度低层级的生存适应,还需要更多更高层级的适应来提升他们的城市居留情感和认同程度。虽然农民工家庭进城后,在日常工作和生活中会自觉或不自觉地以城市人为参照群体,有简单的观察模仿行为和价值观念改进的举止,但是这种表面的社会适应远远没有触及城市融入的实质,更多停留在亲缘、地缘的社会关系网络,需要农民工与城市居民共同参与,在更广、更深层次上影响和转变他们的日常行为方式与生活方式。据调查,农民工的闲暇时间更多用于打牌、睡觉、看电视、同老乡聚会等方面,很少涉足城市娱乐项目和社区活动。这说明农民工与城市人的工作生活节奏并不同步,业余生活贫乏而且单调,主要同工友接触,很少同城市人交往,不具备城市生活方式和行为方式的明显特征。而民政部在 2011 年便出台了《关于促进农民工融入城市社区的意见》,既说明了城市社区在农民工城市融入中的作用和功能,也要求城市社区有权利和义

务为农民工提供社区管理和服务，而不能排斥、隔离、限制农民工进入城市社区。政府部门、街道社区和城市居民应通力合作，共同为农民工家庭提供一系列的便利服务，促进农民工家庭尽快融入城市社区。一是应建立农民工家庭城市融入的社区促进制度，为农民工提供就业援助、生活救助、医疗互助、法律援助和子女助学等服务，增强城市社区对农民工家庭的吸引力和凝聚力，促进农民工家庭的社区融入；二是应搭建促进农民工就业的社区服务平台，充分发挥出城市社区在农民工就业帮扶方面的作用和优势，利用社区内外的资源切实帮助农民工家庭了解劳动力市场的就业信息，并优先就近解决农民工的就业问题；三是应实施以工代赈①的社区服务措施，通过社区劳动解决暂时失业农民工的生计问题，帮助农民工克服再就业过渡期间的生活难关；四是应开设农民工法律援助的社区服务窗口，为农民工家庭提供法律顾问支持服务，帮助解决工伤赔偿、保险赔偿、劳资纠纷、债务纠纷、合同纠纷、财产纠纷等问题；五是应加大社区宣传力度，充分利用短信、微信、展板、橱窗等媒介，常态性向社区公众宣讲社区服务的各类信息，让农民工家庭及时了解相关服务；六是应将生活困难的农民工或家庭列为重点救济救助对象，在社会保险、社会救济、社会福利、社会优抚和社会互助等社会保障项目方面适当倾斜农民工家庭，帮助他们获得更多更好的社会救助，逐步培养农民工家庭的社区认同感和归属感。因此，政府部门应加大城市包容性发展力度，保障农民工同城市居民平等的权益；城市公共资源和社会服务体系应将农民工家庭纳入服务管理范围，让其平等享受城市基本的社会福利待遇；城市社区应拓展服务管理功能，开展

---

① 以工代赈是相对于直接救济的一种扶持项目，是让因失业或受灾等原因造成生活困难的人通过参加劳动而获得劳务报酬的扶贫举措。

丰富多彩的互利换工和公众参与的活动，主动扶持、帮助和服务农民工家庭；用工单位应不断完善农民工迫切需要的工伤、医疗和失业保险制度；城市居民应转变偏见歧视观念，以平等务实的态度认同接纳农民工，多与农民工接触、沟通、交流与合作，消除偏见、隔阂和排斥，形成相互尊重、相互包容的融洽氛围；农民工应更多地了解城市运行规则，多同城市居民交往，更好地适应城市社会，从而共同促使农民工在城市中立稳脚跟，在更多、更深的层面融入城市社会，进而加快农民工家庭城市融入的步伐。

七、重视子女教育，着力培养农民工家庭的市民素质

农民工在城市产业工人中不可或缺。长期存在的"农民工是农民"的旧观念在主观上束缚了人们对"农民工"认识的转变，也在客观上导致了农民工家庭城市融入进程的缓慢。面对新型城市化的发展目标和战略任务，我们不仅要认识到农民工是我国产业工人的重要组成部分，还必须确立农民工在当代产业工人中的重要地位，这样才能做好农民工市民化的工作，有力推进新型城市化建设的进程。让农民工子女接受良好教育是加快农民工家庭城市融入的有效途径，特别是新生代农民工及其家庭成员的思想观念、就业能力、整体素质以及对城市的认同感和归属感都在不断提高，其中有为数不少的农民工经过艰苦创业，已经成为社会的成功人士，对社会的贡献越来越大，他们大多已经转化为城市居民，并继续在为农村剩余劳动力转移做出努力。因此，应以新的思维、新的理念、新的视角重新定义农民工家庭这一特殊群体。政府部门在公共服务方面应高

度重视农民工子女教育问题，建立农民工子女教育的长效机制。一是加大农村教育的投入，改善农村办学条件和师资水平，推进城乡师资、设备等教育资源共享，促进城乡教育均衡发展，提高农村教育水平，重视农村留守儿童的教育问题，不断提升农村学生的文化素质；二是扩大公办学校的招生比例，解决农民工子女在城市就学问题，取消城市学校入学的地域限制和限制政策，让农民工子女享受平等的读书权利，减轻他们的负担，增强他们的城市认同和归属感；三是增加民办学校的就读名额，对农民工子女实施优先扶持的优惠政策，促使农民工子女多途径享受到平等的教育；四是制定职业技术教育发展规划，大力发展职业技术教育，注重基本职业技能培训，提高农民工及其子女的城市就业技能，让他们在找工作中拥有更多的人力资本支撑。也只有高度重视农民工的基本职业技能培训和子女教育，不断提高他们的文化素养和工作技能，让他们拥有更多更强的就业支撑，他们在城市的立足才是稳定的，他们在城市的发展才是可持续的，他们的城市融入才会更好更快。

八、改善居住条件，逐步增强农民工家庭的落户意愿

虽然农民工从来不抗拒背井离乡去远方淘金，但是不可否认，居住条件、居住方式是农民工家庭城市融入的重要影响因素，直接影响农民工家庭城市认同度和满意度的高低。住房问题是使农民工家庭在融入城市时望而却步的一只拦路虎，从农民工家庭当前的经济收入总量来看，多数农民工家庭很难在城市购买商品住房。他们认为城市只是暂时的栖身地，为降低生活成本，选择居住在用工单位宿舍、建筑工地工棚、农民房屋，

只求有挡风避雨、存放物品的地方，不敢有扎根城市的奢望，城市认同度低。要全面满足农民工及其家属住房生活的需求的确十分困难，但是政府部门可以在稳步发展条件下，加快大都市圈的发展，提高大城市的承载力；同时通过加快中小城市基础设施建设，增强中小城市的就业支撑，提高中小城市产业集聚、人口集聚和公共服务的能力，吸引更多农民工家庭定居中小城市；特别应以外出务工农民工家庭的农村留守成员为重点，吸引他们在邻近的城镇中购房居住和生活。因此，政府有关部门应把改善农民工家庭居住条件作为一项重要的民生工程来抓，可根据农民工家庭的实际需求以及当地经济社会发展条件，积极探索解决办法，为农民工家庭提供廉租房或经济适用房，不断改善农民工的居住条件。政府部门应加大公租房建设与管理的力度。一要采用多种途径增加公租房的房源。由于单独的，集中的公租房不利于农民工与城市居民进行交往，也不利于农民工家庭维系社会关系网络，因而实行商品房开发配建公租房的模式是可行的，也能有效促进包容和谐的混合型社区的建设。二要鼓励各类投资主体在进城务工人员集中的开发区、工业园区和聚居地建设廉租房，低价出租给农民工及其家庭。三要倡导用工单位建造农民工宿舍，或者公共投入建造标准化的农民工公寓，或者由街道社区投资兴建外来人口之家，满足广大农民工家庭的住房需求。四要完善保障房、安置房、公租房、廉租房等农民工聚居小区的生活配套设施，包括公厕、学校、医院、银行、购物中心等基础性设施。这样既可提高农民工家庭工作和生活的便利性，又可提升农民工居住小区的形象。五要降低农民工使用公租房、廉租房等的物业管理费用，减少农民工家庭在城市的居住成本，从而增强农民工居住城市的信心，促使农民工家庭尽快在经济上融入城市。六要在公租房、廉租房等农民工聚居小区中，通过财政补贴或税收减免的方式，鼓励物业公司雇用小区内的农民工及其家庭成员，长期或短期进行公共设施维修、清洁服务、垃圾清运、花草养护、门卫保安等维护与管理的工作。这样既可增强农民工家庭的主人翁意识，增加农民工家庭的经济收入，还能提高农民工家庭的城市归属情感。据《成都商报》2017年6月的消息，四川在"深入推进供给侧结构性改革"方面，将在成都市之外的其他市州城镇全部放开农民工进城落户限制，确保农民工和城镇居民共享教育、医疗、卫生等公共服务设施，切实解除农民工进城的后顾之忧；并且采取"给农民工购房财政补贴、实行税费减免、加大金融支持力度、保障农民工在农村的既有权益和在城镇的公共服务待遇"的举措鼓励更多农民工进城购房。这无疑是"调优存量，扩大增量"的务实做法，既能进一步提升四川的供给体系质量和效率，为全面建成小康社会、实现由经济大省向经济强省跨越提供强大的动力支撑，又能更好地降低农民工家庭定居城市的成本，大大增强农民工家庭在城市落户的意愿。

九、改进服务方式，大力强化农民工家庭的
　　归属心理

心理适应是农民工适应城市的最高等级，是真正融入城市的标志。因此，心理适应是城市融入的高级维度，反映长久居留思想和情感的强度。农民工家庭在城市工作、居住和生活的过程中，在接受城市文明同化的同时，也可能遭到城市社会排斥，因此这个过程是一种主动适应，也是一种被动溶解。一是户籍管理制度使得农民工在就业、教育、救助等方面遭到忽视和限制，既不能与城市人同工同酬，也不能享受城市住房、医疗、卫生、公共服务等社会福利，还常常被欠薪，并受到城市

防范式、管制式管理等不同程度的偏见和歧视，加之社会待遇的不公平、不公正及不合理，使得他们在城市中很难有市民身份的感受和定位。二是由于收入水平、空闲时间、共同语言等客观因素的限制和城市环境的原因，使得农民工家庭与城市居民之间存在群体隔阂和疏离的问题，人际交往圈子更多局限在血缘、亲缘和地缘的范围内，同城市居民沟通、交流和交往的次数和频度极少，更多为工作活动方面的联系，使得农民工家庭在社会层面接触、观察、模仿、认同城市人的机会和时间不多，难于深度触碰城市社会，难于全面理解城市文化，难于强烈产生城市依恋，难于自觉形成城市归属。三是城市公共资源和社会服务体系严重排斥农民工，城市生活成本高昂，使得更多农民工坚守打工赚钱、增加收入、卸甲归田的观念，城市过客心态浓厚，少有在城市定居生根的归属感。这既不利于社会稳定和谐，也不利于政府宏观调控，更不利于维护社会整体利益。农民工家庭只有享有市民同等待遇，找到城市"主人"的感觉，建立起扎根城市的自信，才会有更加强烈的城市归属感。因此，政府部门应转变管理理念，强化公平意识，改进服务方式，变革户籍制度，维护合法权益，确保城乡居民平等享有福利待遇和公共服务，提高农民工家庭城市融入的水平，增强城市居留情感和市民转化的意愿。

综上所述，农民工是我国经济发展和城市建设不可或缺的重要人群，不仅是城市建设和经济发展的重要力量，也是农民市民化、新型城镇化的重要对象。农民工外出务工的目的是期望获得较高的收入，他们首先考虑的务工地是大中型城市，因为与小型城市、小型城镇相比，虽然生活成本要高一些，但在大中城市工作的收入要高得多，而且大中城市就业岗位多，有更多获得高收入的机会，并且城市生活更加多样化和舒适，也更有利于下一代的培养与成长。也就是说，大中型城市劳务市场很大，工作生活条件更好，有更多就业选择机会，有更强大的聚集经济效应，对农民工的吸引力更大。而小型城市、小型城镇，特别是远离大中型城市的小集镇，各方面条件都比较差，对农民工的吸引力较小。我国的城镇发展战略一直是严格控制大城市发展，合理发展中小城市，积极发展小城镇，但是从几十年的发展历程来看，特大型和大型城市不仅没有控制住，中小型特别是小型城镇也没有发展起来。实践证明，强调发展小型城镇的思路是行不通的。这种做法既不利于提高经济效益、加强环境保护、节约耕地资源，还容易造成人力、物力、财力的浪费以及产生权力寻租、权钱交易和贪污腐败。农村人口向城市流动和转移，更不利于土地的合理利用、耕地的有效保护和环境的科学保护。也有人认为只要加大对小型城镇的投资，就会创造出更多的就业机会，这也值得商榷，原因在于投资者在考虑企业选址时，利润空间会驱动他们选择接近消费市场的区域，从而节省运输和物流成本。只有那些邻近大中型城市的小型城镇才具有吸引投资者的魅力，因为这些小型城镇具有地理上接近消费市场，土地、劳动力价格又相对较低的优势，而远离大中型城市的小型城镇是很难发展起来的。因此，只有把大中型城市发展好了，小型城镇才能更好地发展。同时，小型城镇在发展过程应特别注意与大中型城市功能定位的差异，应把重心放在居住、生活、养老、休闲等方面，吸引更多的农村人口转移居住。我国城乡之间、地区之间在经济收入、就业机会、公共配套、生活环境、医疗卫生、教育条件等方面均存在很大差异，使得各地出现大量农村剩余劳动力长期或季节性在城市中务工。除少数农民工转化为城市居民外，大部分进城农民始终游离在城乡之间，难以真正地融入城市，给交通运输、社会管理等带来很大压力。但是农民工通过在城市务工可以锻炼就业技能，积累创业资本，接受工业化洗礼，接受城市文明熏陶，逐渐习惯城市生活，认同城市社会；农民工及其家人在城市中同城里人频繁接触与往来，有利于和谐幸福社会的建设。因此，政府应充分认识农民工家庭在经济发展、城市化建设、产业结构调整、加快和谐幸福社会创建进程等方面的巨大作用，主动转变管理理念，采取积极的政策和有效的措施，高度重视农民工职业技能培训和农民工子女教育，积极改善农民工家庭居住条件，让他们在城市中能找到合适的工作岗位，有较稳定的收入和保障，从而提高农民工家庭的城市融入程度，加快新型城镇化建设的进程。

参考文献

［1］柯淑娥. 中国城市化道路的选择［J］. 中国农村经济,
1996（6）：65-68.

［2］四川省住房和城乡建设厅, 四川省发展和改革委员会.
四川省新型城镇化规划（2014—2020年）［N］. 四川日报,
2015-04-03（03-04）.

［3］丁志强. 我国农业剩余劳动力转移研究［D］. 北京:
北京交通大学, 2006.

［4］徐德. 人力资本对农民工城市融入的影响研究［D］.
武汉: 华中农业大学, 2008.

［5］王培刚, 庞荣. 都市农民工家庭化流动的社会效应及
其对策初探［J］. 湖北社会科学, 2003,（6）：67-68.

［6］张雨林. 县属镇的"农民工"——吴江县的调查
［C］//费孝通. 小城镇, 新开拓——江苏省小城镇研究论文选.
南京: 江苏人民出版社, 1984.

［7］刘传江. 农民工生存状态的边缘化与市民化［J］. 人
口与计划生育, 2004（1）：44-47.

［8］王春光. 农民工: 一个正在崛起的新工人阶层［J］.
学习与探索, 2005（1）：38-43.

［9］任志强. 未来20年我国城镇住宅建设发展空间［EB/
OL］.（2011-01-25）［2017-06-30］. http://news.dichan.sina.

com.cn/2011/01/25/269535_1. html.

[10] 贺鹏. 农民工转变成城市居民所面临的问题和挑战 [J]. 消费导刊, 2009 (10): 38-39.

[11] 孙战文. 农民工家庭迁移决策与迁移行为研究 [D]. 山东农业大学, 2013.

[12] 刘传江. 中国农民工市民化研究 [J]. 理论月刊, 2006 (10): 5-12.

[13] 赵立新. 城市农民工市民化问题研究 [J]. 人口学刊, 2006 (4): 40-45.

[14] 田凯. 关于农民工的城市适应性的调查分析与思考 [J]. 社会科学研究, 1995 (5): 90-95.

[15] 傅榕. 外来务工青年城市融入现状实证分析 [D]. 济南: 山东师范大学, 2009.

[16] 张云峰, 王录仓, 王航. 西方国家基于"二元"结构的农村劳动力转移理论述评 [J]. 西北师范大学学报 (自然科学版), 2006 (3): 111-116.

[17] 西奥多·W. 舒尔茨. 论人力资本投资 [M]. 吴珠华, 等, 译. 北京: 经济科学出版社, 2001.

[18] SJAASTAD L A. The Costs and Returns of Human Migration [J]. Journal of Political Economy, 1962 (70): 80-93.

[19] DALE W JORGENSON. The Development of a Dual Economy [J]. The Economic Journal, 1961, 71 (282): 309-334.

[20] DALE W JORGENSON. Surplus Agricultural Labor and the Development of a Dual Economy [J]. Oxford Economic Papers, 1967, 19 (3): 288-312.

[21] 迈克尔·P. 托达罗. 经济发展与第三世界 [M]. 印金强, 赵荣美, 译. 北京: 中国经济出版社, 1992: 243-245.

[22] DIANE J MACUNOXICH. A Conversation with Richard

Easterlin [J]. Journal of Population Economics, 1997 (10): 119-136.

[23] O STARK, J E TAYLOR. Migration Incentives, Migration Types: The Role of Relative Deprivation [J]. The Economic Journal, 1991, (09): 1163-1178.

[24] GRAVES T D. Psychological Acculturation in a Triethnic Community [J]. Southwestern Journal of Anthropology, 1967, 23 (4): 337-350.

[25] 梁波, 王海英. 国外移民社会融入研究综述 [J]. 甘肃行政学院学报, 2010 (2): 18-27.

[26] BOLLEN K A, HOYLE R H. Perceived Cohesion: A Conceptual and Empirical Examination [J]. Social Forces, 1990, 69 (2): 479-504.

[27] ALBA R, NEE V. Rethinking Assimilation Theory for a New Era of Immigration [J]. International Migration Review, 1997, 31 (4), 826-874.

[28] 加布里埃尔·塔尔德. 模仿律 [M]. 何道宽, 译. 北京: 中国人民大学出版社, 2008: 123-145.

[29] SIMMEL G. The Metropolis and Mental Life [M]. New York: Free Press, 1902: 409-424.

[30] BOGARDUS E S. Measuring Social Distance [J]. Journal of Applied Sociology, 1950: 216-226.

[31] PARK R E. Race and Culture [M]. New York: The Free Press of Glencoe, 1950: 135-149.

[32] GIDDENS A. Sociology [M]. Cambridge: Polity Press & Blackwell Publishing Company, 2001: 81-125.

[33] GORDON M. Assimilation in American Life: The Role of Race, Religion, and National Origins [M]. New York: Oxford Uni-

versity Press, 1964: 124-158.

[34] JOSINE JUNGER-TAS. Ethnic Minorities, Social Integration and Crime [J]. European Journal on Criminal Policy and Research, 2001, 9 (1): 5-29.

[35] HAN ENTZINGER, RENSKE BIEZEVELD. Benchmarking in immigrant integration [J]. Erasmus University Rotterdam, 2003: 19-30.

[36] ROBERT WUTHNOW, CONRAD HACKETT. The Social Integration of Practitioners of Non-Western Religions in the United States [J]. Journal for the Scientific Study of Religion, 2003, 42 (04): 651-667.

[37] JOHN GOLDLUSH, ANTHONY H RICHMOND. A Multivariate Model of Immigrant Adaptation [J]. International Migration Review, 1974, 8 (4): 193-225.

[38] DIRK JACOBS, JEAN TILLIE. Introduction: Social Capital and Political Integration of Migrants [J]. Journal of Ethnic and Migration Studies, 2004, 30 (3): 419-427.

[39] MIN ZHOU, CARL L BANKSTON LII. Social Capital and the Adaptation of the Second Generation: The Case of Vietnamese Youth in New Orleans [J]. International Migration Review, 1994, 28 (4): 821-845.

[40] ALEJANDRO PORTES, JULIA SENSENBRENNER. Embeddedness and Immigration: Notes on the Social Determinants of Economic Action [J]. The American Journal of Sociology, 1993, 98 (6): 1320-1350.

[41] PAULINE HOPE CHEONG, ROSALIND EDWARDS, HARRY GOULBOURNE, et al. Immigration, Social Cohesion and Social Capital: A Critical Review [J]. Critical Social Policy A Journal

of Theory & Practice in Social Welfare, 2015, 27 (1): 24-49.

[42] NOAH LEWIN-EPSTEIN, MOSHE SEMYONOV, IRE-NA KOGAN, et al. Institutional Structure and Immigrant Integration: A Comparative Study of Immigrants' Labor Market Attainment in Canada and Israel [J]. International Migration Review, 2010, 37 (2): 389-420.

[43] KAHN R L, WOLFE D M, QUINN R P, et al. Organizational Stress: Studies in Role Conflict and Ambiguity [M]. New York: Wiley, 1964: 19.

[44] KOPELMAN R E, GREENHAUS J H, CONNOLLY T F. A Model of Work, Family, and Interrole Conflict: A Construct Validation Study [J]. Organizational Behavior and Human performance, 1983 (32): 198-215.

[45] HIGGINS C A, DUXBURY L E. Gender Differences in Work-family Conflict [J]. Journal of Applied Psychology, 1991, 76 (1): 60-74.

[46] FRONE M R, RUSSELL M, COOPER M L. Antecedents and Outcomes of Work-family Conflict: Testing a Model of the Work-family Interface [J]. Journal of Applied Psychology, 1992 (77): 65-78.

[47] CARLSON D S, KACMAR K M, WILLIAMS L J. Construction and Initial Alidation of a Multidimensional Measure of Work-Family Conflict [J]. Journal of Vocational Behavior, 2000 (56): 249-276.

[48] ANDERSON S E, COFFEY B S, BYERLY R T. Formal organizational Initiatives and Informal Workplace Practices: Links to Work-family Conflict and Job-related Outcomes [J]. Journal of Management, 2002, 28 (2): 787-810.

［49］BYRON K. A Meta-analytic Review of Work-family Conflict and its Antecedents ［J］. Journal of Vocational Behavior, 2005 (67)：169-198.

［50］GREENHAUS J H, POWELL G N. When Work and Family are Allies：A Theory of Work-family Enrichment ［J］. Academy of Management Review, 2006, 31 (1)：72-92.

［51］WAYNE J H, GRZYWACZ J G, CARLSON D S, et al. Work-family Facilitation：A Theoretical Explanation and Model of Primary Antecedents and Consequences ［J］. Human Resource Management Review, 2007 (17)：63-76.

［52］蔡昉. 劳动力迁移的两个过程及其制度障碍 ［J］. 社会学研究, 2001 (4)：44-51.

［53］庞丽华. 多层次分析方法在人口迁移研究中的应用——省际劳动力迁移的多层次分析 ［J］. 中国农村观察, 2001 (3)：11-17.

［54］李强. 影响中国城乡流动人口的推力与拉力因素分析 ［J］. 中国社会科学, 2003 (1)：125-136.

［55］景普秋, 陈甫军. 中国工业化与城市化过程中农村劳动力转移机制研究 ［J］. 东南学术, 2004 (4)：37-44.

［56］王春超. 收入差异、流动性与地区就业集聚——基于农村劳动力转移的实证研究 ［J］. 中国农村观察, 2005 (1)：10-17.

［57］陈晓华, 黄延信, 姜文胜, 等. 农村劳动力转移就业现状、问题及对策 ［J］. 农业经济问题, 2005 (8)：29-34, 79.

［58］钟笑寒. 劳动力流动与工资差异 ［J］. 中国社会科学, 2006 (1)：34-46.

［59］谢丹, 袁洪斌, 熊德平. 政府与农村剩余劳动力有序转

移：关系、机制与行为选择 [J]. 农村经济, 2006 (1): 113-115.

[60] 杜书云. 农村劳动力转移就业成本-收益问题研究 [D]. 郑州：郑州大学, 2006.

[61] 王丽芹, 马德生. 农村剩余劳动力有序转移：障碍、路径与机制创新 [J]. 农业农村与农民, 2008 (3): 67-69.

[62] 杨明娜. 四川省农村劳动力转移就业的有效路径研究 [J]. 特区经济, 2009 (12): 225-226.

[63] 刘锐, 吕臻. 区域经济发展与农村劳动力转移就业 [J]. 农村经济, 2010 (12): 116-120.

[64] 李亚慧. 农村劳动力转移就业的影响因素分析——基于人力资本视角 [J]. 社会科学论坛, 2011 (5): 224-229.

[65] 赵春雨, 苏勤, 李飞, 等. 农村劳动力转移就业空间决策过程研究——以合肥市为例 [J]. 地理科学, 2013 (4): 418-426.

[66] 刘雪梅. 新型城镇化进程中农村劳动力转移就业政策研究 [J]. 宏观经济研究, 2014 (2): 81-86, 136.

[67] 曾祥炎, 向国成. 农村劳动力转移就业引导机制研究——以地级市为战略支点分析 [J]. 湖南科技大学学报（社会科学版）, 2014 (2): 107-113.

[68] 许晓红. 农村劳动力转移就业质量影响因素的研究 [J]. 福建论坛（人文社会科学版）, 2014 (12): 224-229.

[69] 罗明忠. 农村劳动力转移就业能力对其就业质量影响实证分析 [J]. 农村经济, 2015 (8): 114-119.

[70] 刘莉君. 城乡收入差距、农村劳动力转移就业与消费 [J]. 湖南科技大学学报（社会科学版）, 2016 (1): 104-108.

[71] 李濂. 小城镇——吸纳农村剩余劳动力的理想场所 [J]. 山区开发, 1995 (4): 38-39.

[72] 张磊. 重视农村工业化、城镇化吸纳农村劳动力的主

渠道作用 [N]. 中国社会科学院院报, 2008-09-22.

[73] 蔡昉, 都阳, 王美艳. 户籍制度与劳动力市场保护 [J]. 经济研究, 2001 (12): 41-49.

[74] 谢桂华. 农民工与城市劳动力市场 [J]. 社会学研究, 2007 (9): 84-109.

[75] 汪泽英, 曾湘泉. 我国基本养老保险制度的公平问题探析 [J]. 中州学刊, 2004 (6): 177-179.

[76] 郑功成. 中国社会保障制度改革的新思考 [J]. 山东社会科学, 2007 (6): 5-10.

[77] 朱镜德, 朱秀杰, 郭彦君. 关于农民工子女在迁入地接受完全义务教育机制的构建 [J]. 人口与经济, 2007 (6): 12-23.

[78] 曹英. 农村劳动力转移应走城市化吸纳的道路 [J]. 西安邮电学院学报, 2006 (2): 31-35.

[79] 王青云. 应把县城作为吸纳农村劳动力转移的重要载体 [J]. 宏观经济研究, 2009 (10): 9-13.

[80] 周靖祥, 何燕. 城镇农村劳动力"吸纳"与区域经济增长实证检验——基于 1990—2006 年省际所有制变革视角探析 [J]. 世界经济文汇, 2009 (1): 33-49.

[81] 曾湘泉, 陈力闻, 杨玉梅. 城镇化、产业结构与农村劳动力转移吸纳效率 [J]. 中国人民大学学报, 2013 (4): 36-46.

[82] 卢志刚, 宋顺锋. 农民工收入微观影响因素统计分析 [J]. 天津财经大学学报, 2006 (10): 77-81.

[83] 白暴力. 农民工工资收入偏低分析——现实、宏观效应与原因 [J]. 经济经纬, 2007 (4): 75-78.

[84] 原新, 韩靓. 多重分割视角下外来人口就业与收入歧视分析 [J]. 人口研究, 2009 (1): 62-71.

[85] 章莉, 李实, 等. 中国劳动力市场上工资收入的户籍

歧视 [J]. 管理世界, 2014 (11): 35-46.

[86] 黄乾. 两种就业类型农民工工资收入差距的比较研究 [J]. 财经问题研究, 2009 (6): 118-124.

[87] 姚俊. 流动就业类型与农民工工资收入——来自长三角制造业的经验数据 [J]. 农村经济, 2010 (11): 53-62.

[88] 叶静怡, 周晔馨. 社会资本转换与农民工收入——来自北京农民工调查的证据 [J]. 管理世界, 2010 (10): 34-46.

[89] 徐建役, 姜励卿, 谢海江. 心理资本与农民工工资收入的相互影响——以浙江省为例 [J]. 浙江社会科学, 2012 (9): 83-90.

[90] 张春泥, 谢宇. 同乡的力量: 同乡聚集对农民工工资收入的影响 [J]. 社会, 2013 (1): 113-135.

[91] 邓曲恒, 王亚柯. 农民工的工作条件与工资收入: 以补偿性工资差异为视角 [J]. 南开经济研究, 2013 (6): 134-147.

[92] 田新朝, 张建武. 农民工工资收入不平等与影响因素研究——基于广东问卷调查 [J]. 财经论丛, 2014 (3): 17-24.

[93] 魏下海, 黄乾. 农民工就业服务的需求与供给——基于五城市调查的实证分析 [J]. 产经评论, 2011 (3): 152-160.

[94] 陈昭玖, 艾勇波, 邓莹, 等. 新生代农民工就业稳定性及其影响因素的实证分析 [J]. 江西农业大学学报, 2011 (1): 6-12.

[95] 邓永辉. 新生代农民工工资收入影响因素的实证分析 [J]. 统计与决策, 2016 (13): 103-105.

[96] 赵宁. 代际差异视角下人力资本对农民工工资收入的影响分析 [J]. 西北人口, 2015 (4): 29-34.

[97] 李强. "双重迁移"女性的就业决策和工资收入的影响因素分析——基于北京市农民工的调查 [J]. 中国人口科学,

2012 (5)：104-110，112.

[98] 吕柯. 浅议"农民工"市民化存在的主要障碍 [J].
中共成都市委党校学报，2004 (4)：45-47.

[99] 朱信凯. 农民市民化的国际经验及对我国农民工问题
的启示 [J]. 中国软科学，2005 (1)：28-34.

[100] 刘世锦，陈昌盛，许召元，等. 农民工市民化对扩
大内需和经济增长的影响 [J]. 经济研究，2010 (6)：4-16.

[101] 侯云春，蒋省三，韩俊，等. 农民工市民化：我国
现代化进程中的重大战略问题 [N]. 中国经济时报，2011-04-
21 (12).

[102] 张国胜. 基于社会成本考虑的农民工市民化：一个
转轨中发展大国的视角与政策选择 [J]. 中国软科学，2009
(4)：56-69.

[103] 周小刚，陈东有. 中国人口城市化的理论阐释与政策
选择：农民工市民化 [J]. 江西社会科学，2009 (12)：142-148.

[104] 陈一非. 广东新型城镇化的成本测算及金融支持
[J]. 广东科技，2013 (18)：3-4.

[105] 张国胜，杨先明. 中国农民工市民化的社会成本研
究 [J]. 经济界，2008 (5)：61-68.

[106] 国务院发展研究中心课题组. 农民工市民化：制度
创新与顶层设计 [M]. 北京：中国发展出版社，2011.

[107] 魏澄荣，陈宇海. 福建省农民工市民化成本及其分
担机制 [J]. 中共福建省委党校学报，2013 (11)：113-118.

[108] 高拓，王玲杰. 构建农民工市民化成本分担机制的
思考 [J]. 中州学刊，2013 (5)：45-48.

[109] 刘传江，程建林. 第二代农民工市民化：现状分析
与进程测度 [J]. 人口研究，2008 (5)：48-57.

[110] 刘传江. 新生代农民工的特点、挑战与市民化 [J].

人口研究，2010（2）：34-56.

[111] 夏丽霞，高君. 新生代农民工进城就业问题与市民化的制度创新 [J]. 农业现代化研究研究，2011（1）：41-45.

[112] 夏显力，张华. 新生代农民工市民化意愿及其影响因素分析——以西北 3 省 30 个村的 339 位新生代农民工为例 [J]. 西北人口，2011（2）：43-51.

[113] 李仕波，陈开江. 农民工市民化面临的制约因素及破解路径 [J]. 城市问题，2014（5）：74-78.

[114] 王桂新，胡健. 城市农民工社会保障与市民化意愿 [J]. 人口学刊，2015（6）：45-55.

[115] 梅建明，袁玉洁. 农民工市民化意愿及其影响因素的实证分析——基于全国 31 个省、直辖市和自治区的 3 375 份农民工调研数据 [J]. 江西财经大学学报，2016（1）：68-77.

[116] 叶俊焘，钱文荣. 制度感知对农民工主观市民化的影响及其代际和户籍地差异 [J]. 农业经济问题，2016（7）：40-52.

[117] 朱力. 论农民工阶层的城市适应 [J]. 江海学刊，2002（6）：82-88.

[118] 杨绪松，靳小怡，肖群鹰，等. 农民工社会支持与社会融合的现状及政策研究——以深圳市为例 [J]. 中国软科学，2006（12）：18-26.

[119] 杨黎源. 外来人群城市融合进程中的八大问题探讨 [J]. 宁波大学学报（人文科学版），2007（6）：65-70.

[120] 王桂新，罗恩立. 上海市外来农民工城市融合现状调查研究 [J]. 华东理工大学学报（社会科学版），2007（3）：97-104.

[121] 张文宏，雷开春. 城市新移民社会融合的结构、现状与影响因素分析 [J]. 社会学研究，2008（5）：117-141.

[122] 杨晖，江波. 加强西安市农民工城市融合的对策研究 [J]. 西北大学学报（哲学社会科学版），2009 (6)：94-101.

[123] 任远，乔楠. 城市流动人口社会融合的过程、测量及影响因素 [J]. 人口研究，2010 (2)：11-20.

[124] 杨菊华. 流动人口在流入地社会融入的指标体系——基于社会融入理论的进一步研究 [J]. 人口与经济，2010 (2)：64-70.

[125] 周皓. 流动人口社会融合的测量及理论思考 [J]. 人口研究，2012 (3)：27-37.

[126] 韩俊强. 农民工住房与城市融合——来自武汉市的调查 [J]. 中国人口科学，2013 (2)：118-125.

[127] 王佃利，刘保军，楼苏萍. 新生代农民工的城市融入——框架建构与调研分析 [J]. 学术论坛，2011 (2)：111-115.

[128] 张超. 新生代农民工城市融入指标体系及其评估——基于江苏吴江的调查分析 [J]. 南京社会科学，2015 (11)：63-69，118.

[129] 钱龙，钱文荣. "城镇亲近度"、留城定居意愿与新生代农民工城市融入 [J]. 财贸研究，2015 (6)：13-21.

[130] 李培林. 流动民工的社会网络和社会地位 [J]. 社会学研究，1996 (4)：42-52.

[131] 张智勇. 社会资本与农民工职业搜寻 [J]. 财经科学，2005 (1)：118-123.

[132] 李珂. 论劳动关系状况对农民工融入城市的制约 [J]. 中国劳动关系学院学报，2006 (6)：26-30.

[133] 张时玲. 农民工融入城市社会的制约因素与路径分析 [J]. 特区经济，2006 (6)：136-137.

[134] 赖晓飞. 文化资本与农村流动人口的城市融入——基于厦门市Z工厂的实证研究 [J]. 南京农业大学学报，2009

(4)：91-96.

[135] 金崇芳. 农民工人力资本与城市融入的实证分析——以陕西籍农民工为例 [J]. 资源科学, 2011 (11)：2131-2137.

[136] 何军. 代际差异视角下农民工城市融入的影响因素分析——基于分位数回归方法 [J]. 中国农村经济, 2011 (6)：15-25.

[137] 宗成峰. 构建和谐社会中社会资本对农民工就业决定的实证分析——基于北京市建筑业的调研 [J]. 中央财经大学学报, 2012 (3)：67-87.

[138] 方黎明, 谢远涛. 人力资本、社会资本与农村已婚男女非农就业 [J]. 财经研究, 2013 (8)：122-132.

[139] 叶继红, 朱桦. 基于社会保护视角的农民工城市融入研究——以苏州市吴江区为例 [J]. 人口与发展, 2013 (5)：2-9.

[140] 梁辉. 信息社会进程中农民工的人际传播网络与城市融入 [J]. 中国人口资源与环境, 2013 (1)：111-118.

[141] 黄俊祺. 女性农民工城市融入的影响因素分析 [J]. Proceedings of 2013 International Conference on Sports Medicine and Sports Management, 2013 (2)：53-58.

[142] 王春光. 新生代农村流动人口的社会认同与城乡融合的关系 [J]. 社会学研究, 2001 (3)：63-76.

[143] 朱广琴. 社会保障视角的新生代农民工城市融入研究——福建省福州市为例 [D]. 福州：福建农林大学, 2012.

[144] 王刚, 刘彬彬, 陆迁. 社会资本视角下新生代农民工城市融入程度影响因素分析 [J]. 广东农业科学, 2013 (24)：185-189.

[145] 赵光勇, 陈邓海. 农民工社会资本与城市融入问题

研究［J］．当代世界与社会主义，2014（2）：187-193.

［146］钟德友．农民工融入城市的困境与出路［J］．农村经济，2010（7）：119-122.

［147］吕新萍．从社会排斥到社会共融——农民工融入城市的途径与方法［J］．中国特色社会主义研究，2010（6）：64-68.

［148］韩俊强．农民工城市融合影响因素研究——以武汉市为例［D］．武汉：武汉大学，2014.

［149］彭安明，朱红根，康兰媛．农民工城市融入的影响因素及其代际差异［J］．湖南农业大学学报（社会科学版），2014（5）：55-60.

［150］王震．农民工城市社会融入的测度及影响因素——兼与城镇流动人口的比较［J］．劳动经济研究，2015（2）：41-61.

［151］苏璐，张皓，郭林．农民工城市融入的影响因素与政策建议：基于养老意愿的分析［J］．金融与经济，2015（4）：47-51.

［152］李强．关于"农民工"家庭模式问题的研究［J］．浙江学刊，1996（1）：77-81.

［153］徐志旻．进城农民工家庭的城市适应性——对福州市五区132户进城农民工家庭的调查分析与思考［J］．福州大学学报（哲学社会科学版），2004（1）：106-111.

［154］王海英．女性农民工非正规就业与农民工家庭流动［J］．文史博览，2006（4）：60-61.

［155］洪小良．城市农民工的家庭迁移行为及影响因素研究——以北京市为例［J］．中国人口科学，2007（6）：42-50.

［156］章铮，项伊南，王靖靖，等．预期工作年限与农民工家庭城市定居决策［J］．中国劳动经济学，2008（1）：87-96.

［157］朱明芬．农民工家庭人口迁移模式及影响因素分析［J］．中国农村经济，2009（2）：67-76，93.

[158] 张黎莉. 家庭式迁移农民工的工作-家庭关系研究——基于浙江省的调研 [D]. 杭州: 浙江大学, 2009.

[159] 纪韶. 举家外出的农民工融入城市问题研究——对在北京务工的 500 个农民工家庭的访谈数据分析 [J]. 经济理论与经济管理, 2012 (1): 20-27.

[160] 刘燕. 新生代农民工家庭式迁移城市意愿影响因素研究——以西安市为例 [J]. 统计与信息论坛, 2013 (11): 105-111.

[161] 商春荣, 王曾惠. 农民工家庭式迁移的特征及其效应 [J]. 南方农村, 2014 (1): 55-60.

[162] 齐海源. 家庭结构视角下新生代农民工劳动参与影响因素 [J]. 当代青年研究, 2014 (3): 30-35.

[163] 高健, 孙战文, 吴佩林. 农民工家庭迁移状态的演进及其影响因素研究——基于山东省 951 户的调查数据 [J]. 统计与信息论坛, 2014 (8): 106-112.

[164] 田艳平. 家庭化与非家庭化农民工的城市融入比较研究 [J]. 农业经济问题, 2014 (12): 53-62, 111.

[165] 史学斌, 熊洁. 公租房居住对农民工家庭城市融合影响的实证研究 [J]. 农村经济, 2015 (1): 121-124.

[166] 陈宏胜, 王兴平. 面向农民工家庭的城镇公共服务体系优化: 农民工市民化的关键 [J]. 规划师, 2015 (3): 11-16.

[167] 高健, 张东辉. 个体迁移、家庭迁移与定居城市: 农民工迁移模式的影响因素分析 [J]. 统计与决策, 2016 (4): 99-102.

[168] 王荣明. 农民工流动家庭化对其城市融入的影响 [J]. 调研世界, 2016 (6): 37-40.

[169] 张红宇, 欧阳海洪, 江文胜. 把促进农村劳动力输出作为战略性产业来抓——对四川、贵州的调查与分析 [J].

中国农村经济, 2004 (1): 28-33.

[170] 卿成. 四川农村劳动力转移中的社会问题研究 [J].
四川行政学院学报, 2006 (2): 90-92.

[171] 丁任重. 四川劳务经济的转型与发展 [J]. 决策咨询
通讯, 2007 (1): 69-70.

[172] 白冰. 四川农村劳务经济发展现状、存在问题和对
策 [J]. 西南民族大学学报, 2008 (3): 210-212.

[173] 彭东泽. 四川农民工问题的对策研究 [J]. 四川省
情, 2007 (6): 14-15.

[174] 吴茜玲. 四川农民工务工流与沿海地区"民工荒"
问题的研究——基于2009年四川地震灾后农民工务工的实证分
析 [J]. 企业活力, 2012 (12): 73-78.

[175] 国家统计局成都调查队. 六成成都农民工打工不再
往外走 [J]. 现代人才, 2013 (4): 8.

[176] 王腾龙. 工业园区新生代农民工社会管理模式创新
研究——以成都郫县富士康新生代农民工企业社区管理模式为
例 [D]. 成都: 西南财经大学, 2013.

[177] 许传新, 王俊丹. 新生代农民工工作-家庭关系及其
对离职倾向的影响 [J]. 人口与经济, 2014 (2): 22-29.

[178] 郭正模. 四川返乡农民工就业形势分析 [J]. 四川省
情, 2009 (1): 13-14.

[179] 彭景. 农民工集中返乡就业的思考——以四川成都
为视角 [J]. 全国商情 (经济理论研究), 2009 (3): 69-71.

[180] 孟大川, 刘伟. 四川应对返乡农民工的行政举措与
法治思考 [J]. 成都行政学院学报, 2010, 69 (3): 46-49.

[181] 胡俊波, 文国权. 大力扶持农民工返乡创业——基
于四川"十二五"劳动力市场的预判 [J]. 财经科学, 2010
(11): 72-77.

[182] 张海丽. 陕西与四川返乡农民工创业环境对比研究 [D]. 咸阳：西北农林科技大学，2012.

[183] 魏凤，党佳娜. 陕西与四川返乡农民工创业能力比较 [J]. 商业研究，2012 (7)：136-141.

[184] 纪志耿，蒋永穆. 城镇化进程中新生代农民工返乡创业调研——以西部农业大省四川为例 [J]. 现代经济探讨，2012 (2)：65-67，87.

[185] 纪志耿. 资源张力下农民工返乡创业的历史契机——以西部农业大省四川为例 [J]. 学理论，2012 (3)：23-24.

[186] 纪志耿. 资源与亲情双重张力下农民工返乡创业的"四川模式"及其挑战 [J]. 中央财经大学学报，2012 (6)：54-59.

[187] 刘新智，刘雨松. 外出务工经历对农户创业行为决策的影响——基于518份农户创业调查的实证分析 [J]. 农业技术经济，2015 (6)：4-14.

[188] 李果. 四川农民工返乡调查：资本、技术、亲情、精神回归 [J]. 农村. 农业. 农民（A版），2015 (10)：40-42.

[189] 韩文丽. 返乡农民工结构、回流动因及其政策影响——基于绵阳、南充、遂宁三地调查数据的分析 [J]. 西南金融，2016 (1)：61-63.

[190] 任璐. 四川扶持农民工等人员返乡创业 [J]. 四川农业科技，2016 (9)：21.

[191] 高柱. 四川"千万农民工培训工程"培训千万农民工 [J]. 中国培训，2007 (2)：16.

[192] 董金昌，高柱. 四川南江返乡农民工培训"量身定做" [N]. 工人日报，2012-02-07 (07).

[193] 李丹丹. 成都制鞋业新生代农民工培训研究 [D]. 雅安：四川农业大学，2012.

[194] 罗慧. 成都制鞋业新生代农民工工作满意度研究

[D]. 成都：西南交通大学，2012.

[195] 伍旭中，李亦含. 新生代农民工培训满意度及回报率的实证研究——基于四川成都、南充地区的调查 [J]. 安徽师范大学学报（自然科学版），2014（7）：401-408.

[196] 朱冬梅，赵文多. 欠发达地区农民工教育培训问题及对策——以四川为例 [J] 继续教育研究，2014（11）：17-20.

[197] 陈叙龙. 校企合作，让农民工就业无忧——以四川教育学院农民工技能培训基地为例 [J]. 四川教育学院学报，2011（1）：1-3.

[198] 周海燕. 财经类高职院校开展农民工培训的可行性研究——以四川财经职业学院为例 [J]. 商，2012（17）：217.

[199] 邱锐. 高职院校开展新生代农民工教育培训的研究 [D]. 成都：西南财经大学，2015.

[200] 马德功，尚洁，曾梦竹，等. 成都新型城镇化进程中的农民工就业问题研究 [J]. 经济体制改革，2015（1）：100-105.

[201] 马德功，王田宇洋. 西部新型城镇化进程中农民工就业问题探析 [J]. 商业经济研究，2015（3）：135-137.

[202] 赵明. 试论政府的公共服务与农民工的社会保障——基于四川省成都市农民工劳动纠纷案件调查数据的思考 [J]. 农村经济，2006（10）：3-5.

[203] 四川调查总队课题组. 四川农民工社会保障状况调查 [J]. 四川省情，2006（1）：31-32.

[204] 王明. 不同层次农民工社会保障需求的比较分析——基于对四川等省份农民工的调查研究 [J]. 农村经济，2007（6）：88-90.

[205] 张望. 农民工医疗保障制度研究——基于成都市的调查 [D]. 成都：西南财经大学，2008.

[206] 四川省总工会. 四川新生代农民工就业、生活状况

数据分析 [J]. 工会信息, 2011 (5): 22-23.

[207] 王晨静, 孙晓冬. 农民工工会管理维权模式可行性分析——基于四川"源头入会、城际互联"模式的考察 [J]. 调研世界, 2011 (11): 24-27.

[208] 柯文静, 翁贞林, 康兰媛. 新生代农民工对就业保障相关制度的满意度 [J]. 贵州农业科学, 2013, 41 (8): 239-241.

[209] 多孜学. 成都富士康农民工权益保护探究 [D]. 雅安: 四川农业大学, 2014.

[210] 苟畅, 方印. 基于就业保障制度的四川省新生代农民工人力资源开发 [J]. 知识经济, 2014 (4): 24-27.

[211] 高柱, 李娜. 四川公租房供应半年, 农民工"不知情"[J]. 领导决策信息, 2015, 31 (8): 14.

[212] 程敏. 成都市新生代农民工劳动权益保障情况调查研究 [D]. 成都: 电子科技大学, 2016.

[213] 刘程, 邓蕾, 黄春桥. 农民进城务工经历对其家庭生活消费方式的影响——来自湖北、四川、江西三省的调查 [J]. 青年研究, 2004 (7): 1-8.

[214] 柳菲, 杨锦秀, 唐德荣. 四川农民工家庭模式对三农的影响分析 [J]. 现代商业, 2008 (5): 272-273.

[215] 李建华, 郭青. 新生代农民工特点分析与政策建议 [J]. 农业经济问题, 2011 (3): 42-45.

[216] 杨凤. 生活方式视角的农民工融入城市: 成都证据 [J]. 重庆社会科学, 2011 (4): 70-75.

[217] 张玮. 新生代农民工市民化过程中在城市定居问题研究 [D]. 成都: 四川省社会科学院, 2012.

[218] 李凌. 新生代农民工城市融入问题研究——基于民生的角度 [J]. 四川行政学院学报, 2012 (4): 63-66.

[219] 袁薇. 新型城镇化过程中四川省农民工市民化 [D].

成都：四川师范大学，2012.

[220] 吴文峰，王建琼. 农民工储蓄与消费行为分析——以四川成都地区为例 [J]. 江西社会科学，2012（7）：227-230.

[221] 任佳. 和谐社会建设视域下农民工融入城市研究——以成都富士康为例 [D]. 成都：电子科技大学，2013.

[222] 李霞，程湛恒，孙金浩. 全域成都统一户籍背景下农村人口向城镇转移的问题及对策研究 [J]. 西部经济管理论坛，2013，24（4）：45-51.

[223] 李长鑫. 新生代农民工市民化程度的测度研究——以成都为例 [D]. 成都：西南交通大学，2013.

[224] 吴耀宏，吴九思，李杨露，等. 成都市新型城镇化进程中人口城镇化的问题与对策研究 [J]. 党政研究，2014（4）：114-117.

[225] 刘传辉. 工业化助推城镇化进程中的文化冲融研究——以成都为例 [J]. 贵州社会科学，2014（3）：80-84.

[226] 辜毅，李学军. 四川农民工融入城镇的制度障碍及其政策创新 [J]. 理论与改革，2014（5）：68-71.

[227] 李鹏，王庆华. 农民工市民化过程中户籍政策设计的比较研究——以成都和嘉兴为例 [J]. 中国经贸导刊，2014（9）：37-38.

[228] 眭海霞，陈俊江. 新型城镇化背景下成都市农业转移人口市民化成本分担机制研究 [J]. 农村经济，2015（2）：119-123.

[229] 姚毅，明亮. 我国农民工市民化成本测算及分摊机制设计 [J]. 财经科学，2015（7）：123-131.

[230] 李俊霞. 农民工城镇落户意愿调查研究——以四川为例 [J]. 经济问题，2016（7）：65-69.

[231] LEWIS W A. Economic Development with Unlimited

Supply of Labor [J]. The Manchester School, 1954 (5): 139-191.

[232] FEI C H, Ranis G. A Theory of Economic Developmen [J]. American Economic Review, 1961 (1): 533-565.

[233] DONALD J BAGNE. Principles of Demography [M]. N J: John Wiley & Sons, 1969.

[234] EVERETT S LEE. A Theory of Migration [J]. Demography, 1966 (1): 47-57.

[235] 嘎日达, 黄匡时. 西方社会融合概念探析及其启发 [J]. 理论视野, 2008 (1): 47-49.

[236] 悦中山, 杜海峰, 李树茁, 等. 当代西方社会融合研究的概念、理论及应用 [J]. 公共管理学报, 2009 (2): 114-121.

[237] 周皓. 流动人口社会融合的测量及理论思考 [J]. 人口研究, 2012 (3): 27-37.

[238] 黄匡时, 嘎日达. 社会融合理论研究综述 [J]. 新视野, 2010 (1): 86-88.

[239] Robert E Goodin. Protecting the Vulnerable: A Reanalysis of Our Social Responsibilities [M]. Chicago: The University of Chicago Press, 1985.

[240] 陈鹏. 经典三大传统社会分层观比较——以"谁得到了什么"和"为什么得到"为分析视角 [J]. 社会科学管理与评论, 2011 (3): 85-91, 112.

[241] ROBERT E PARK. Race and Culture [M]. New York: The Free Press, 1950.

[242] E S BOGARDUS. Measuring Social Distance [J]. Journal of Applied Sociology, 1925 (9).

[243] RENE LENOIR. Social Exclusion In French: One in Ten [M]. Paris: Editions. du Seuil, 1974.

[244] EUROPEAN FOUNDATION. Public Welfare Services

and Social Exclusion: The Development of Consumer Oriented Initia-
tives in the European Union [C]. Dublin: The European Foundation
for the Living and Working Conditions, 1995.

[245] 李斌. 社会排斥理论与中国城市住房制度改革 [J].
社会科学研究, 2002 (3): 106-110.

[246] 洪朝辉. 论社会权利的"贫困"——中国城市贫困
问题的根源与治理路径 [J]. 当代中国研究, 2002 (4): 5-13.

[247] 舒尔茨. 论人力资本投资 [M]. 北京: 北京经济学
院出版社, 1992.

[248] 科尔曼. 社会理论的基础 [M]. 北京: 社会科学文
献出版社, 1999.

[249] 张方华. 社会资本理论研究综述 [J]. 江苏科技大学
学报 (社会科学版), 2005 (4): 7-14.

[250] M GRANOVETTER. The Strength Of Weak Tiies [J].
American Journal of Sociology, 1973 (78): 1360-1380.

[251] 林南. 建构社会资本的网络理论 [J]. 国外社会学,
2002 (4): 18-37.

[252] TAJFEL H, TURNER J C. The Social Identity Theory of
Intergroup Behavior [M]. Chicago: Nelson Hall, 1986.

[253] TAJFEL H. Differentiation Between Social Groups: Stud-
ies in the Social Psychology of intergroup Relations [M]. London:
Academic Press, 1978.

[254] 郑杭生, 李强, 林克雷. 社会学概论新修 [M]. 北
京: 中国人民大学出版社, 1998.

[255] STARK O D BLOOM. The New Economics of Labor Mi-
gration [J]. American Economic Review, 1985 (75): 173-178.

[256] STARK ODED, J EDWARD TAYLOR. Migration Incen-
tives, Migration Types: The Role of Relative Deprivation [J]. The E-

conomic Journal, 1991 (101): 1163-1178.

[257] J EDWARD TAYLOR, PHILIP L MARTIN. Human Capital: Migration and Rural Population Change [J]. Handbook of Agricutural Economics, 2001 (1): 457-511.

[258] 彭东泽, 李洋. 2008 年四川农民工监测调查报告 [J]. 四川省情, 2009 (6): 16-17.

[259] 张守帅, 王域西. 四川第一代农民工"归宿"调查, 近六成已习惯城市生活 [N]. 四川日报, 2015-04-01 (8).

[260] 陈文, 张岷. 成都市新生代农民工的三大特征 [J]. 四川省情, 2011 (11): 49-50.

[261] 全国总工会. 关于新生代农民工问题的研究报告 [EB/OL]. (2010-06-21) [2017-06-30]. http://www.chinanews.com/gn/news/2010/06-21/2353233.shtml.

[262] 梁雅莉. 当代中国社会保障的内涵及原则 [J]. 学理论, 2014 (9): 54-55.

[263] 徐德. 人力资本对农民工城市融入的影响研究 [D]. 武汉: 华中农业大学, 2008.

[264] 黄晨熹. 城市外来人口居留意愿的影响因素研究: 以苏州市为例 [J]. 西北人口, 2011 (6): 23-30.

[265] 赵川芳. 农民工子女城市归属感影响因素分析 [J]. 社会工作与管理, 2014 (3): 31-40.

[266] 戴霞. 流动人口工资收入影响因素中的性别差异——以厦门市流动妇女为例 [J]. 南方人口, 2005 (3): 51-56.

[267] 罗楚亮. 就业稳定性与工资收入差距研究 [J]. 中国人口科学, 2008 (4): 11-21, 95.

[268] 张华. 农民工市民化的制约因素与对策分析 [J]. 统计与决策, 2012 (11): 114-117.

[269] 张华. 农民工家庭城市融入的制约因素与对策分析

[J]. 经济体制改革, 2013 (2): 80-84.

[270] 王艳华. 进城农民工社区融入的社会学分析 [J]. 中共太原市委党校学报, 2007 (4): 43-45.

[271] 詹姆斯·S. 科尔曼. 社会理论的基础 [M]. 北京: 社会科学文献出版社, 1999.

[272] 王刚. 社会资本与经济增长 [J]. 心事, 2014 (12): 163-164.

[273] 祝坤. 投资社会资本——农民工求职过程的社会学分析 [J]. 长春师范学院学报, 2007 (4): 13-17.

[274] 管鑫橘. 心理资本在人力资源管理中的作用 [J]. 商情, 2011 (15): 181-181.

[275] 吴磊, 朱冠楠. 进城务工农民定居决策的影响因素分析——以南京市为例 [J]. 华中农业大学学报 (社会科学版), 2007 (6): 37-41.

[276] 张冬革. 基本公共服务均等化视角下的我国户籍制度改革 [D]. 海口: 海南大学, 2010.

[277] 梁兰. 城市居民对农民工的认知状况及其影响因素研究——以兰州市为例 [D]. 兰州: 兰州大学, 2007.

[278] 纪韶. 农民工融入城市调查研究——以在北京务工的 500 个农民工家庭为对象 [J]. 经济与管理研究, 2012 (4): 44-49.

[279] 赵同刚. 户籍城镇化才是真实城镇化 [EB/OL]. (2014-03-22) [2017-06-30]. http://news.xinhuanet.com/fortune/2014-03/22/c_126301303. htm.

[280] 商春荣, 王曾惠. 农民工家庭式迁移的特征及其效应 [J]. 南方农村, 2014 (1): 55-60.

[281] 戈龙. 农民工市民化经济效益分析 [D]. 广州: 暨南大学, 2015.

[282] 姚寿福，刘泽仁. 统计学原理 [M]. 北京：电子工业出版社，2011.

[283] 陈辉华，周卉，王孟钧. 大型建设项目组织运行机制模型研究 [J]. 项目管理技术，2008 (3)：13-17.

[284] 蔡生菊. 农民工群体社会功能探析 [J]. 甘肃农业，2008 (8)：13-14.

[285] 侣传振. 农民工市民化的城市融入机制研究——基于杭州市农民工调查的实证分析 [J]. 改革与开放，2009 (23)：13-15.

[286] 史学斌. 城乡统筹背景下的重庆农民工家庭城市融合研究 [M]. 成都：西南财经大学出版社，2016.

[287] 黄金萍，李广林. "国家有政策给你，为什么不用起来呢？"一个贫困县的资本脱贫战 [N]. 南方周末，2017-04-04.

[288] 李飞. 社会排斥视角下农民工城市融入问题研究 [D]. 济南：山东大学，2011.

[289] 钱正武. 农民工的阶级属性及其向工人阶级的转化 [J]. 科学社会主义，2006 (1)：29-32.

[290] 冯京津. 走中国特色的城镇化道路 [J]. 中国房地产业，2010 (2)：24-25.

[291] 韩利. 四川将采取 4 项举措鼓励更多农民工进城购房 [J]. 成都商报，2017-06-14.

[292] 徐莺. 农民工融入城市之难的思考 [J]. 东北大学学报 (社会科学版)，2006 (4)：275-279.

[293] 王前福. 中国人口小城镇化道路与问题研究 [D]. 成都：西南财经大学，2003.

[294] 朱耀斌. 城乡一体化背景下农民进城的产业链构建的实证分析 [J]. 西华大学学报 (哲学社会科学版)，2011 (3)：80-84.

附录 1　农民工家庭城市融入促进机制研究调查方案

一、调查目的和内容

1. 调查目的

调查目的：了解四川农民工及其家庭的基本情况，掌握农民工及其家庭的基本特征，明晰四川农民工及其家庭城市融入的诉求和意愿等状况，为四川农民工及其家庭城市融入的现状总结和制约因素分析打下坚实基础。

2. 调查内容

调查内容：农民工的基本情况、工作环境、居住条件、家庭生活、休闲娱乐、子女教育、城市习惯、户口转移意愿等。

二、调查方法

采用入户式问卷访问办法，对文化程度较高的被调查群体一般采用自填式方法，其他被调查群体采用问答式方法。

三、样本选择

1. 样本抽取

样本抽取：调查地区以成都、德阳、绵阳、达州、自贡、内江、南充、宜宾、乐山、攀枝花等地区为主，争取覆盖更多农民工输出的市（州）；调查对象为年龄满16周岁以上的农民工，包括本地农民工和外出农民工；调查地点包括农民工输出地——农村，农民工输入集中地——城市，如工厂、建筑工地、农贸市场、批发市场、住宿餐饮零售点和居民住宅小区等。

2. 样本规模

样本规模：计划发放调查表4 000份，争取回收问卷3 900份。

四、实施办法

1. 调查员选择

调查员选择：充分利用工作单位的优势，依托西华大学在读大学生的力量，在寒暑假期间进行问卷调查。一是通过专业老师利用社会实践课程，以社会调查报告作业布置形式实施问卷调查；二是通过学院团委的暑期社会实践，组织专项活动实施问卷调查；三是通过班主任和辅导员布置作业，让学生在寒暑假回家期间实施问卷调查；四是课题组成员利用周末或假期时间实施问卷调查。

2. 调查员培训

调查员培训：在分配问卷调查任务前对调查员进行培训，

包括调查的目的、调查性质、调查项目、调查要求、访问技巧、熟悉问卷、试做访问等。

五、研究方法

详细整理统计调查资料，规范汇总分析调查数据。研究方法包括多元线性回归分析、协整分析、VAR 分析等。

六、进度安排

调查准备阶段：2014 年 11 月至 2015 年 1 月。
调查实施阶段：2015 年 7 月至 2016 年 2 月。
资料整理阶段：2016 年 3 月至 2016 年 4 月。
分析资料阶段：2016 年 5 月至 2016 年 6 月。

附录2 农民工家庭城市融入促进机制研究调查问卷

市州:＿＿＿＿＿＿＿   编号:＿＿＿＿＿＿＿

亲爱的朋友:

　　您好!

　　我们正在进行一项关于"四川农民工家庭城市融入促进机制研究"的课题研究,其目的是了解农民工及其家庭的城市融入状况,构建农民工家庭城市融入的促进机制,为政府相关部门进一步做好农民工权益保障和服务工作提供决策参考。您的支持对于我们的研究有十分重要的意义。

　　本次调查采用不记名方式进行,调查数据只用于统计分析,不会给您带来任何不利影响。您的回答不涉及是非对错,您只需要按照您的实际情况回答即可,我们保证对您的个人信息严格保密。

　　谢谢您的支持,祝您身体健康,万事如意!

　　要求:请在相应项目上填写或打√,部分题目可多选。

1. 您的性别是:

　　A. 男　　　　　　　　B. 女

2. 您的年龄是＿＿＿周岁。

3. 您的文化程度是：
   A. 未上过学　　　　　　B. 小学
   C. 初中　　　　　　　　D. 高中/中专/技校
   E. 大专及以上
4. 您就业的地方在哪里？
   A. 家乡附近　　　　　　B. 省内城市
   C. 省外城市　　　　　　D. 其他
5. 您的家庭成员共有____人？
6. 您外出务工的方式是什么？
   A. 单人独行　　　　　　B. 兄弟姐妹同行
   C. 父(母)子(女)同行　　D. 夫妻同行
   E. 夫妻携子女同行
7. 您的家庭成员中有____人在从事非农工作。
8. 您的家庭成员中有____人没有劳动收入。
9. 您的家庭收入主要来源有哪些？（本题可多选）
   A. 务农收入　　　　　　B. 土地转包收入
   C. 务工收入　　　　　　D. 副业收入
   E. 其他收入
10. 您平均每月的工资大约是____元。
11. 您平均每月的花费大约是____元。
12. 您家平均每月的总收入大约是____元。
13. 您家平均每月的总支出大约是____元。
14. 您对自己的工资收入的评价是什么？
    A. 非常满意　　　　　　B. 比较满意
    C. 不太满意　　　　　　D. 很不满意
15. 您对家庭总收入的评价是什么？
    A. 非常满意　　　　　　B. 比较满意
    C. 不太满意　　　　　　D. 很不满意

16. 您认为您家的经济状况在村里（农村老家）处于什么水平？

      A. 上层   B. 中上层

      C. 中层   D. 中下层

      E. 下层

17. 您认为从事非农工作是否需要工作技能？

      A. 是   B. 否

18. 您的工作技能来源是什么？

      A. 边干边学   B. 跟师学艺

      C. 职业技校   D. 职业培训

19. 您是否参加过岗前、岗中培训？

      A. 是   B. 否

20. 您是否接受过政府组织的免费基本职业技能培训？

      A. 曾经接受过   B. 没有接受过

      C. 从未听说过

21. 您认为从事非农工作是否需要获得职业资格或技术等级证书（如厨师证、驾驶证、技师证等）？

      A. 不需要   B. 没有获得

      C. 已经获得

22. 您出来找工作是通过什么途径实现的？

      A. 亲朋好友介绍   B. 自发外出

      C. 中介机构   D. 政府部门

23. 您在外出务工过程中的经历怎样？

      A. 从来没有找不到工作的情况

      B. 有过找不到工作的情况

      C. 其他

24. 您在外出务工过程中的工作更换情况是什么？

      A. 没有换过工作   B. 换过一次工作

C. 换过两次工作　　　　D. 换过多次工作

25. 您从事的行业是什么？
    A. 社会服务业　　　　B. 建筑业
    C. 批发与零售业　　　D. 制造业
    E. 住宿与餐饮业　　　F. 交通运输、仓储和邮政业
    G. 其他行业

26. 您对您工作的条件和环境的评价是什么？
    A. 非常满意　　　　　B. 比较满意
    C. 不太满意　　　　　D. 很不满意

27. 您是否满意您当前的工作？
    A. 非常满意　　　　　B. 比较满意
    C. 不太满意　　　　　D. 很不满意

28. 您对您所做工作的评价是什么？
    A. 没有压力　　　　　B. 没有太大压力
    C. 压力较大　　　　　D. 压力很大

29. 您家里有____人在上学，每年的教育费用支出大约是
____元。

30. 您认为您家的教育费用支出属于下列哪一种情况？
    A. 负担很重　　　　　B. 负担比较重
    C. 负担适中　　　　　D. 负担较轻
    E. 负担很轻

31. 您参加的社会保险有哪些？（本题可多选）
    A. 新型农村合作医疗保险
    B. 城镇居民医疗保险
    C. 城镇居民养老保险
    D. 自己购买商业医疗保险
    E. 其他保险
    F. 什么都没参加

32. 雇主或单位为您购买的保险有哪些？（本题可多选）

    A. 工伤保险   B. 医疗保险

    C. 养老保险   D. 失业保险

    E. 生育保险   F. 住房公积金

    G. 都没有

33. 您目前的居住的房子属于哪一种？

    A. 单独租房   B. 务工地自购房

    C. 单位宿舍   D. 合租住房

    E. 生产经营场所   F. 农村自建房

    G. 其他

34. 您是否同家人居住在一起？

    A. 是   B. 否

35. 您闲暇时间主要的娱乐伙伴是什么？

    A. 自娱自乐   B. 农民工和老乡

    C. 城里朋友   D. 家人

36. 您闲暇时间主要的娱乐活动是什么？

    A. 麻将   B. 扑克

    C. 休息   D. 电视

    E. 上网   F. 其他

37. 您是否经常参与业余文化活动？

    A. 是   B. 否

38. 您是否赞同超前消费？

    A. 是   B. 否

39. 您对您当前的文化生活状况的评价是什么？

    A. 非常满意   B. 比较满意

    C. 不太满意   D. 很不满意

40. 您认为您同别人的交流情况属于哪一种？

    A. 非常喜欢同别人交流   B. 比较喜欢同别人交流

C. 不大喜欢同别人交流　　D. 说不清楚

41. 您认为您对城市居民的信任态度属于哪一种？
    A. 非常信任当地市民　　　B. 比较信任当地市民
    C. 不大信任当地市民　　　D. 说不清楚

42. 您认为您同城市居民的交往属于哪一种？
    A. 非常喜欢同城市居民交往
    B. 比较喜欢同城市居民交往
    C. 不大喜欢同城市居民交往
    D. 说不清楚

43. 您认为您的人际关系属于哪一种？
    A. 总是很融洽　　　　　　B. 比较融洽
    C. 偶有隔阂　　　　　　　D. 说不清楚

44. 您认为您有下列哪些情况？（本题可多选）
    A. 会讲务工地的方言
    B. 参加社区或单位的集体活动
    C. 有务工地本地朋友
    D. 有务工地本地亲戚
    E. 有不受尊重的经历或感觉
    F. 接受社区管理
    G. 参加工会组织

45. 您认为城市居民的待人态度属于哪一种？
    A. 友善　　　　　　　　　B. 一般
    C. 冷漠　　　　　　　　　D. 排斥
    E. 说不清楚

46. 您认为整个社会属于哪一种？
    A. 很公平　　　　　　　　B. 比较公平
    C. 不公平　　　　　　　　D. 很不公平

47. 您遇到过不公平的对待吗？

A. 没有遇到过　　　　　B. 偶尔遇到过

C. 经常遇到

48. 您所遇到的不公平对待情况是什么？（本题可多选）

A. 加班、少给甚至不给报酬

B. 克扣、拖欠或拒发工资

C. 没有基本劳动安全防护

D. 职能部门人员故意刁难

E. 因公受伤不予医治

F. 其他

49. 您对于遇到的不公平对待所采取的措施是什么？

A. 忍气吞声自认倒霉　　　B. 向有关政府部门投诉

C. 辞掉工作另谋出路　　　D. 寻求法律援助

E. 找老乡亲朋帮助解决　　F. 通过媒体进行曝光

G. 其他

50. 您寄钱回农村老家的情况属于哪一种？

A. 寄钱次数多　　　　　B. 寄钱次数少

C. 不确定

51. 您回农村老家的情况属于哪一种？

A. 经常回去　　　　　　B. 偶尔回去

C. 很久未回去　　　　　D. 不想回去

52. 您对农村老家的想念程度属于哪一种？

A. 非常想念家乡　　　　B. 比较想念家乡

C. 不大想念家乡　　　　D. 说不清楚

53. 您对城市生活方式的习惯程度是什么？

A. 非常习惯　　　　　　B. 比较习惯

C. 不太习惯　　　　　　D. 很不习惯

54. 您对城市的适应情况属于哪一种？

A. 非常适应城市　　　　B. 比较适应城市

C. 不大适应城市　　　　D. 说不清楚

55. 您对自己目前生活状况的评价是什么？

    A. 非常满意　　　　　　B. 比较满意

    C. 不太满意　　　　　　D. 很不满意

    E. 说不清楚

56. 您的城市居留意愿是什么？

    A. 非常喜欢居住城市　　B. 比较喜欢居住城市

    C. 挣够钱回农村　　　　D. 不好说

57. 您对未来有什么打算？（本题可多选）

    A. 有一定积蓄后返乡去做其他事

    B. 积累经验去做其他事

    C. 取得城市户口

    D. 尽快结婚成家

    E. 准备长期打工

    F. 准备自己去创业

    G. 对未来还没有打算

    H. 其他

58. 您对城市居留的准备是什么？（本题可多选）

    A. 已购房或准备购房

    B. 认真工作努力赚钱

    C. 和当地人搞好关系

    D. 已经或准备携带家人

    E. 争取获得务工城市户口

    F. 其他

59. 您认为自己属于哪一种？

    A. 城市市民　　　　　　B. 半个城市市民

    C. 农民　　　　　　　　D. 说不清

60. 您是否愿意把户口迁入城市？

A. 愿意　　　　　　　　B. 愿意，但不敢想

C. 不愿意　　　　　　　D. 无所谓

E. 说不清

61. 如果能将农村户口转为城市户口，您的选择是什么？

A. 愿意放弃承包土地，但需安排稳定的工作

B. 愿意放弃承包土地，但需足够的补偿金

C. 不愿意放弃承包土地，现在的补偿金太少

D. 不愿意转为城市户口

62. 如果将农村户口转为城市户口，您首选城市是：

A. 省会城市　　　　　　B. 地级城市

C. 区县城市　　　　　　D. 镇级城市

E. 没有考虑

63. 如果您不愿转为城镇户口，原因有哪些？（本题可多选）

A. 不愿意放弃土地承包权

B. 城乡户口没有太大差别

C. 城市生活成本太高太贵

D. 农村土地增值潜力较大

E. 挣够钱回农村盖房养老

F. 家人亲戚朋友都在农村

G. 城市不如农村安逸自在

H. 其他

64. 您认为转为城镇户口的主要障碍有哪些？（本题可多选）

A. 住房无法解决　　　　B. 养老没有保障

C. 失业难找工作　　　　D. 务工收入太低

E. 生活成本太高　　　　F. 落户门槛太高

G. 生病无钱医治　　　　H. 子女就读困难

I. 观念差异太大　　　　J. 其他

65. 您认为当前政府部门应着力解决的问题有哪些？（本题

可多选）

    A. 劳动合同签订   B. 社会保险购买

    C. 维权途径不畅通   D. 子女上学难

    E. 劳动安全防护   F. 不公正对待

    G. 克扣拖欠工资   H. 其他

    我们的调查到此为止，再次感谢您的支持。祝工作顺心，生活幸福！

后记

　　家庭式外出农民工与单独外出农民工有所不同，他们除看重经济收入增加外，还特别注重追求正常的家庭情感生活，在享受天伦之乐的同时，与家人共同适应城市生活。他们以家庭为单位集体获取多元劳动创收，锻炼就业技能，见习城市生活，接受社会文化心理素养熏陶。他们长时间在城市居住生活，熟悉城市生活方式，市民素质培养更广，城市归属情感更深，城市定居愿望更强，更加容易转化为市民。可见，提高农民工家庭城市融入的水平是提升农民市民化质量的关键。因此，构建农民工家庭城市融入促进机制，对于有序推进农村转移人口市民化、新型城镇化建设和城乡统筹发展有着十分重要的意义。

　　本书是四川省哲学社会科学研究"十二五"规划项目"农民工家庭城市融入促进机制研究——以四川为例"（项目编号：SC14B077）的研究成果，是一部理论与应用相结合的著作，也是作者着力研究的一个重要方向。希望本书的出版能为推进我国和四川农民工市民化的进程起到有效的促进作用，为提升我国和四川的常住人口城镇化率和户籍人口城镇化率做出贡献，也希望本书的出版能引起更多学者关注我国的农村转移人口市民化、新型城镇化建设和城乡统筹发展问题，引发出更多更好的研究成果。

　　本书由西华大学经济学院张华教授负责策划和总撰，由西华大学经济学院但红燕博士负责文献综述与理论基础，由西华大学经济学院刘容老师负责调查组织与资料整理，由西华大学经济学院姚寿福教授负责资料分析与框架建构，由西华大学经济学院罗涛博士负责实证分析。

本书在调查和研究的相关过程中，得到了四川省人民政府研究室（发展研究中心）、四川省人大常委会研究室、四川天府新区眉山管理委员会等单位和领导的关心和大力支持，并提供了一些书面资料，在此表示衷心感谢。同时，在写作过程中借用了一些其他单位和个人的资料及研究成果，但没有在参考文献中一一列出，在此诚请各位予以谅解。

在本书的相关调查、研究、撰写中，凝聚了众多专家与教授的艰辛与汗水，在此一并表示最诚挚的谢意。感谢西华大学经济学院所有领导和同事的关心和支持。感谢四川大学经济学院博士生导师蒋和胜教授、西南大学经济管理学院博士生导师李晓阳教授的启迪和帮助。感谢西华大学科技处有关领导和朋友的关心和帮助。感谢西南财经大学出版社编辑的支持和帮助。

虽然本书是在数据调查和实证分析基础上撰写形成的研究成果，但是由于研究者水平、视野及资料收集的局限性，难免存在局限、商榷和不完善的地方，切望理解并批评指正。一是囿于调查范围、抽样数量和研究条件的限制，对于农民工家庭城市融入的问题可能存在一些遗漏；二是强调政府和农民工家庭在城市融入中的责任与作用，而对于企业、雇主、城市居民和社会人士的作用有所忽略；三是没有涉及农民工的社会分层问题；四是农民工家庭城市融入的促进机制是一个复杂的巨系统，影响因素众多，互动关系复杂，研究还应向更广泛的社会综合领域进行拓展。以上问题期待在后续研究中进一步探索、突破和解决。

张 华

2017 年 6 月于成都